ちくま学芸文庫

「きめ方」の論理

社会的決定理論への招待

佐伯 胖

筑摩書房

目次

はしがき

本書は当初『「あいまいさ」の科学』という題になるはずだった。たまたま、東京大学出版会の雑誌『UP』に同名の小論を出したのがことのはじまりである（一九七六年九月号）。そのときの内容は、従来、科学といえば厳密さを追究する学問のように考えられがちだったが、実はそうではなく、「あいまいさ」を「あいまいさ」のままに残しておく方がかえって科学的発展には望ましいことがあったり、「あいまいさ」をふくんだままでの推論は可能であり、その利用価値が高いということを訴えようとしたものであった。

原稿を書いていくうちに、結局はわたしの専門の「意思決定」にかぎっての「あいまいさ」を論じるのがよいと考え直し、『意思決定における「あいまいさ」』に改題し、原稿を書き直した。そこでは、確率予測や効用判断について論じる予定だった。確率論の歴史、最近のファジィ集合論、様相論理などについて論じたり、効用理論の歴史や集団意思決定について論じるように計画し、ほとんど書きあがった。しかし、どうにも納得がいかない。つまり、いろいろな理論の紹介はできても、力不足のため本当に大切なことが言えていないのである。本来わたしが「あいまいさ」ということの積極的意味を訴えたかったはずなのに、その積極的意味の根本的理由が不明なまま、テクニカルな話ばかりになってしまった。

そこで、原稿を全部オシャカにし、あらためて、自分は本当は一体何を言いたいのかと自問してみた。考えぬいた末、最後にきめたのが本書のテーマ『「きめ方」の論理――社会的決定理論への招待』であった。

このような題をみた読者は、当初考えられていた「あいまいさ」の積極的意味についての話はどこに消えたのかと不思議に思われるだろう。実はそれは最後の一章にちゃんとふくまれている（第Ⅷ章）。しかし、おねがいだから、今そこをパラパラめくって確かめたりはしないで、最後までの「お楽しみ」にしておいていただきたい。最後の一章に、長い間言いたかったことを結集させてみたが、大切なのは結論ではなく、そこに至る第Ⅰ章から第Ⅶ章までのプロセスである。

最後の一章に結集させたなどと言ってはみたが、読みかえしてみて、まだまだ言い足りないという感が残る。本書の草稿を読んで下さった方のひとりが、「これでやっと佐伯君の言いたかったことの三分の一ぐらいまでが言えたところかな」という感想を下さった。あとの三分の二は、これからのわたしの研究をもっともっと深めた上で、いつの日か別の機会に世に問う以外にない。

本書の草稿のいろいろな段階で御教示をいただいた方々は多い。本書のテーマにきまる前の段階で御教示いただいた方も多いが省略させていただく。本書にかぎって言えば、慶應義塾大学経済学部の高橋潤二郎教授、同大学文学部の村井実教授、同大学法学部の曾根泰教助教授、筑波大学社会工学系の松原望助教授などである。いずれの方からも、大変貴重な御意見と、励ましのお言葉を頂戴した。御指摘をうけた点のすべてをとり入れることはできなかったことをおわびすると同時に、本書の内容における誤りのすべての責任が筆者自身に帰せられるべきことを申し述べておきたい。

本書の第I章の内容の一部は、雑誌『数理科学』(サイエンス社)の第一六七号(一九七七年五月)に発表した拙論「投票の逆理」と若干重複する。ごく一部だが、その転載を快く許可して下さったサイエンス社に感謝したい。

なお、第I章で紹介されている「増沢方式」については、東京放送(TBS)のレコード大賞本部長の野中杉二氏の御教示による。野中氏と同本部の吉田恭爾氏には第I章全体の草稿にも目を通していただいた。

また、引用文献リストの作成、原稿の内容についての話し合いなどでいろいろ助けてくれた東京理科大学大学院理工学研究科博士課程三年に在学する富山慶典君、同修士課程二年の平山和夫君にも感謝の言葉をささげたい。

慣例にしたがうと末尾になってしまうが、感謝の気持から言えば決してそうではないのが東京大学出版会の伊藤一枝さんである。本書執筆のすすめから、何度もくりかえしたテーマ変更にも応じていただき、ねばり強く督励しつづけて下さったのは、本当に感謝したいし、長期にわたっておかけした御迷惑をおわびしたい。

なお、序章では、本書をお読みいただく前提として、「社会的決定」の意味、各章で扱う中身の位置づけ、基本用語の簡単な解説等に触れている。また巻末には「索引」も付してあるので御利用いただければ幸いである。

一九八〇年　イースター

佐伯　胖

「きめ方」の論理　社会的決定理論への招待

序章　「どうしたらいいと思う?」

「どうしたらいいと思う?」……わたしたちは何か困難な問題に直面したとき、他人に意見を求める。わたしたちは実にいろいろな場合に、他人に意見を求め、それぞれの場合に応じて、それらの意見を参考にしている。

(1)「〝ピタゴラスの定理〟の証明ができないのだけど、どうしたらいいと思う?」

こういう場合はいろいろな人たちの意見を集約すればよいというものではない。最初にたずねた人が「わからない」といえばそれだけの話、二番目、三番目の人もすべて「わからない」といえば、その時点までの質問はすべてムダということになる。四番目の人が、「ああ、〝ピタゴラスの定理〟はこうやれば証明できるさ」と教えてくれるなら、それでもう十分である。別の人に聞く必要はなくなる。(もちろん、〝ピタゴラスの定理〟に対して現在わかっているだけでも一〇〇通り以上の証明があるといわれているから、それらすべてを知ろうというのなら、全く別の話だが。)

(2)「最近、人間いかに生くべきかわからなくなってしまった。どうしたらいいと思う?」

このような問いの場合は、たずねられる方も困ってしまうが、その問いに対する他人の答えをどう解釈すべきかは一概に言えない。「ああ、それは簡単さ。世の中すべてカネだよ。カネもうけに徹すればいいのさ」という答えよりも、だまってこちらの言うことをじっと聴いてくれて、何時間もの沈黙のあと、「ぼくにもやはりわからない」と言ってくれた方がはるかに参考になる場合もあるだろう。

このような問いの場合に他人の意見を集約したところで結論が出るわけではない。答えを見つけなければならないのはあくまで本人であり、本人がいっしょうけんめい考え、いっしょうけんめいにいろいろな試みを行っていかなければならない。しかし、他の人たちの意見が全然不要というわけでもない。いろいろな意見を自分の頭でじっくり吟味し、本当に納得するまでは永久に問いつづける覚悟でなければなるまい。

(3)「本年度の芥川賞をきめたいのだけど、どうしたらいいと思う?」

この場合も先の(1)や(2)と同様、誰にたずねてもよいというものではない。わたしのような文学とは縁のない人間には答える資格は全くない。また、(1)の場合のように、「正解」が一つ存在するというわけでもない。さらに、(2)の場合のように、質問者本人がいっしょうけんめい考えるべきことでもない。むしろ質問者は誰でもよいのだ。きめるのは質問者ではなく、その問題に答える資格のある人たちがきめることなのだ。ただ、そういう資格のある人がたったひとりだけでもまずいことは確かであろう。著名な作家や文芸評論家が多種多様な領域から選ばれ、それぞれがいろいろな意見を出しあい、選択理由を述べあって審議すべきだろう。どうしても結論が出ないときはどうするか。おそらく、人々が自然に考えることは、「最後は投票できめるしかない」ということではないだろうか。

(4)「今度の演奏会でうちの交響楽団はどの曲を演奏すべきかわからない。どうしたらいいと思う?」

この場合は誰が答えるべきかについてそれほど迷うべき問題はないだろう。ふつうは演奏する楽団の団員たちで十分だろう。また、団員同士で論議すべきこともあまりない。各団員が「自分はこの曲をやってみたい」というとき、その根拠を明らかにせよといっても、「好きだ」というしかないだろう。この場合も、結着をつけるには「投票」しかないというのが一般的だと思われる。

さて、本書であつかう問題は「社会的決定」という問題である。人々の「こうしたらいいと思う」という意見を集約して、「どうしたらいいか」をきめるときのきめ方について考えようというわけである。

したがって、ここでは(1)のような理論的にきまっている正解を出そうという話ではないし、(2)のように、ひとりひとりが自分自身でいっしょうけんめい考えて、他人の意見を参考にしつつ、いろいろな経験を経ながら問いつづけるべき問題もあつかわない。

残るのは(3)や(4)のような場合である。

しかし、(3)と(4)とは大変なちがいだともいえるだろう。(3)のような場合、たとえば「作品Aこそ芥川賞にふさわしい」という意見は、別に、評者が単に「作品Aが好きだから」というわけでもなく、「作品Aが芥川賞をとれば自分は得をする」というわけでもない。「作品Aが芥川賞にふさわしい」とする根拠があり、その根拠は、評者自身にとって良いというだけでなく、おそらく、誰にとっても良いはずだとして主張されているものにちがいないのである。ただ、残念ながら、他の評者は全く別の根拠で、「作品Bが芥川賞にふさわしい」と主張しており、それぞれの根拠を論理的に組み合わせて一つの正解を導出することができないのである。それに対し、(4)の場合には「わたしにとって良いと思うこと」の主張の中には「あなたにとっても良いはずだ」という意味はほとんどないと考えられよう。(3)の場合には安易に「投票できめる」ことに躊躇する人でも、(4)の場合ならそれほど抵抗感をもたずに投票できめてもよいと思うのではないだろうか。

たしかに、(3)と(4)とはかなり異質ではあるが、現実の多くの問題は両者がいりまじっている。

たとえば、「今度のボーナスで何を買おうか?」という問いに対して、「洗濯機を新しいものに買いかえたい」という要求や「いや、今度こそ家族全員で旅行したい」という要求は、なかば主張者本人の好みの問題であると同時に、やはり「他の人たちにとっても良いはずだ」という意見でもある。

実際、わたしたちが会議できめることというのは、こういうたぐいの問題なのである。

ところで、本書では(3)や(4)の問題の「きめ方」をあつかうと述べたが、いずれの場合も、「最後は投票によるしかない」という考えが一応は出てきたのである。したがって、本書ではまず、第Ⅰ章で「投票」について考えることからはじめる。ただ、読者に御注意申しあげたいのは、ここで投票をあつかうからといって、(3)と(4)の区別をしないというわけではないということである。(3)のような問題が投票に付されることもあれば、(4)のような問題が投票できめられることもある。

しかし、先に述べた通り、現実には(3)と(4)がまざった事態が多いので、あらかじめ二つを分離した上で論じるのではなく、投票にまつわるいろいろな形式上の問題を明らかにしながら、どのような問題にはどのような投票がふさわしいかを考えるヒントを得ようというのである。

「社会的決定」というと、「社会」とは何だろうかという疑問が起こるだろう。この問題も考えていくといろいろな分類が可能であり、それぞれの種類に応じて、どういうきめ方で物事をきめるべきかは異なるだろう。しかし、この場合も先と同様に本書では、あらかじめ何らかの社会理念に照らして社会を分類してから論をすすめるという方針はとらずに、物事のいろいろなきめ方を論理的に検討しながら、読者自身とともに、「どういう社会ではどういうきめ方がよいだろうか。どういう社会ではどのきめ方は通用しないだろうか」を考えていくことにする。したがって、当面は、社会というのは、「〝きめるべきこと〟に何らかの意見をもち、各自の意見を何らかの形で反映することが要求されている人々の集団」とでも言っておこう。

「みんなの意見が〝きめるべきこと〟に何らかの形で反映される」といえば、誰しも考える問題は民主主義ということであろう。「みんなの意見が最大限平等に反映されるように物事をきめる」というのは、まさに民主的決定ということになる。そこで第Ⅱ章では民主的決定とはどういうものかについて考えることにしよう。

また、「みんなで何かをきめる」というとき、ひとりひとりの人は本当に「どんな意見を言ってもよいのか?」という問題がある。あまりにもバラバラな意見ばかり出れば、どうにもきめようがない、という事態が発生するかもしれない。そのような問題は第Ⅲ章であつかう。

「みんなで何かをきめる」となると、「きまったことにはみんながしたがう」ということでもある。そうなると、個人の自由というのはどういうことになるのだろうか。これは大変重要な問題であり、自由とは何かについてじっくり考えてみる必要がありそうだ。その問題は第Ⅳ章であつかう。

　これまでは、「みんなで何かをきめる」ときのきめ方について、暗黙のうちに投票を考えてきた。しかし、世の中にはいちいち投票方式などきめていられないこともある。それぞれの人が自分でいいと思うことをやっていくしかなく、社会はその結果で「きまってしまう」ということも多い。このように、「きめ方を定めて、それにしたがってきめる」のではなく、各自がそれぞれ良いと思ったことをした結果「きまる」というのは、実は、ゲーム理論という理論体系で詳しく研究されている。わたしたちは、そのように「きまってしまう」結果をながめた上で、「やはりこうすべきだった」とか「ああすべきだ」と考えるだろう。このようにしてだんだんと「本来こうするのがよい」ということがきまれば、それは一種の「道徳」といえなくもない。この問題をあつかうのが第Ⅴ章である。

「みんなで何かをきめる」という場合、どういうふうにきめるのかと問われて、「みんなの意見ができるだけ反映されるようにきめればよい」と答えても、話は簡単ではない。本当に困っている人の意見こそ重視すべきだとか、否、すべての人の意見はみな同等にあつかうべきだとか、いろいろな考え方もあろう。そこで、「公正な」決定や「平等な」決定について考えねばなるまい。それらはそれぞれ第Ⅵ章と第Ⅶ章であつかう。

　さて、思い出していただきたいことは、先の(3)や(4)の問題でのきめ方を考えたとき、わたしたちは暗黙のうちに人々が互いに異なった意見をもつということをある程度容認していた、ということである。意見の多様性、価値観の多様性をできるかぎり容認しながらも、社会全体の「統一意見」を出さねばならないというのは、「社会的決定」のもつ最大のディレンマであろう。このディレンマの克服こそ本書全体の主題なのだが、あらためてこの問題に焦点をあてるのが第Ⅷ章である。

ところで、実をいうと、本書の題名は当初『社会的決定の倫理』というものであった。こんな題では何を言おうとしているか一般読者にはチンプンカンプンだという悪評をかって、あっさり棄てたのだが、筆者のホンネとしては若干の未練が残るので、どうしてそのような題を当初つけたかについての弁明をしておきたい。

ふつう、倫理といえば、本書が対象から除外すると公言した(2)の問題、つまり、「人生いかに生くべきか」の問題をあつかうはずである。しかしよく考えてみると、「人生いかに生くべきか」という問いは、「人生で直面するさまざまな問題において、わたしはどういうふうにものごとを選択し、決定していくのがよいのか」を問うていると考えることができる。ところで本書で問うてきたのは、「社会で直面するさまざまな問題において、社会としてはどのようにものごとを選択し、決定していくのがよいのか」である。したがって、問うている問いはまさに「倫理的問い」なのである。

このような問いに対し、「社会にとっての倫理性など関係ない。社会は人々の要求を満たせばよいのだから」という人がいたら、その人にこそ本書をささげたい。話はそんな簡単なものではない、と。ひとりひとりが「人生いかに生くべきか」を悩むことと同様かそれ以上に、「社会はいかに決定すべきか」はむつかしい問題である。

こう考えると、本書では(2)の問題を除外したけれども、実は、全体を通して、社会にとっての(2)の問題を考えつづけてきたといえる。問題は大きいし、根が深い。読者とともに、悩み、苦しみ、ながい沈黙をともにした上で、「やっぱりわたしにもわからない」と言うことになるかもしれない。ただ、「世の中すべてカネだよ、カネ。カネもうけに徹するのがよい」というような、安易な答えだけは出さなかったつもりである。読者の判断を待つ以外にないが……。

本書を通して用いられる次の言葉は、一般の読者にはなじみのうすい言葉か、あるいは、ふつうは別の意味で用いている言葉であろう。十分注意していただきたいので、基本用語の本書独自の意味を解説したい。（もっとも、「本書独自」といっても、決定理論や厚生経済学、数理経済学では、本書での意味とさして変わらぬ意味で用いられてきているが。）ここで解説する以外の用語は文中で説明してあるので、その都度理解していただければよい。

選択肢（alternatives）：個人や社会が何らかの価値基準にもとづいて評価しようとする対象で、考慮範囲に入っているもの。通常はいくつかの対象（選択肢）のうちから一つまたはそれ以上のものを選んだり、順序づけたりする。

選好（preference）：ある選択肢が他の選択肢より「良い」という判断。必ずしも「好み」や「損得」、「快楽」などによるとはかぎらない。個人が判断している場合は個人選好（personal preference）といい、社会全体の決定として判定するときは社会的選好（social preference）とよぶ。通常、選好といえば、任意の二選択肢間の順序だけを意味するが、ときには、選好の強さ、すなわち、選好程度（preference intensity）を問題にするときもある。

社会的選択（social choice）：社会が特定の選択肢だけを採用すること。採用される選択肢数が一つの場合と、複数個の場合がある。

社会的順序（social order）：社会が選択肢につける優先順序。社会的選好順序ともいう。

弱順序（weak order）：個人選好順序にしろ、社会的順序にしろ、次のような条件を満たす順序を弱順序という。いま、「選択肢yは選択肢xよりも良いとはいえない」ということを$x \succsim y$であらわすとき、すべてのx、y、zに対し、

(1) 反射律　$x \succsim x$
(2) 推移律　$x \succsim y, y \succsim z$ならば$x \succsim z$
(3) 連結律　$x \succsim y$または$y \succsim x$（両方満たしてもよい）

が成立する。条件(1)は「同じ程度によい」という判断をふくむことを意味し、条件(2)は選択

肢の選好順序が一本の直線上に位置づけられることを意味し、(3)はすべての選択肢が常に相互に比較可能であることを意味する。

線型順序（linear order, total order）：弱順序の条件から(1)をとり除き、(3)をどちらか一方だけしか満たさないものとすると線型順序となる。「同等程度に良い」という関係がないとしたものである。線型順序は「$x \succ y$」のようにあらわし、「xはyより良い」という判断をさす。

本書では、たとえば

1. $x\ y\ z$
2. $y\ z\ x$
3. $x\ z\ y$

なる表現をしばしば用いる。これは、第一の評定者が$x \succ y \succ z$なる線型順序を表明し（もしくは「内心」でそのように判断し）、第二の評定者が$y \succ z \succ x$なる表明もしくは判断をしており、第三の評定者が$x \succ z \succ y$なる表明もしくは判断をしていることをあらわしている。

I　投票による決定

何人かの人たちのグループで何かをきめたいとき、投票という手段にうったえることがあることは序章で述べた通りである。ただし、集団の決定で「投票によってきめる」というのは、わたしたち日本人にはあまりなじまない発想かもしれない。できることなら、投票などによらなくてもコンセンサスが得られることを願っているのである。

西欧においてはどうかというと、古い時代はやはりコンセンサスを重視してきたようで、投票を制度的にとり入れはじめたのは、フランス革命以後といわれている。それ以前は、王や一部の貴族たちできめたことを民衆に伝えるだけで、民衆の意見を積極的に反映する方式など大して関心はなかったといえよう。

ただし、ユダヤ教やキリスト教の伝統には、投票がかなり古くから採用されていた。それは、サンヘドリンという一種の国会兼最高裁判所のような決定機関で、キリストが十字架の刑に処せられることになったのも、ここでの投票結果である。ただし、イザヤ・ベンダサン〔1〕七九頁）によると、そこには「全員一致の議決（もしくは判決）は無効とする」という規定があったとのことである。全員一致というのは彼らによれば全員が一致して誤っていることになるという（実際は山本七平の創作との説あり）。わずかでも異論をとなえる者がいるから、異論との対比が行われた上での決定がなされ、それこそ真の決定だというしだいである。

歴史や文化によって、投票に対する考え方はずいぶん異なるのだが、今日のわたしたちは、意見が対立してどうにも収拾がつかないとき、やっぱり投票できめようということになるだろう。日本人なら苦り切った表情で言うが、西欧人、とくにユダヤ人なら、当然そうだという表情で言うかもしれないというちがいはあるだろう。

ところで、わたしたちは、「しかたない。投票できめましょう」となったとき、そのあと、どういう投票方式をとるかについてほとんど関心をもたないのが常である。「慣例に従って」とか、その場で思いついたかぎりで多数決で投票したり、そのほかの方式を採用し、出てきた結果はどうなっても、「投票できめたのだからしかたない」といってあきらめる。

ところが、実はこの投票方式には多数決原理以外にも多種多様あり、それぞれの方式によって結論がかなり異なるという場合もありうるのである。

さらに、それらの投票方式の論理的性質を調べていくと、それぞれの方式の背後には、それぞれの「望ましい決定」についての考え方があり、どういうことを望ましいと考えるかについて、それぞれがある種の根拠をもっているのである。

それればかりではない。もっとよく検討してみると、それぞれの投票方式に関して一見もっともに見える「望ましい決定」についてのいくつかの条件が、同じ方式の中でさえも、相互に矛盾している場合があるのである。そのような矛盾が、その方式による決定に一種の「パラドックス」を発生させるのである。

本章ではこのような「投票による決定」の背後にあるものを、いろいろな「パラドックス」を通してさぐり当て、本当に望ましい決定というのはどういう性質をもつべきなのかについて考えてみることにする。そのような検討を通して、今までわたしたちがほとんど関心をもったことのない「きめ方の合理性」に注意を向けたいというしだいである。

1 意外な投票結果

投票によってきめることは、不思議な現象をもたらしてくれる。投票結果が大方の予想通りである場合もあるが、予想が全く外れて、意外な結果を示すことも少なくない。その場合、投票者自身が予想と異なる投票を行ったために結果が違って出たというケースもあろうが、各投票者は大体予想通りの行動をしたにもかかわらず、その「集計」の仕方によって、何とも奇異な結果となることもある。

同じ投票者に対して別の投票方式を適用したり、別の集計方法を採用していたならば、異なった結果が得られただろうと考えられることがらが多い。そのような事例を一九七八年に起こったいくつかの出来事の中から拾い出してみよう。

冬期オリンピック開催地の決定

一九八四年に開かれる第一四回冬期オリンピックの開催地として、札幌に決定することがほぼ間違いないと予想されていたのが、アテネで開かれたIOC総会でみごとに敗れ、ユーゴスラヴィアのサラエヴォ〔現在はボスニア・ヘルツェゴビナ連邦の主都〕に決定した。

第一回目の投票では、予想通り札幌が第一位（七五名の投票者で三三票獲得）となり、第二位がサラエヴォ（三一票）、第三位がスウェーデンのイエテボリ（一〇票）、ほかに無効一票という結果であった。そこで、第一回の投票で過半数を満たす候補がなかったため、規定により、上位二候補の決戦投票となった。その結果、サラエヴォが三九票、札幌が三六票となって、難なくサラエヴォに決定したのである。

さてこの場合、一回の投票で最大得票数の候補をもって決定するという規定であったならば、札幌にきまっていたわけである。また、二回目の投票で上位二候補地と限定せずに、過半数を獲得する候補があらわれるまで何度でも投票し直すとしたならば、札幌・サラエヴォが相打ちとなって、案外イエテボリあたりが「対立を避ける」という名目で票を集めたかもしれない。

ヨハネ・パウロ二世教皇の選出

全世界のカトリック教徒の最高指導者である教皇の選挙が、一九七八年には二度も行われた。パウロ六世の死後選出されたヨハネ・パウロ一世は、就任後わずか三三日で急逝され、再びバチカン教皇庁では教皇選出会議（コンクラーベ）が開かれた。

下馬評では、イタリアのジュゼッペ・シリとジョバンニ・ベネリの両枢機卿が有力候補とされていた。事実、会議の初日に行われた四回の投票では、この両者のシーソー・ゲームでトップ争いがつづけられたが、いずれも必要得票数の七五票には満たなかった。この段階では、ポーランドのカロル・ヴォイティワの名は全く候補に上っていなかったという。ただ、多くの人々がイタリア国外からの候補をさがしはじめたらしい。一夜あけての月曜日の朝、五回目の投票でわずか数票ながらヴォイティワの名が上り、その後は投票が進むにつれてナダレ現象のようにヴォイティワに票が集中してきた。月曜日最後の第八回投票では、ヴォイティワが九四票を獲得して、四五六年ぶりに、イタリア国外の教皇ヨハネ・パウロ二世が誕生したのである。

この場合、もしも教皇庁が先のＩＯＣと同じように「上位二候補の決戦」による投票をさせていたならば、このような結果が起こりえなかったことは明らかであろう。

自民党総裁選予備選挙の結果

はじめて行われた昭和五三年度の自民党の総裁選予備選挙で、大方の予想に反し大平正芳氏が福田赳夫氏に大差をつけて勝ったことは人々の記憶に残っている。

この場合、「持ち点制度」という奇妙な方式が採用され、あらかじめ各都道府県に割り当られた「持ち点」が、得票数の上位二名に対してそれぞれの得票数に比例配分される仕組みになっていた。つまり、上位二位以内に入れる見込みのない候補に対しては一点も配分されないことがあらかじめ投票者に知らされていたしだいである。それどころか、三位以下となる候補者に投票した票は、結果的には、上位二者のうちのいずれかに振り分けられることがわかっていたのである。

このような状況の中で投票者にどのような心理がはたらくかは明らかであろう。もしかすると三位以下の人に投票したことになるかもしれないと感じた投票者は、そのことによって自らの票が無効となるのみならず、文字通り「入れたくもない候補」に勝手に振り分けられるという危険を犯さねばならない。そこで、「勝手に振り分けられるぐらいなら、いっそはじめから上位二者のうちに入ると大方予想されているところに入れておこう」ということになろう。

このような制度では、先の教皇選出とは逆に、下馬評的な上位二者に向かって投票以前にナダレ現象が発生する。まるで徳川幕府の政策のように、「全国統一」を達成するためのみごとな大衆コントロールといわねばなるまい。つまり、この選挙は投票者の「真意」を結集して結果を出そうというものではなく、二大派閥を中心に投票者の意志を変えさせ、系列化させ、嫌でもどちらかにつかせようという政治的な意図をもった一大イベントであった。

かつて三木総裁が誕生した当時も、福田・大平の二大派閥が「上位二者」であった。しかし、二大勢力の激突による内部分裂への恐れや、田中前首相誕生当時の露骨な派閥争いへの反省やら、その他いろいろな思惑が人々の間にあり、結局、椎名氏の仲裁によって、上位二位以内にはいなかった三木氏が総裁となったわけである。

以上の三つの例を見てもわかるように、「投票」と一言で言ってもそこにはいろいろな方式があり、それぞれの方式には独特な仕掛けが仕組まれていて、ときに投票者が自らの投票がもたらすだろうと考える期待とかなり異なった「意外な」結果を生み出すことになりうるのである。

実際の投票が行われると、一体誰が選出されるか、何にきまるのかに人々の関心が向き、一度出た結果に対しては、たとえどんなに「意外な」結果であったとしても、人々はその結果を今後どのように受け入れるかの方に関心をもち、その投票方式がもっている「仕掛け」についての吟味を全くしないことが多い。それは、一つには、大がかりな投票をもう一度やり直すということが現実にはほとんど不可能であるということもあり、もう一つの理由としては、「投票制度をきめるための投票」などは通常考えられず、制度上の問題についての決定的な論拠を見出すことがきわめて難しいことにもよるのであろう。

したがって、わたしたちは、「投票方式」がきまる時点で、いろいろと考えられる投票方式の良し悪しを十分吟味して判断しなければならない。ひとたびそれが「制度」となると、それを変えるには大変な労力がかかり、重大な論拠を提出しても変更実現はおぼつかないからである。

そこで、以下において、様々な投票方式が潜在的にもっているいろいろな「仕掛け」を理論的に明らかにするため、どのような場合に、投票結果の予想や自己の投票の意味などの期待が外れるパラドックスを生むかを調べていこう。

2　多数決原理の矛盾

多数決による決定方式が潜在的にもっている理論上の意外性は、古くから「投票のパラドックス」として知られてきている。

投票のパラドックス

多数決投票のもつ意外性についての理論的研究は、一七八五年にコンドルセー(Marquis de Condorcet, 1743-94〔5〕)によって発見された、いわゆる「投票のパラドックス」が有名である。それは、ひとりひとりの投票者が全く理性的に投票を行ったとしても、多数決による決定が解消不可能な、非合理的結果を導くことを示したものである。

いま仮に、太郎、次郎、花子の三人がそろってどこかへ遊びに行こうかと相談しているとしよう。太郎は映画を、次郎はロック・コンサートを、花子はディスコを提案した。そこで三人はこれらの三つの行き先についての選好順序をそれぞれ全く独立に定めた(表I-1)。

表I-1

太郎:映画≻ロック≻ディスコ
次郎:ロック≻ディスコ≻映画
花子:ディスコ≻映画≻ロック

さてここで、まず映画とロックを比較して、いずれの方がより好ましいかをきめるために多数決をとったとすると、明らかに、二対一で「映画はロックより好ましい」という結論が出る。そこで今度はロックとディスコを比較したとすると、やはり二対一で「ロックはディスコより好ましい」という結論が出る。それでは映画とディスコを比較するとどうなるだろうか。今までの二つの判断からすれば、当然「映画はディスコより好ましい」という結論が出て当然であろう。ところがここであらためて多数決をとると、実は「ディスコは映画よりも好ましい」という矛盾した結論が出てしまうのである。

右の場合はすべての可能な対に対して多数決を行った「総当り方式」による投票で生じる矛盾だが、同じことが「逐次勝ち抜き方式」でも生じる。その場合は、どこからはじめるかによって結論が変わるという矛盾に至る。たとえば、映画とロックを比較して「勝ったもの（この場合は映画）」を「残ったもの（ディスコ）」と対決させる、というやり方で、「最後の勝者」をきめると、この場合は「最後に比較された者が勝者となる」わけである。つまり、ロックとディスコの比較からはじめれば映画が、映画とディスコの比較からはじめればロックが勝ち残る。これは、投票結果が投票を逐次的に行う順序に依存して変わりうるということで、「経路依存性（path-dependency）」とよばれる性質をもち、明らかに社会的に容認しがたい性質を示しているわけである。

勝者が全員に嫌われる

コンドルセーの投票のパラドックスをもう少し複雑にすると、次のようなものも考えられる。今、三人の投票者が四つの選択肢x、y、a、bを表I－2に示すような順序で順序づけていたとしよう。この場合、「逐次勝ち抜き方式」で多数決がとられるとしよう。

はじめに、xとaが対決するとaが勝つ。そのaと次にbが対決するとbが勝つ。そのbとyが対決するとyが最後の勝者となるのだが、表I－

表I－2

投票者1：$x \succ y \succ b \succ a$
投票者2：$a \succ x \succ y \succ b$
投票者3：$b \succ a \succ x \succ y$

表Ｉ－3　多数決方式が循環順序をもたらす確率（3選択肢のとき）

投票者数	P
1	0.0000
3	0.0556
5	0.0694
7	0.0750
9	0.0780
11	0.0798
13	0.0811
15	0.0820
17	0.0827
19	0.0832
21	0.0836
23	0.0840
25	0.0843
⋮	⋮
∞	0.0877

(Garman & Kamien〔10〕)

表Ｉ－4　多数決方式が循環順序をもたらす確率（選択肢が1～45, 投票者数∞）

選択肢数	P
1	0.0000
2	0.0000
3	0.0877
4	0.1755
5	0.2513
10	0.4887
15	0.6087
20	0.6811
25	0.7297
30	0.7648
35	0.7914
40	0.8123
45	0.8292

(Niemi & Weisberg〔12〕)

2をよく見ると、実は投票者が全員一致でyをxより劣るものとみなしているのである。このようなことが生じるのも、実は表Ｉ－2に示す選好順序において(x、a、b)、(y、a、b)の二組がそれぞれ投票のパラドックスになっているからである。

投票のパラドックスは特殊例か

このようなコンドルセー型の投票のパラドックスは数学者が考えたパズルのようなもので、現実にはめったに起こりえないことと考えられるだろうか。

もしもひとりひとりの投票者が、選択肢のすべての可能な順列（permutations）のうちの一つを等確率でもつと仮定しよう。そのときに発生しうる循環順序（cyclic order）の生起確率を表Ｉ－3（投票者数を変えた場合）と表Ｉ－4（選択肢数を変えた場合）に示す。

表Ｉ－3は選択肢数を三つに限定して、投票者数を一名から無限大にまで変化させた場合の、コンドルセー型の投票のパラドックスが発生する確率を示したものである。表I-3から明らかなことは、選択肢数が三つと固定されたならば、投票のパラドックスの発生確率は投票者数が増加してもそれほど急激に増加することがない、ということである。大ざっぱに言えば、投票者が七名を越えると、三選択肢の投票パラドックスはおよそ八%前後と考えてよい。

次に表I-4をごらんいただきたい。これは投票者数を常に無限大として、選択肢の数を一から四五まで変化させた場合の、投票のパラドックスの発生確率を示したものである。この場合にはかなり急速にパラドックスの生起確率が増加することがわかるであろう。選択肢数が一〇を越えると、生起確率は〇・五以上となり、二〇ともなるとほぼ七〇%の確率でパラドックスが生じることになる。こうなるとパラドックスが生じない方が不思議なくらいである。

現実に起こった投票のパラドックス

以上のような投票のパラドックスの生起確率は理論上のもので、いわば「机上の計算」にすぎないと考えられるかもしれない。

しかるに、現実には、たとえ投票のパラドックスが生じているはずの場合でも、表面上はともかく何らかの結論が出てしまうので、人々はむしろ「出てしまった結論」に関心が向き、「ほかに起こりえた結論」を論じることは稀であろう。したがって、現実に投票のパラドックスが人々に歴然たる矛盾を現したケースは過去においてほとんどない。ただ、わたしたちは、「本来ならば、投票のパラドックスが生じているはずだった」という事例をあげることができるのみである。

ライカーとオーデシュック（Riker & Ordeshook〔13〕）は、一九一一年の米国憲法の修正案をめぐる議会のやりとりから、一九五六年における学校建設補助をめぐる下院の採決にいたるまでの、米国議会において現実に発生していたと考えられる投票のパラドックスを数多くあげている。別の例はブラームス（Brams〔3〕）やファーカーソン（Farquharson〔6〕）にもあげられている。比較的簡単な例として、ファーカーソンの分析した一例を紹介しておこう。

一九五五年に、上院の多数党である民主党の党首リンドン・B・ジョンソンは、一八〇億ドルの国道建設計画を上院にはかった。この計画案の中には、実は「デイビス＝ベーコン挿入句」と呼ばれ、南部の民主党議員からはげしく攻撃された一句が入っていた。それは、国道建設事業で働く労働者の賃金を、特定の基準で国が査定するというもので、南部の建設事業家には「頭にくる北部の干渉」と受けとられたわけである。今、この挿入句の入った原案をXと記しておこう。それに対し、南部民主党議員が提出した修正案——つまり「デイビス＝ベーコン挿入句の削除」案——をYと名づけておこう。他方、共和党議員団からは、ともかくこの国道建設計画そのものの廃棄案が出され、これを今Zと名づけておくことにする。その当時の世評から考えると、表I－5のような順位づけがごく自然に想定されたという。

この選好順序は明らかに「投票のパラドックス」である。

さて、ジョンソンはどのように行動したか？（彼が南部出身の民主党員であることを想い起こしておいていただきたい。）彼はまず、原案（X）をそのまま採択すべきか、それとも、修正案（Y）もしくは廃案（Z）についての議論を進めるべきかを議会にはかった。当然、南部民主党員と共和党員は、原案について不服であるので、ともかくこれはとりあえず引っこめてもらうべきだとして、修正条項について議論を進めようとせまった。そこで多数決にもとづいて、原案（X）は棄却された。そこで残ったYとZが議論に上ったのだが、今度は北部民主党員が共和党案のZに反対して、結果として、ジョンソンの思惑通り、「デイビス＝ベーコン挿入句削除」案が採択されたのである。

表I－5

(1)	北部民主党	$X \succ Y \succ Z$
(2)	南部民主党	$Y \succ Z \succ X$
(3)	共和党	$Z \succ X \succ Y$

もしもこの場合、共和党案（「国道建設計画の廃棄」）をはじめの議題として組上にのせていたならば、多数党の民主党員がこれを棄却したであろう。そのあと原案と修正案を採決したならば、北部民主党、共和党の圧倒的多数で原案が採択されていたであろう。（投票のパラドックスが生じている場合、優先して議題に上らせるものが一番先に棄却される。後まわしにする方がむしろ優位になる。）

パラドックスの回避と単峰性の仮設

ところで投票のパラドックスは、投票者がもちうる選好順序にある種の制限を設けると、案外簡単に回避できる。その種の制限のうちの「単峰性仮説」について説明してみよう。

平たく言ってしまうと、単峰性の仮説というのは、すべての選択肢を同一の尺度上に位置づけているという仮説である。たとえば、一杯のコーヒーに入れる砂糖の量に対する選好は人によってかなり異なるだろうが、すべてが「甘さ」という共通特性上の理想点からの距離で選好順序がきまっていると考えるしだいである。図I－1では、砂糖の量が x グラム、y グラム、z グラム、u グラムと定められているとき、理想点が z と u の間にある人の好みの順序が $z \succ y \succ u \succ x$ となることを示している。

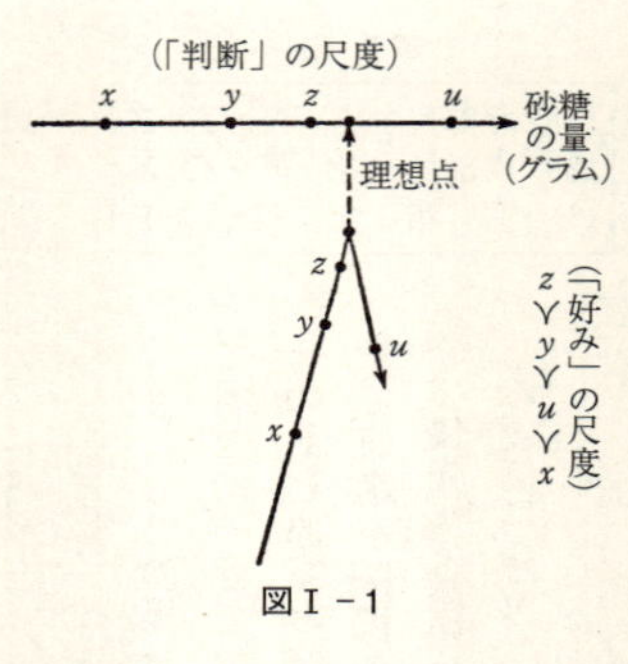

図I－1

「理想点」のかわりに、「最悪点」が一つきまる場合でも、数学的にはやはり単峰性の仮説にふくめている。（山をひっくりかえした形でも「単峰」にはちがいない。）ナマヌルイ事をきらい、極端を好む態度がこれに当る。あざやかな色彩を好む場合などにあらわれるだろう。

今日では、単峰性の仮説はもっと拡張されており、実質的な制約としてはきわめてゆるやかな条件で投票のパラドックスが回避できることがわかっている。(第Ⅱ章二節、第Ⅲ章で詳しく検討する。)

3 単記投票方式の矛盾

単記投票方式

投票の手続や投票結果の集計法の点で最も簡便な投票方式は、単記投票方式であろう。これは各投票者が与えられた選択肢のうちの一つだけを選んで投票用紙に記入し、集計にあたっては最大得票数の選択肢をもって「社会的選択」とするものである。いわゆる選挙とよばれるものはほとんどといってよいほどこの方式が採用されている。

投票によって選択肢の一つだけを選出する場合だけでなく、いくつかの議席が用意されているとき、最大得票者から順に得票数の多い順に議席をうめていくという場合もある。評議員選挙とかコンクールの優勝者決定などがこの方式である。

単記投票の「勝者」とは

ところで、このような単記投票方式で最も多く「票を集めた」選択肢というのは、一体どのような意味での「勝者」なのだろうか。

常識的に考えるならば、この勝者というのは、最も多くの人々が第一位と認めたわけだから、他のいかなる選択肢と対比されても、多数の人々が「この勝者の方が優れている」と認めるだろうと考えられるであろう。たとえば今、単記投票方式でx氏が選出されたならば、次点の人と決戦投票をされても勝つのが当然と考えられよう。

しかし現実に、先にあげた「冬期オリンピック開催地の選出」の場合に見られる如く、第一回目に最大得票数を獲得した札幌が、決戦投票でサラエヴォに敗れたのである。これは第一回目の投票と第二回目の投票との間に、投票者の「心変わり」があったためだろうか。

実はそうではなく、理論的に言っても、単記投票における最大得票というのは、別段「他の選択肢と比べて優れている」という点については全く何の保証も与えていないのである。

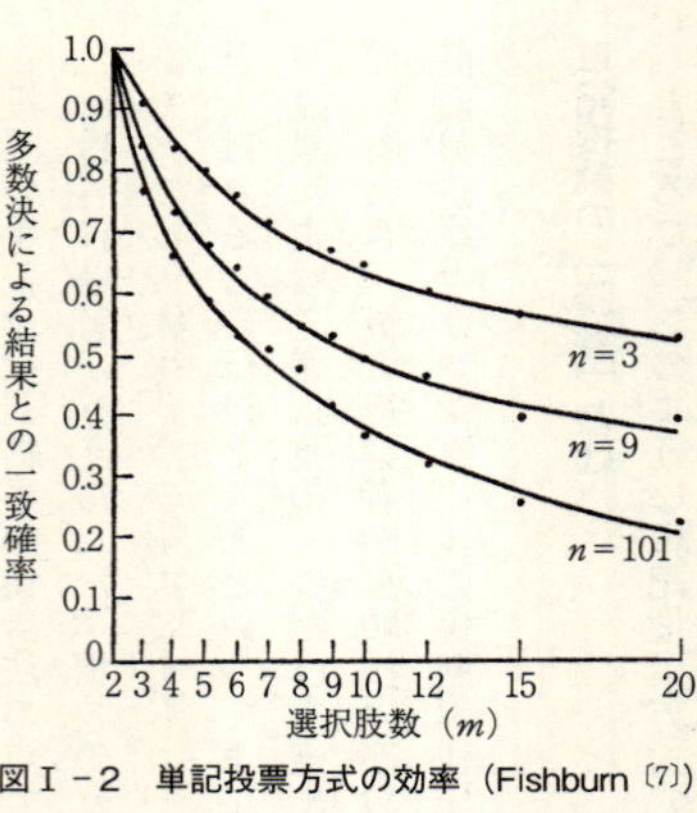

図I－2　単記投票方式の効率（Fishburn〔7〕）

図I－2は、立候補者数mが二から二〇まで変化したとき、投票者数nを三、九、一〇一名のそれぞれの場合に、単記投票での勝者が多数決原理からの勝者と一致する確率をあらわしたものである。ここで、多数決方式によって循環順序（投票のパラドックス）が生じるケースは除外してある。また、一名記名で投票した結果、同順位のものがいくつか現れたときは、二分の一の確率で一方が採用されるものとしてある。確率計算においては、投票者が持っている選好順序は、すべての可能な順序を等確率で採用しうるものとみなしている。

この図で見るかぎり、投票者数が一〇一名のときには立候補者数が一二名を越すと、多数決勝者との一致度は三分の一以下ということになる。

あるいはもっと卑近な例として、年末に、レコード大賞の候補者五名の中から単記投票で「大賞」受賞を決定したとしよう。昭和五三年度は「ピンク・レディー」が受賞して、有力だった沢田研二、山口百恵が落ちたことは人々の記憶に残っているであろう。この図で見るかぎり、候補者が五名の場合、審査員が九名以上ならば、たとえば「ピンク・レディー対沢田研二」の決戦投票をしてもやはり「ピンク・レディー」が勝つ確率は六五％程度だということになる。

単記投票方式のパラドックス

考えてみれば、候補者の中から一名だけを選んで記入するという方式は、集計の手間はかなり省けたとしても、投票者の選好構造を知る上ではあまりにも簡略化しすぎている。

たとえば七名の投票者のうち三名がxを第一位にし、残り四名のうち二名がyを他の二名がzを第一位にあげていたということから、xが最も望ましいと言えるだろうか。表I-6のような構造だったらどうだろう。このような選好構造を見れば、これでもxを最上位とすべきだと主張する人はいないのではないだろうか。（多数決の結果は$y\,z\,x$となる。）

表I-6

1.	x	y	z
2.	x	y	z
3.	x	y	z
4.	y	z	x
5.	y	z	x
6.	z	y	x
7.	z	y	x

さてここで、各投票者に対し今まで「最良と思うものから順に順位をつけて下さい」と指示していたのを変えて、今度は「最悪のものから順に、望ましくないものの順で順位をつけて下さい」と指示し直したとしよう。このような指示の下に判断した結果、このグループで「最悪」と判定されたものを棄却するという社会的決定を単記投票で行うとするとどうなるだろうか。先の七名の投票者の選好順序を逆転させてみるとおわかりだと思うが、実は「最悪」とみなされるべきものはxであり、これは同じグループが先に「最良」と判定したものと同一となる！

このことは決定理論家の間で民主主義的決定の基本原則の一つとして認められている「双対性（duality）」と呼ばれている条件（「すべての投票者の選好が逆転したときに、社会的選択が先と同一であってはならない」という条件）に反している。このため、単記投票方式は社会的決定理論では不合理性の明らかなものとして排斥されている。

このような単記投票方式の欠陥については、一八世紀のボルダ（Jean-Charles de Borda, 1733-99）によって明確に指摘されたものである〔2〕。当時のフランス王立科学アカデミーはこのボルダの論文を十分検討した結果、科学アカデミーの会員の選挙方式を単記投票方式から、ボルダの提唱する「順位評点方式」（候補者m人に対し、各投票者が最上位に$m-1$、次位に$m-2$、……最下位に0の評点をつけた上で、評点合計を出し最大得点者を勝者とする方式）に変更した。この「ボルダ方式」は、一七八四年から一八〇〇年までの王立科学アカデミー会員選挙に採用されたのだが、一八〇〇年に新しく入った会員のひとりによって猛反対され、まもなく変更された。この新会員の名は、ナポレオン・ボナパルトであった。

4　上位二者の決戦の功罪

上位二者決戦投票方式

単記投票を一回だけ行って勝者を決めるという方式の矛盾は、前節で見た通り古くからよく知られてきたことである。そこで今日では、重大な決定の場合には、単記投票で最上位者の得票数が過半数に満たない場合には、上位二者の「決戦投票」を行うという方式がしばしば採用されてきている。

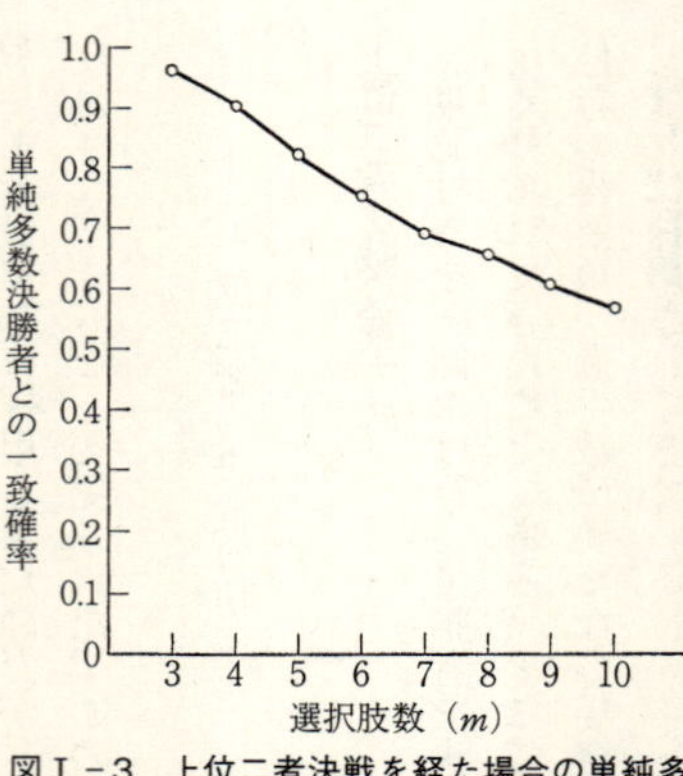

図Ⅰ－3　上位二者決戦を経た場合の単純多数決勝者選出確率（投票者数n=101, Fishburn & Gehrlein〔9〕）

前に紹介したオリンピック開催地決定ではこの方式が採用されていた。ここで、第一回投票で最大得票数を得た札幌が、第二回目の決戦投票でサラエヴォに敗れたのであった。

考えてみると、札幌が敗れたということは、別に意外な事態でも何でもない。第一回の単記投票における最大得票者が「最良」でない確率は先に見た通りあまりにも大きいので、決戦投票で逆転する可能性は常にきわめて高いと言わざるを得ないのである。

それでは、このようにして上位二者の決戦を行うことにすると、単純多数決勝者が選出される確率がどのぐらい高くなるだろうか。フィッシュバーンとゲーライン〔9〕のシミュレーション結果の一部を図Ⅰ－3にまとめてみた。

このグラフで見るかぎり、投票者数が十分大きい場合には、選択肢数が増えてくると最上位二者の決戦投票を経過した結果であっても、単純多数決勝者を選出しない確率が結構無視できなくなることがわかる。とくに、選択肢数が一〇以上ともなると、単純多数決勝者を選出する確率は五七％程度となっている。（ただし、ここでも前のシミュレーションと同様、あらゆる可能な順序が等確率で出現していると仮定され、さらに、単純多数決勝者が一意的にきまる場合のみを考慮している。）

上位二者決戦投票方式のパラドックス

最上位者の得票数が過半数に満たない場合に、次点との決戦投票を行うとして、表I－7のような例を考えてみよう。この場合にはzとxが決戦に持ち込まれ、そのいずれかが勝者となる（この場合zが勝者）のだが、この決戦に持ち込まれる二者、zとxは、実は最上位ではなく、投票者全員が最下位にランクづけしていたものである。

もっとはっきりと結果の不合理性を確かめたいならば、表I－8の例を考えていただきたい。これでもあなたはzが第一位となるべきであると固執されるだろうか。

また、表I－9の例は上位二者の決戦を経過しても、民主主義の基本原則たる双対性（すべての投票者の選好順序の逆転が同一選択肢を選出してはならないこと）に反することも示している。このままの順位ではxとzが決戦に付されてxが勝者となる。すべて

表I－7

1.	x	y	z
2.	x	y	z
3.	x	y	z
4.	y	z	x
5.	y	z	x
6.	z	y	x
7.	z	y	x
8.	z	y	x

表I－8

1.	x	y	a	b	c	z
2.	x	y	a	b	c	z
3.	x	y	a	b	c	z
4.	y	a	b	c	z	x
5.	y	a	b	c	z	x
6.	z	y	a	b	c	x
7.	z	y	a	b	c	x
8.	z	y	a	b	c	x

表I－9

1.	x	z	y
2.	x	z	y
3.	x	z	y
4.	z	y	x
5.	z	y	x
6.	z	y	x
7.	y	x	z

の順序を逆転させると、yとxが決戦となり、やはりxが勝つ。つまり、すべての人々が「悪いもの順」に並べても、「良いもの順」に並べても、同じものを選出するというしだいである。これでは一体どういう意味での順序づけをしてよいかわからなくなるではないか。
つまり、単記投票の結果にもとづくかぎり、その後上位二者の決戦を行うからといって、不合理な結果がなくなるわけではなく、どこまでもつきまとってくるのである。

増沢方式におけるパラドックス

これと同じような投票方式によって、候補者にランクづけする方法として、わが国での音楽関係の賞で古くから採用されている「増沢方式」というのがある。この増沢方式というのは、増沢健美氏が五〇年程前に毎日音楽コンクールの審査委員長をされたときに考案されたもので、今日〔一九八〇年当時〕まで、毎日音楽コンクールやTBSレコード大賞などに採用されてきている方式である。

増沢方式では、候補者のランクを得るのに次のような手続をとる。まず第一回の単記投票で過半数を獲得した候補者がいればこれを第一位とする。過半数をとる者がいなければ、上位二者を選んで決戦投票を行う。これによる勝者を第一位とする。（これまでは先に示した最上位二者決戦方式と同じ。）第二位以下をきめるときは、すでにランクの決定した候補者を除外した上で最上位二者決戦方式を採用するのである。（最上位者が過半数の得票をしているときは、次点の者と「決戦」になっても勝つことは自明である。)

このような手続だけを見ると、それなりに納得できるきめ方のように思われるだろう。ところがよく調べてみると、この決定方式は、他のいろいろな方式と比較しても、へんな結果を生み出す可能性の多い点でまさに「横綱級」であることがわかる。(ちなみに、以下で紹介するパラドックスは、東京理科大学理工学部経営工学科の近藤泰史君が、昭和五三年度卒業研究として、種々の決定方式の比較研究を行った際に見出したものの一部である。彼の功績を記念して「近藤のパラドックス」と名づけたい。)

まずはじめに、候補者四名に対し、五名の審査員が表I－10のような順位づけをもっていたとしよう。

これに増沢方式を適用したとすると、はじめにaとyが決戦に持ち込まれ、第二回投票の結果aが第一位となる。次にこのaを除外して最上位者を調べると、bを最上位とする審査員が過半数を満たしているので、bが第二位となる。次にuが第三位となり、最後にyが第四位となる。つまり、増沢方式による全体のランクづけはa b u yとなる。ここまでの結果は、別段問題ないように見えるかもしれない。

ここで、同じ表I－10に多数決原理を適用したとしよう。つまり、総当り方式で対比し、どの候補と対比されても多数決で「勝つ」勝者から

表I－10

1.	a	b	u	y
2.	a	b	u	y
3.	y	b	u	a
4.	y	b	u	a
5.	b	u	a	y

表I－11

1.	a	b	u	y
2.	a	b	u	y
3.	y	b	u	a
4.	y	b	u	a
5′.	b	u	$\underline{y}$	$\underline{a}$

順に選出したとする。そのとき、この選好構造では幸い循環順序は発生しておらず、多数決結果は$b\ u\ a\ y$となる。さきほどの結果と比較すると、増沢方式の結果の最上位aという選択肢は、実は多数決での最下位から二番目であったことがわかる。(「にくまれっ子世にはばかる」のパラドックス?)

表I-12

音楽評論家グループ				
1.	a	c	b	x
2.	a	c	b	x
3.	a	c	b	x
4.	x	a	b	c
一流演奏家グループ				
5.	x	b	c	a
6.	x	b	c	a
7.	b	c	x	a
8.	b	c	x	a
9.	c	a	b	x

もっと奇妙なことは次の例で生じる。先の選好順序で、第五番目の審査員が、自分の選好順序における最下位と、最下位から二番目とを入れかえた順序に、つまり表I-11のように変更したとしよう。

ここで再び「増沢方式」を適用すると、先の$a\ b\ u\ y$ではなく、何と$y\ b\ u\ a$となる。言いかえると、第五審査員が本人にとってはどちらでもよいに等しい最下位と、最下位から二番目とを入れかえるだけで、増沢方式の最上位と最下位が入れかわるのである。(「気分次第できめないで」のパラドックス?)

増沢方式のもう一つの欠陥を指摘しよう。

今、音楽コンクールで、九名の審査員のうち四名が音楽評論家、五名が同じ部門の一流演奏家たちで構成されていたとしよう。そこで、審査の対象となった有力候補四名についての各審査員の順位づけが表I-12のようになっていたとしよう。

ここで、まず音楽評論家グループに注目すると、これに増沢方式を適用しても、多数決原理を適用しても、ボルダ方式を適用しても、$a\ c\ b\ x$という順にランクづけができるであろう。同様に、一流演奏家グループでは、やはり増沢方式だろうが、多数決原理だろうが、$b\ c\ x\ a$というランクづけができる。しかるに、ここでもし審査員全体をまとめて増沢方式を適用すると、$x\ a\ b\ c$という結果になる。つまり、二つの審査員のグループが、ともに「bよりも劣り、cよりも劣る」と判定しているxが、全体では第一位になってしまうのである。

この増沢方式でいくと、審査員のグループがいくつかにわかれた場合、どの小グループでも第一位という結論が出ている者が全体では落選するという事態も起こりうる。たとえば、表I-13のような構造になっていると、1～9の審査員グループでも、10～16の審査員グループでも、aを第一位とすることに結論が出ているにもかかわらず、全体を通しての増沢方式では、aは落選し、dが第一位となる。

増沢方式に対する最後のダメ押し的な反例として次のものをあげておこう。

表I-13

1.	a …
2.	a …
3.	a …
4.	$b\ d$ …
5.	$b\ d$ …
6.	$b\ d$ …
7.	$b\ d$ …
8.	$d\ a\ b$ …
9.	$d\ a\ b$ …
10.	a …
11.	a …
12.	a …
13.	d …
14.	d …
15.	d …
16.	$c\ a$ …

今八人の審査員が四人の歌手$a\ x\ c\ b$に対する審査をしていたとしよう。各審査員の選好順序が表I-14の通りであったとする。ここに増沢方式を適用すると、$a\ x\ c\ b$という

順序が得られる。ところでここで審査員1が、xについての順位を考え直した結果、もう少し上位にしてもよいと考え、xを最上位に、aを第二位にと訂正して、表I-15のようになったとする。こうなると、増沢方式の結果は$c\ a\ x\ b$となる。つまり、ひとりの審査員がxをより上位に位置づけた結果、xは第二位から第三位に転落するのである。

これをもう少しわかりやすい例で説明しておこう。

表I-14

1.	$a\ x\ c\ b$
2.	$a\ x\ c\ b$
3.	$a\ x\ c\ b$
4.	$b\ c\ a\ x$
5.	$b\ c\ a\ x$
6.	$b\ c\ a\ x$
7.	$c\ a\ x\ b$
8.	$c\ a\ x\ b$
	$a\ x\ c\ b$

表I-15

1′.	$\underline{x\ a}\ c\ b$
2.	$a\ x\ c\ b$
3.	$a\ x\ c\ b$
4.	$b\ c\ a\ x$
5.	$b\ c\ a\ x$
6.	$b\ c\ a\ x$
7.	$c\ a\ x\ b$
8.	$c\ a\ x\ b$
	$c\ a\ x\ b$

今レコード大賞の候補者四人を八人の審査員が審査していたとしよう。大方の予想では表I-14に示した通りで、沢田研二のaが第一位、次に山口百恵のxが第二位、ピンク・レディーは第三位のcであった。そこで、山口百恵の陣営では、何とかして百恵を第二位から第一位にさせるべく、いろいろな宣伝工作をした結果、沢田派のひとりである第一審査員の意見を変更させることに成功し、彼の選好を$a\ x\ c\ b$から$x\ a\ c\ b$へと変更させたとする。ところがフタを開けてみると、第一審査員は予想通り山口派として行動したにもかかわらず(否、山口派として行動したがために)、第一位は意外にもピンク・レディーに、第二位が沢田研二、そして、何と山口百恵は第三位に転落しているではないか!

5 複数記名投票による改善効果

単記投票で選出される選択肢が多数決原理にかけると負けるという確率が高いことは、どうにも避けがたいようである。このことは、前節で見た通り、単記投票によって上位二者を選出した後にあらためて決戦投票を行うという二段階投票を行っても、それほどよい改善にはなりえないのである。

それでは、投票にあたって複数の選択肢を記入させたらどうだろうか。実をいうと、多数決勝者を選出する確率はこれによって大変高くなるのである。

ところがここに重要な問題がある。それは、一体いくつの選択肢を記入させるのがよいかという問題である。まず考えられることは、投票用紙に記入する選択肢数を全く無制限にして、投票者の個人的判断にまかせるという方式であろう。そのようにして、最も多くの指名を受けた選択肢を勝者とみなすのである。この方式は「認定投票（approval voting）」とよばれ、ブラームスとフィッシュバーン〔4〕によって提唱され、数学的な性質が明らかにされたものである。もう一つの考え方は、投票用紙に記入する選択肢数を固定する「固定数記名投票方式」であり、この方式についてもフィッシュバーン〔7〕〔8〕がいろいろなシミュレーション研究をしている。

認定投票方式

ブラームスとフィッシュバーンが明らかにしたことは、認定投票方式において、投票者の「自分はこれこれの候補（複数でも単数でもよい）に投票する」という意思決定が、他の投票者がどの候補に投票するかということと無関係に行うことのできる場合は、投票者の候補者集団に対する選好構造が二分割（「認定できる」か「認定できない」かの二つに一つ）できる場合にかぎるというのである。この場合、「認定者」の集合内での選好はすべて無差別であり、「非認定者」の集合内でも無差別でなければならないという。

このことは次のような例で直観的にも納得できよう。今、投票者A氏は候補者x、y、zに対し、$x \succ y \succ z$の三分割の選好をもっていたとする。さて、もし仮に、A氏以外の投票者の票がxに一〇票、yにも一〇票、zに一票となっていたと考えると、A氏は当然xだけに投票するのが最良であろう。しかし、A氏以外の投票者の票がxに一票、yに一〇票、zに一〇票となっていたならば、この場合は少なくともyに投票しないわけにはいかない。（xに投票するかどうかは一概にきめられないが。）つまり、A氏は「自分以外の投票者の投票行動に依存して」しか自らの投票行動をきめられないのである。したがって、他の投票者の投票がどうであっても、自らの投票行動を独立にきめられるためには、選好が二分割でなければならないのである。

さて、各投票者の選好構造がもしも二分割できるものであったとすると、その場合は次のことが証明されている。すなわち、その場合の認定投票は必ず多数決勝者を選出するし、さらに、ランクづけをしない複数記名投票で多数決勝者を選出する投票方式はこの認定投票以外には存在しない、ということである。

しかし、認定投票方式の特長は、このような多数決勝者を選出することにあるのではない。最大の特長というべきことは、単記投票によって生じる「同系競合による相殺」をふせげることである。三名の候補x、y、zのうち、xが保守系でyとzが革新系のとき、単記投票だとyとzが競合して互いに革新票をとりあって、結果的には支持の少ないxが勝つということになりかねない。認定投票ならば、革新系支持が多ければ、彼らは少なくともxを記名しないから、当然xは落選する。

固定数記名投票方式

投票者の選好構造が二分割的でない場合には、固定数記名投票方式によって、多数決勝者を選出する確率を高めることができる。

図Ⅰ-4は、選択肢数が五、一〇、二〇で投票者が一〇一名のときの、固定数記名投票方式の結果が単純多数決勝者を選出する確率をシミュレーションで算出したものである。

この図から明らかなことは、固定数記名投票方式を採用する場合、記入する投票者数は

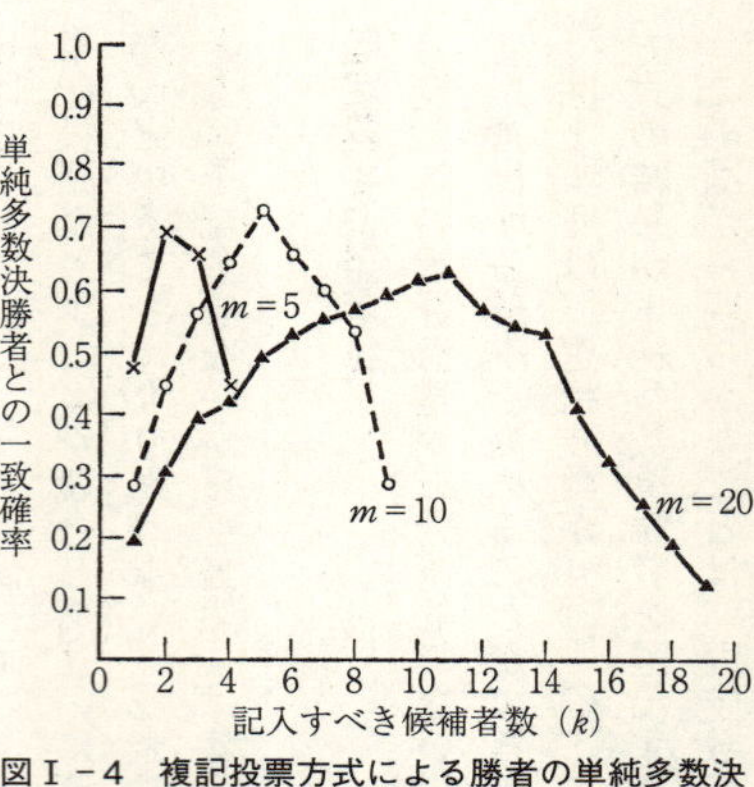

図Ⅰ－4　複記投票方式による勝者の単純多数決勝者との一致度（選択肢数 m=5, 10, 20 の場合，投票者数 n=101, Fishburn〔7〕〔8〕）

ほぼ全候補者数の半数が最適であることがわかる。フィッシュバーンは数多くのシミュレーション結果から、最適な記入人数 k は

$$k \doteqdot \frac{m}{2}\left(1-\frac{1}{\sqrt{n}}\right)$$

m：選択肢数, n：投票者数

に最も近い整数と定めるのがよいとしている。

このことは案外人々に知られていないが大変有益な事実ではないだろうか。たとえば、市場調査のアンケートや、世論調査を行う場合に、選択肢を m 個与えて「よいと思うもの k 個に○印をつけよ」という質問を行うことがよくあるが、この場合の k はほぼ $m/2$ にするのが最適だというしだいである。これを「よいと思うもの一つだけに○印をつけよ」と質問した場合と比較すると、グラフで $k=1$ のところと比較すれば明らかなように、かなりの程度改善されることがわかる。ただし、この場合の「最適記名数」は、投票者の選好構造が、選択肢のすべての可能な順列（$m!$ 通りある）に対して等確率で分布しているという仮定して算出されたものであるから、この仮説が大きく崩れる場合には、このようにして求めたkが本当に「最適」かは保証のかぎりではないことも十分注意しておくべきであろう。

二段階複記投票方式による改善効果

第一回目の投票では各投票者がk名を投票用紙に記入し、そこでの最大得票者からr名を選出した上で、このr名について投票者がそのうちのs名を記入した第二回投票を行うとする。このような投票方式では、k、r、sの数はどのように定めるのが最適だろうか。また、それによってどの程度まで単純多数決勝者を選出できるようになるだろうか。

この問題については、やはりフィッシュバーンとゲーライン〔9〕のシミュレーション研究が明らかにしている。

フィッシュバーンらの研究結果によると、はじめの投票でk名を記入するとしたならば、このkが何であったとしても、次回の投票では二名中一名を記入させるのが最適であることがわかっている。

さらに、第一回目の投票で記入させるべき候補者数kは、先の一段階だけの固定数記名投票方式での最適数$k \doteqdot m/2$（mは全候補者数）でよいこともわかっている。言いかえると、固定数記名投票方式を二段構えで行うならば、第一回目の投票では$m/2$人だけの人数を各投票者が記入し、その結果の上位二名について、決戦投票を行って最終的勝者をきめるというのが最良の策だということになる。

このような二段階複記投票方式は、先の二段階単記投票方式（単記投票の上位二者の決戦方式）とくらべると、どの程度の改善になっているかは図I-5に明らかである。図から見ると、選択肢数mが大きくなった場合には、第一回投票で$m/2$人だけ記入させた場合の方がきわめて効果的であるといえよう。

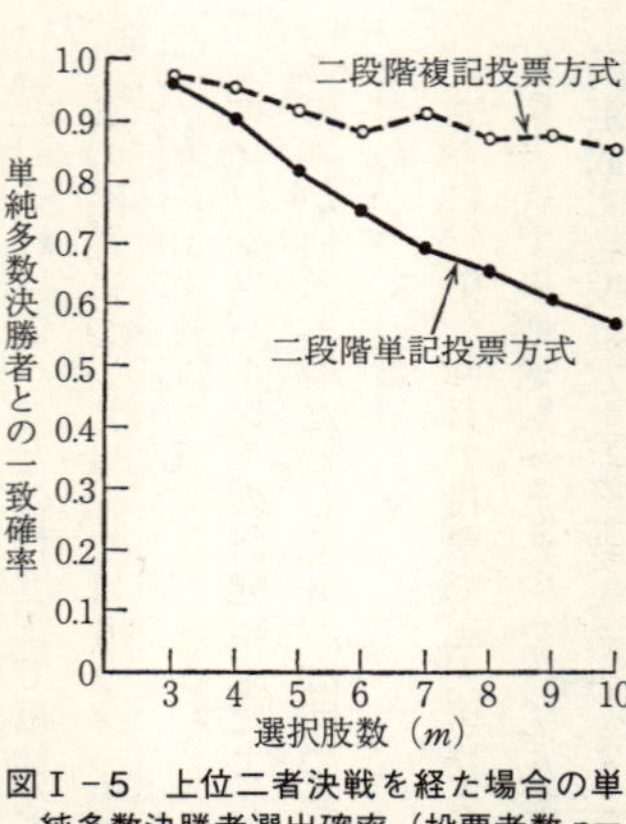

図I-5　上位二者決戦を経た場合の単純多数決勝者選出確率（投票者数n=101, Fishburn & Gehrlein〔9〕）

6　順位評点法による順序づけの諸問題

順位評点法

さきに、単記投票方式の矛盾を最初に指摘したのが一八世紀のボルダ〔2〕であったことを紹介した。そこで彼が単記投票の欠陥を補うものとして提案したのは、俗に「ボルダ方式」とも呼ばれている順位評点法である。

順位評点法というのは、選択肢がm個与えられた場合に、各投票者が自分でつけた選択肢の順位の最高のものに$m-1$、次の順位に$m-2$、……と評点を付け、最下位のものを0点とするのである。このような順位評点のすべての投票者に対する合計を求めて、評点合計の最大な選択肢から順に社会的順序をきめていくのである。

たとえば、表I-16のような選好パターンに対して順位評点法を適用すると、$y\ x\ a\ b$となり、順位評点法の最上位が必ずしも単純多数決勝者ではないことを示している。

表I-16

	3	2	1	0
1.	x	y	a	b
2.	x	y	a	b
3.	y	a	b	x

$B(x)=6$
$B(y)=7$
$B(a)=4$
$B(b)=1$

ちなみに、この場合に多数決原理を適用すると$x\ y\ a\ b$なる社会的順序づけが得られる。

順位評点法は一見すると投票者が選択肢に順位に依存した「効用」を定めており、最終結果は各選択肢における「効用和」の最大なものから順に順序づけているように思える。たしかにこのように解釈することも可能であるが、もしもこのような解釈がこの評価法の根拠だとすると、いろいろな異論、反論が出てくる。たとえば、各選択肢の「効用差」を等間隔に定めるのはおかしいとか、一位と二位の差は三位と四位の差より大きいはずだとか。

しかし順位評点法というのは、たまたま結果的には選択肢に等間隔で効用を割り当てたかの如くになるが、根底にある考え方は次のようなものである。つまり、評点$B(x)$というのは、選択肢xが優先していると判定された順序対の数を表しているのである。
厳密に定義すると、各投票人iの選好順序$\succ_i$に対し、

$$B(x) = \sum_{i=1}^{n} \left| \{ y \mid x \succ_i y,\ y \in X \} \right|$$

と定めた尺度値で、選択肢の評価を定めているのである。

表I－17

	第一位	第二位	第三位	第四位	第五位
x	2	1	0	1	1
y	2	2	1	0	0

表I－18

1. $x\ y\ a\ b\ c$
2. $y\ a\ c\ b\ x$
3. $c\ x\ y\ a\ b$
4. $x\ y\ b\ c\ a$
5. $y\ b\ a\ x\ c$

多数決勝者との対比

順位評点法の勝者が必ずしも多数決原理の勝者とはかぎらぬことは、先の例でも明らかである。しかし、この場合、多数決原理の勝者の方が順位評点法の勝者よりも社会的に望ましいと言えるかどうかという点については、かなり問題がありそうである。

たとえば表I－17をみていただきたい。これは、選択肢xとyに関して五人の投票者がどのような順位づけをしたかについてまとめたものである。表I－18は表I－17を生み出すときに使われた選好パターンである。

さてここで表I－17だけをじっくりとながめたとき、読者はxとyのいずれの方が優先されるべきだとお考えだろうか。おそらく、yの方がxよりも優先されるべきであると判断されるのではないだろうか。もしもここで、第一位に対してw_1点、第二位に対して

w_2点、……第五位に対して w_5 点を割り当てて（$w_1>w_2>\cdots\cdots>w_5$ とする）、順位評点の合計を算出すると、w_1, w_2, w_3, …, w_5 の値の如何にかかわらず、必ず y の評点合計の方が x の評点合計よりも高くなる。しかるに、表I－18でごらんの通り、もしもここで単純多数決をとると、x y a b c という順序が得られ、多数決勝者は x となるのである。

右のような例はやはり一八世紀のコンドルセー[5]が示したもので、コンドルセーはこの例をもってボルダの順位評点法の矛盾を指摘しようとしたのであるが、現実には、むしろ単純多数決勝者の最適性に疑問を投げかけることになってしまったようである。

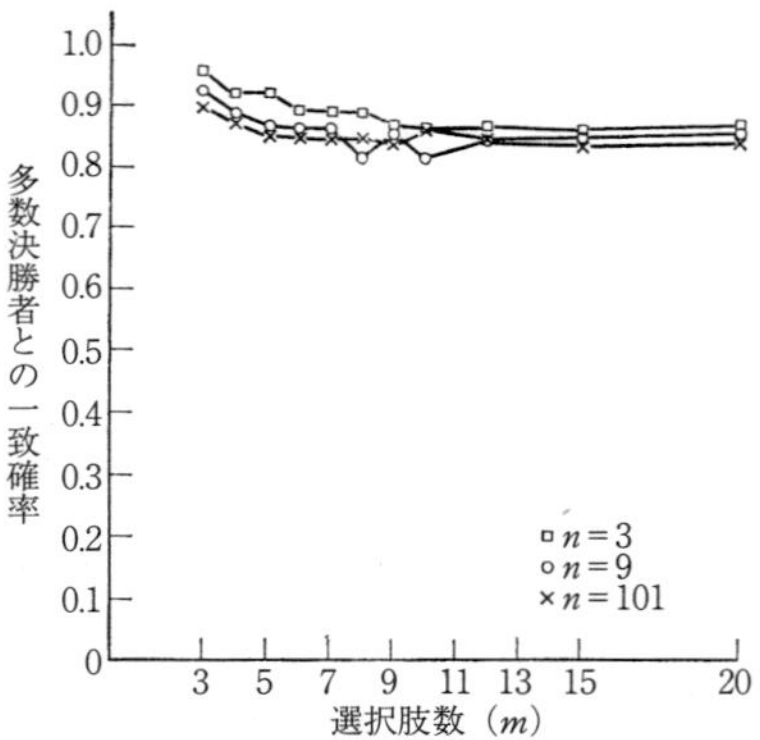

図I－6　順位評点法と多数決原理における最上位者の一致度

多数決勝者との一致度

ここで順位評点法による勝者（最上位）が単純多数決勝者と一致する確率をやはりフィッシュバーンのシミュレーション研究から求めてみると、図I－6に示すようなグラフが得られた。このグラフで見ると、順位評点法によると多数決勝者と一致する勝者を出す確率はきわめて高く、ほぼ八五

%程度であり、しかもこのことは選択肢数、投票者数のいずれの変化によってもあまり影響を受けないことがわかる。

選択肢の脱落による順序変更

順位評点方式では、個々の選択肢が与えられた選択肢の集合の中でどこに位置づくかという評点の合計をとる。したがって、選択肢の集合に増減があると、それによって総合得点が変わり、社会的順序が変わるのである。(多数決原理による場合には、もちろん、このようなことは起こりえない。)

表Ⅰ－19

1. $x\ z\ y\ a\ b$
2. $x\ z\ y\ a\ b$
3. $y\ a\ b\ x\ z$

$B(x)=9$
$B(y)=8$
$B(z)=6$
$B(a)=5$
$B(b)=2$

表Ⅰ－20

1′. $x\ y\ a\ b$
2′. $x\ y\ a\ b$
3′. $y\ a\ b\ x$

$B(x)=6$
$B(y)=7$
$B(a)=4$
$B(b)=1$

たとえば、表Ⅰ－19のような選好パターンに順位評点法を適用すると、$x\ y\ z\ a\ b$なる順序が得られる。ここで第三位となっているzが脱落したとすると、表Ⅰ－20のようになるため、社会的順序は$y\ x\ a\ b$となり、最上位と第二位とが入れかわるのである。

フィッシュバーンの研究によると、立候補者のうち誰かひとりが辞退するときに、最上位に変化が生じる確率は案外大きい。たとえば投票者数が二一のとき、立候補者数$m=4$で一四%、$m=5$で一六%、$m=7$で二〇%の確率で最上位が変更されることになるという。

勝者が下りたら他がすべて逆転

順位評点法ですべての候補者に得点がつけられ、それらの集計で最高得点を得たものが第一位になったとする。ところで今、この最高得点者が買収の発覚か何かで辞退したとする。そこで辞任した者を除いてもう一度順位評点法で総合順位（社会的順序）を出したところ、何と、今まで最下位だった人が突然最上位となり、すべての順位が逆転した！　そんなことが表I－21、表I－22の選好パターンでは生じうる。

このように極端でなくとも、最上位の者が脱落したときに次点だった者が第一位に昇格しそこなうということはたまにある。フィッシュバーンの研究では、投票者が二一名と定めて、候補者数が四、五、六、七の場合に、このような事態がどの程度の確率で発生するかを調べてみると、約七％の確率で「次点のくり上り」が成立しそこなっていた。

表I－21

1.	x	c	b	a
2.	a	x	c	b
3.	b	a	x	c
4.	x	c	b	a
5.	a	x	c	b
6.	b	a	x	c
7.	x	c	b	a

$B(x)=15$
$B(a)=10$
$B(b)=9$
$B(c)=8$

$x\ a\ b\ c$

表I－22

1′.	c	b	a
2′.	a	c	b
3′.	b	a	c
4′.	c	b	a
5′.	a	c	b
6′.	b	a	c
7′.	c	b	a

$B(c)=8$
$B(b)=7$
$B(a)=6$

$c\ b\ a$

選択肢集合の変化による影響の意味

このような選択肢集合の変更に伴う社会的順序の変化が、社会的に容認できるものか否かについては、一概に断定しかねる問題をふくんでいる。もちろん、投票の手間という点だけから見れば、脱落する選択肢が出てきたり、新たに加わる選択肢が出てくることによって、もとの選択肢間の順位に変更を来すことはあまり望ましいことではないだろう。なぜなら、そのような変化のたびにもう一度投票の仕直しを余儀なくされるからである。

あるいはまた、次のような観点からも、選択肢集合の変化による社会的順序の変化は容認しがたい。それは「価値」とは何かという点についての考え方である。つまり、「価値」というのは評価対象そのものに固有であるべきだから、当面の評価の対象に置かれない事物の有無や増減によって変化すること自体があってはならないことだとするのである。

それに対し、「価値」そのものを常に相対的なものとみなし、評価者が評価するにあたって一体何を考慮するか、どこまで「他にありうるもの」を想定するかによって変わりうるものと考えたならば、選択肢集合の変化によって評価が影響を受けることを容認してもよいように思われる。

このことは、たとえば確率概念にあてはめてみるとはっきりする。ある事象が生起することの確からしさは、その事象に固有の属性であるから、「他に生起しうるもの」の考慮範囲が変わってもそれによって当面の事象の生起確率が変わるはずがないという論法もありうる。しかし通常の確率論においては、まさに「他に生起しうるもの」の考慮範囲が変われば当面の事象の生起確率も変わりうるわけである。それは、確率概念を対象物に固有の物理的特性としてながめるのではなく、「確からしさの判断」という判断者の頭の中につくられる測度として解釈しているからではなかろうか。このことを考えれば、価値判断においても、「考慮範囲が変われば価値判断も変わる」という主張もそれほど奇異ではないのではなかろうか。

現実生活においても、何か高価なものを買い入れようとするときには、同種類の品物をたくさん置いている店に行き、まずどのようなものがありうるかという考慮範囲を定めようとする。そして、真に選択しうる候補を少数にしぼり、いろいろな観点（心の中の仮想的「投票者」？）にもとづいた評価をした上で、総合的に判断するのではないだろうか。

無関係対象からの独立性

さて、次に示す例を考えていただきたい。今度は考慮範囲そのものには全く何の変化も生じていない。しかし、二つの選択肢の間の順序が、それら以外のものの順序の変化に伴って変わるのである。つまり、xとyに関する社会的順序が、xとy以外の選択肢に対する投票者の個人的選好の変化によって影響をうけることを示しているのである。（このことを「無関係対象からの独立性」の破綻という。）

はじめの選好パターンは、表I－23のようになっていたところ、投票者3がxとyとの順序関係は変えずに、表I－24のように変更したとすると、xとyとの総合順序が入れかわるのである。

このような現象は多数決原理では決して起こりえないことである。しかしこの場合も表

表I-23

1. $x\ y\ a\ b\ c$
2. $x\ y\ a\ b\ c$
3. $\underline{y}\ \underline{x}\ a\ b\ c$
$B(x)=11$
$B(y)=10$
$x\ y$ ………

表I-24

1. $x\ y\ a\ b\ c$
2. $x\ y\ a\ b\ c$
3′. $\underline{y}\ a\ b\ c\ \underline{x}$
$B(x)=8$
$B(y)=10$
$y\ x$ ………

表I-25

1. $z\ y\ w\ \underline{x}$
2. $y\ z\ \underline{x}\ w$
3. $\underline{x}\ w\ z\ y$
4. $\underline{x}\ w\ y\ z$
$B(x)=7$
$B(z)=6$
$x\ z$ ……

表I-26

1. $z\ y\ w\ \underline{x}$
2′. $z\ y\ \underline{x}\ w$
3′. $\underline{x}\ z\ w\ y$
4. $\underline{x}\ w\ y\ z$
$B(z)=8$
$B(x)=7$
$z\ x$ ……

I-23、24をながめてみると、やはり前者のパターンでは$x\ y$が妥当であり、後者の場合は$y\ x$と入れかわることの方が適切ではないだろうか。

多数決勝者が必ずしも「最良」と思えないというのは次の例でもいえそうである。

はじめの選好パターンが表I-25のようになっていたとき、順位評点法の最上位はxで、第二位がzとなっている。ところで、このxと他のすべての選択肢との選好関係（対同士での選好構造、当然xとzとの関係も）は全く変わらずにzとw、zとyの関係が投票者によっては若干の変更があったとする（表I-26）。そうなると、ここでzが順位評点法の最上位となっている。

ここでも、二つの選好パターンをじっと見ると、xとzの関係にとっては一見無関係のように見えたもの同士の変化によって、当然xとzとの順序が入れかわることが自然なものとうけとれる。ここに無理に多数決原理においては必ず成り立っている「無関係な対象物の評価からは独立でなければならない」という条件を課することは納得しがたいのではないだろうか。

コンドルセー条件の破綻

コンドルセーは、ある選択肢が他のすべての選択肢と対決して多数決で勝者となるならば、その選択肢こそ社会的に容認されるべき「最良」の選択肢であるという条件を提唱し、このことは永い間ほとんど疑われていなかった。彼はボルダが提唱した順位評点法がこの条件（「コンドルセー条件」とよばれるもの）を満足しないという点から非難したが、今までの例で見ると、むしろ「多数決勝者は常に最良」とすることの方がどうも無理がありそうである。

このコンドルセー条件と同一ではないが、もう一つコンドルセーが主張したことは、「二つの選択肢に対する社会的な順序の決定は、この二つの選択肢だけについての投票者の選好パターンで決めるべきである」という点である。このことは、一つは選択肢集合の変化からの独立の意味であり、もう一つは、無関係対象からの独立であった。

ボルダの順位評点法はこのいずれにも違反するのであるが、これらの条件に対する「違反」は、果たして本当に望ましくないことだろうか。今まであげてきた例を見ると、むしろコンドルセーの提唱した条件の方に無理があったとしか思えないがどうだろうか。

この問題は大変重要な問題なので、第Ⅲ章三節と第Ⅶ章二節でもう一度詳しく分析してみるつもりである。

戦略的操作可能性

ボルダによる順位評点法が構造としてもっている欠点として、コンドルセーは「戦略的操作可能性」もあげている。たとえば表I－27の例を考えていただきたい。ここから明らかなように、順位評点法によるとxが最上位でyが第二位となる。

表I－27

1. $x\ y\ z\ w$
2. $x\ y\ z\ w$
3. $y\ x\ z\ w$

$B(x)=8$
$B(y)=7$
$B(z)=3$
$B(w)=0$

表I－28

1. $x\ y\ z\ w$
2. $x\ y\ z\ w$
3′. $y\ z\ w\ x$

$B(x)=6$
$B(y)=7$
$B(z)=4$
$B(w)=1$

ここで第三の投票者が自らの選好順序をいつわって、xを最下位にランクづけて報告したとしよう（表I－28）。こうなると、先の最上位だったxは第二位となり、第三投票者が最上位にあげているyが社会的順序でも最上位となるのである。このように、特定の投票者が自らの選好順序をいつわって報告することによって社会的順序を自らの望ましい方向に変化させることができることを「戦略的操作可能性」とよぶのである。ボルダの順位評点法にはこのような性質があることがやはりコンドルセーによって指摘されている。

単純多数決方式においては、循環順序が発生しないかぎりはこのような戦略的操作は不可能である。（ただし、投票者は奇数で、単純多数決勝者が単独できまる場合にかぎる。）しかし、循環順序が存在している場合や、投票者がいつわって、循環順序をつくり出すことができる場合には、戦略的な操作は大いにありうる。たとえば表Ⅰ－29の上のような選好パターンに対し、下の分岐図のようにaとbを対決させて多数決勝者bがきまり、そのbをcと対決させると最後にbが残るという逐次投票方式が採用されるとすると、通常ならば、bが最終勝者となるが、ここで投票者1がいつわって、$c\ a\ b$の順序を報告したとすると、表Ⅰ－30のようになり、投票者1の最上位たるcが社会的順序としても最上位となる。

このほか、投票が逐次的に進行していくいろいろな場合に、多数決原理でも実に多様な戦略的操作が可能であるが、ここではふれない。この点についての有名な研究にはファーカーソン〔6〕のものがある。

表Ⅰ－29

1. $c\ b\ a$
2. $a\ b\ c$
3. $b\ c\ a$

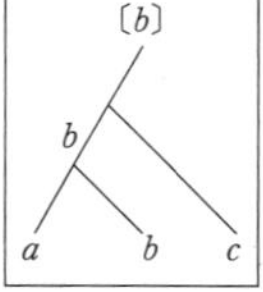

〔b〕

b

a　b　c

表Ⅰ－30

1′. $c\ a\ b$
2. $a\ b\ c$
3. $b\ c\ a$

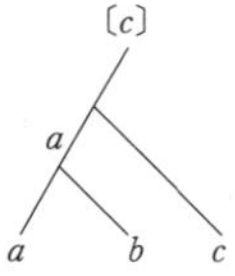

〔c〕

a

a　b　c

ボルダの順位評点法における戦略的操作可能性というのは、実質的には、それほど大きな問題とならない。それは、まず選択肢数が少ない場合にはほとんど不可能であること（選択肢数が三以下では起こりえない。四以上でも戦略的操作が不可能なパターンの種類がかなり多い）、さらに、特定の投票者が戦略的操作をするには、その投票者だけが他の投票者の選好順序について正確につかんでいなければならず、しかも、本人以外は誰も戦略的操作を行使しないという保証がなければならない。

ボルダの順位評点法の提案に対し、コンドルセーは戦略的操作可能性を指摘したのに対し、ボルダは「わたしの投票方式は正直者のためだけのものである！」と言い放ったことは有名である。コンドルセー自身もこの戦略的操作可能性が実質的にはきわめて稀であることを推測しており、最終的結論としてはボルダの提案に賛意を表しているのである。

ギバード＝サタースウェイトの定理

戦略的操作可能性という性質はそもそも完全に回避しうることなのだろうか。

この問題についてはギバード（Gibbard〔11〕）が一九七三年に発表し、同時に（全く独立に）サタースウェイト（Satterthwaite〔14〕）が同年のウィスコンシン大学に提出した学位論文において証明していた、後世に知られている「ギバード＝サタースウェイトの定理」がある。（実はこれに加えてハーバード大学のゼックハウザー（Zeckhauser〔15〕）も同じ年に同じ結論を洞察していた。）

ギバード＝サタースウェイトの定理とは、選択肢が三以上の場合に戦略的操作が全く入らないためには、投票方式が「独裁性」を満足しなければならない、というものである。つまり、投票者誰かひとりにすべての決定権をゆだねるタイプのものでなければならないというわけで、これはもう民主主義的決定の正反対以外の何者でもない。

このギバード＝サタースウェイトの定理は、逆に言えば、すべての民主的投票方式において戦略的操作は常に可能である、ということであり、また、戦略的操作が可能な場合があるからといって、そのことだけでは投票方式の非社会性、非倫理性を指摘したことにはならないということである。

民主主義的決定のためには、どこかに「他人を信じること」「誠実であること」が前提とされるのであり、いかに投票方式を複雑にしても、この前提を不要とせしめるほどのものはありえない。筆者の私見では、この定理はわたしたちの「合理性」に関する常識をくつがえす、社会的決定理論が明らかにした三大ディレンマの一つともいえる重大な意味をもつものと考える。(あとの一つは、次章で紹介するアローの一般可能性定理であり、もう一つは第V章で紹介する囚人ディレンマである。)

7 投票における「勝者」の意味

前節で紹介した順位評点法(別名「ボルダ方式」)は、コンドルセーの主張する多数決原理とは根本的に異なった価値観にもとづいたもののようである。コンドルセーの考えによれば、社会が選出すべき「勝者」とは、他のすべての選択肢に多数決で勝り(「コンドルセー条件」)、無関係対象に対する評価の変動の影響を受けず、戦略的操作に対する防御性の高いものでなければならないとされる。他方、ボルダ方式を提唱したボルダによれば、多くの投票者が高い順位に位置づけているものが選出されるべきで、コンドルセーのあげた条件を満たす必要を特に認めていない。

つまり、各投票方式にはそれぞれ異なった「勝者」のイメージがあるのである。一つの投票方式で「良い」とされるからといって、他の投票方式でも「良い」とされる保証は全くない。そこで、本節では、あらためて、各投票方式そのものの構成原理を吟味して、それぞれの構成原理の下で「良い」とされるものは、一体どういう意味で「良い」とされているのかを注意深くながめてみることにする。言いかえると、それぞれの投票方式で「勝者」を選出していく論理そのものに注目して、その投票方式の背後にある思想や価値観を浮き彫りにしてみようというしだいである。

多数決勝者の意味

多数決原理の背後にあるものは、はっきり言ってしまうと「強い者勝ち」の思想である。すべての選択肢間で一騎打ちをやらせ、最後に勝ち残った者を選出しようというわけである。ただし、この際の「一騎打ち」というのは、一対の選択肢に対する支持者数の大小関係だけで勝負をきめるものであり、その勝ちっぷりが「大差」であろうが「小差」であろうが問題にされない。要するに、勝てば官軍の発想である。

このような意味をもつ多数決勝者は、選択肢に対する投票者の意見が相互に対立的になっている状況を想定して「最良」とされるものであろう。少しでも「異論」が出れば直ちに「いざ一騎打ちを！」とせまることが想定され、そういう意味で「最も強い」選択肢が選出されているのである。いくつかの派閥が対立抗争している中での選挙、市場で他商品と比較されることを想定しての製品計画など、「他を制する力」が求められているときは、多数決による勝者が最も適している。

ボルダ勝者の意味

ボルダの提案した順位評点法による「勝者」というのは、別に「一騎打ち」の勝者ではない。どちらかというと「八方美人」、「ホトケサマ」的な性質において、最も高い人気を得るものが選出される。必ずしも多くの人々がその選択肢を「最上位」にランクづけていなくともよい。極端に低いランクをつける投票者がいないもの、無難で「敵のいないもの」がボルダ方式の勝者となりやすい。

比較的同質の人々の間での選挙、「他者への制圧力」よりは「全体的によいイメージを与える」ものを選出したい場合、これといって難点のない「根強い人気」を得るものを選出したいとき——こういう場合はこのボルダの順位評点方式が適している。

単記投票勝者の意味

単記投票方式の背後にある考え方は「適者選別主義」である。他のものとは異なっているる「特別のもの」を選び出そうというものである。選出される「最上位のもの」というのは、それがいかに他よりもすぐれているかという面よりは、それがいかに他のものと異なる特別のものとされているかという面を特徴づけている。選択肢の集合に対する人々の評価が、それらに対する順序づけではなく、「コレ」と思うもの一つと「ソレ以外」の二分法的評価であるとき、単記投票は人々の意見を正当に結果に反映させてくれる。

したがってこの投票が適しているのは、会議における議長の選出、特別の使命で派遣される特使の選出のように、きわめて個別的な意味における「適任者」をきめるような場合であろう。「すぐれた文学作品に与えられる」というような文学賞の選考には向いていないが、「この賞の主旨にふさわしい独自の個性を有する作品に与えられる」賞の選考には向いているだろう。いずれにせよ、単記投票の結果にもとづいて選択肢を「順序づける」ことは全くのナンセンスであることを十分銘記しておかねばならない。

認定投票勝者の意味

認定投票の背後にある考え方は、「最適集団の類別」である。ある特定の意味をもった部分集合を類別しようというのである。投票者の心の中にあるべきことは、選択肢間の順序づけではなく、各選択肢が特定の意味をもつ「類」に属するべきか否かの判断であろう。「こういう類の選択肢も入れておきたい」とか、「こういう類のものは除外したい」という判断だけを社会的に反映させたいならば、認定投票が最適であろう。学会等の評議員選挙、多様な分野からの専門家を集める委員会の委員選挙、国会議員の選出などは、本来は認定投票によるべきだろう。もしも、大学入試なども、入試成績だけによらず、応募学生の個別的データをもとにした認定投票によって合否をきめたならば、世の中はずいぶん変わることになろう。

認定投票を提案したブラームスとフィッシュバーン〔4〕の証明したことによると、投票者の判断が選択肢の「認定」と「非認定」の二分割で特徴づけられるならば、ギバード＝サタースウェイトの定理に抵触することなく、認定投票は戦略的操作が不可能であり、また、そのような特徴をもつ投票制度はこの認定投票方式だけであるという。

また、認定投票方式のもう一つの長所は、事前の予想報道による影響がきわめて少ないであろうという点である。もしも投票者が「候補Aも候補Bも当選してもらいたい」と願っているなら、「候補A、候補B」の両名に投票すればよい。その際、「候補Aは〝当確〟」という情報は真実だろうがデマだろうが、この投票者の投票行動には何の影響もない。

投票方式の選択問題

従来、わたしたちがいろいろな場面で意見の不一致にいたったとき、本当に「不一致」なのはどういう点についてかを十分吟味した上で投票方式をきめていただろうか。「意見の一致が得られない。ああ困った困った」という気持にかられ、「投票」という神秘につつまれた御神託に、ゲタをあずけるようにして「きめ方」を選んでいたのではないだろうか。しかし、本章で見てきたように、人々の「意見」というもののもつ性質のちがい、選ぶべき「勝者」というものの意味のちがいを十分吟味しておかないと、御神託（投票結果）がどうにも奇妙で受け入れがたいものになってしまうのである。先に紹介した各投票方式のもついろいろなパラドックスをここで思い出していただきたい。それらのうちのかなりのものは、わたしたちが漠然としていだいていた期待——一つの意味での「勝者」は別の意味でも「最良」であるはずだという期待——が、しばしば裏切られることを示しているにすぎない。

それぞれの投票方式には、それなりの「きめ方の論理」がある。さらに、それぞれの論理はそれを正当化するそれぞれの世界をもっている。異なった論理を異なった世界に押しつけると、とんでもない結果を出してしまっているのに、「公正な手続にしたがった結果だ」という錦の御旗で人々を沈黙させてしまうことになる。十分気をつけたいことである。

II　民主的決定方式は存在するか——アローの「一般可能性定理」をめぐって

1　投票制度と経済政策

投票のパラドックス以後

前章で、わたしたちは多数決原理をはじめとする各種の投票方式について比較検討し、いずれの投票方式にも一長一短があって、ときにはいろいろなパラドックスや不都合を生み出すことを見てきた。

ところで、このような投票方式の比較研究は、単に選挙制度や議会での採決方式の問題に過ぎないものなのだろうか。

たしかに、歴史的にながめてみると、一八世紀のコンドルセーにしろ、ボルダにしろ、古い研究はすべて選挙制度や議会制度のあり方に関する研究としてはじまったものである。また、コンドルセーらの時代以後、一五〇年ぐらいの間は、例の投票のパラドックスの発生確率の計算などが行われた程度で、これといって画期的な理論展開もなく過ぎ去ったようである。一九世紀に入ってから、あの『不思議の国のアリス』の著者として有名な数学者ドジソン（C. L. Dodgson 別名 Lewis Carroll）やその他の数学者たちが、パラドックスの数学的興味からいくつかの研究を発表したけれども、これらも単に数学的興味以上のものとしては社会的に受けとめられず、新しい学問的展開を見るには至らなかったといえよう。（これらの歴史についてはBlack〔3〕を参照されたい。）

しかるに、一九四〇年代に入ってから、これらの投票方式に関する研究が新しい観点から見直されはじめたのである。それは一言で言ってしまえば、「社会的決定の良し悪しは何によって判断すべきか」についての経済学的な考察が、従来どちらかといえば政治学に属すると思われていたコンドルセー以来の投票制度に関する研究と結びつきはじめたのである。

経済学の分野で社会的決定の良し悪しを研究する領域は、厚生経済学（welfare economics）とよばれている。つまり、いかなる経済政策が国民の福祉厚生に役立つかを考える分野である。このような研究分野が代議員選出の投票制度の研究と結びつくというのは、一般の読者には理解しにくいことかもしれない。そこで以下において、経済学と投票制度研究が結びつく所以を説明しておこう。

功利主義の伝統

近代経済学の諸理論はすべて功利主義（utilitarianism）の伝統の上に成り立っているといっても過言ではあるまい。ただ、ここでいう功利主義というのは大変広い意味で言っていると解釈していただきたい。というのは、経済学の歴史の中で、ある限られた意味で用いられる功利主義に対する痛烈な批判もあったからである。

ここでいう広い意味での功利主義というのは、およそ次のようなものと考えていただきたい。経済学が国民なり消費者なりの経済行動を記述する際に、それぞれの人間が己れの利己心に従って、自らの欲望を最大限に満足させようとしている、と仮定するのである。ただし、ここでいう欲望というのは、必ずしも動物的な、低俗な欲望を意味していると考える必要はなく、その人その人なりの「幸福感」を追求していると言ってもよいだろう。ここで、それぞれの財がもたらしうる個人の欲望充足度（幸福度?）のことを、「効用（utility）」と名づけるのである。

功利主義というのは、「人間とは何か」という問いに対して右のような功利主義的人間像を提供するだけではない。個人の欲望を越えて、ある社会にとっての望ましさの定義として、「人々の効用を最大限に実現すること」とするのである。これは、個人を越えた社会規範であるから、一種の倫理観である。

たとえば今、経済政策Aと経済政策Bが比較され、どちらがこの社会にとって望ましいかを考えるとしよう。もしここで、政策Aは全国民に対して政策Bよりも多くの効用をもたらすとしたならば、この社会にとって「AはBより望ましい」という判断を下そうというのである。全国民に対して、というのではあまりにも非現実的な条件だというのなら、次のような条件の下に「AはBより(社会的に)望ましい」と言ってはどうか。国民のうちの一部のグループは、政策Aの下で生活する方が政策Bの下で生活するよりも幸福である。残りの人々は、政策Aの下でも政策Bの下でも生活上の幸福感は変わらない、と。このような場合でも「AはBより望ましい」とする規範は、経済学では「パレート最適性(Pareto optimality)」とよばれている。

前者の、人間のモデルとしての功利主義的人間観は、歴史的にはアダム・スミスにはじまるといえよう。当時ちょうど産業革命を通して新しい市民社会が形成されようとしていたとき、国民ひとりひとりが自己の利益を追求する権利をもち、他の何者からも干渉を受けてはならないとする個人主義が起こってきていた。その際、人は己れの利益を追求するものであるという人間規定は、ある意味では、市民社会における「人間宣言」でもあった。この、個人の利益追求、欲望充足への選択行動はできうるかぎり他から干渉されてはならないものであるとする考え方は、今日の経済理論の底流にもある思想といえよう。

後者の、社会的望ましさの規定に関する功利主義は、スミスよりもう少し後のジェレミ・ベンサムによって提唱されたものの伝統といってよい。ベンサムの功利主義的倫理観は、J・S・ミルによってさらに発展されて、経済政策の基本理念にとりこまれていった。(アダム・スミスについては第Ⅵ章参照。)

社会厚生と個人主義

市民革命以後の資本主義社会が、自由主義と個人主義にもとづいて一時は飛躍的に発展したが、やがて、資本の集中、独占、さらにインフレ、世界的恐慌という事態を生じたことは周知の通りである。そこで個人間の完全自由競争を前提とするような経済理論は修正をせまられた。すなわち、国民の福祉厚生のための経済政策をさぐる厚生経済学の課題も、資本の独占化をいかに回避し、所得の公正な配分をどのように行うべきか、また、いかなる消費財の生産は助長し、他のいかなるものは制限すべきかについて考えるに至った。(厚生経済学の歴史的発展過程については木村〔42〕を参照されたい。)

ところが、厚生経済学者たちがこのような問題を考えるにあたって、いろいろな点で、クギをさされていたのである。まず第一に、個人の利益追求権はできるかぎり制限を加えずに、ひとりひとりに自己の欲望を追求する権利をできうるかぎり保障しなければならないこと。第二に、各人の幸福感は多種多様であり、特定の価値観や道徳観を押しつけられてはならない。第三に、一部の人々だけが独占的に幸福を享受するような事態が発生してはならない。第四に、もしも、市民全体が「政策Aは政策Bより良い」という判断を下した場合には、社会はそれを実現する義務を負う。

このような制約の下に、「国民ひとりひとりの効用を最大限に増加せしめる経済政策を求めよ」ということになる。

これに加えて、人々の効用を論じるにあたっては、次に紹介するようないろいろな問題があることがすでに指摘されており、その点についてのクギもさされていたのである。

効用の不可測性

ベンサムはよく知られている「最大多数の最大幸福」という言葉の通り、人々の「幸福度」を算出してこれを加算し、合計量を最大にするという「幸福計算」を提唱した。その場合、今日の計量心理学者が用いるのと同様の、「丁度可知差異（just noticeable difference：JND）」を幸福感に適用し、人々が可知できる最小の幸福度の差を一単位と定めて尺度化する方法を提唱したりもした。

しかし、このような方法はベンサムも自覚していたがきわめてむつかしい課題であり、人々の幸福度を測定する尺度をつくることはほとんど現実性がないといえよう。「わたしはラーメンが3だけ好きだが、カレーライスは5だけ好きだ」などといっても何のことかチンプンカンプンである。

したがって、近代経済学では、効用が何らかの量的な尺度で測定可能だという考えは、できることならば無しですませたいとしてきた。幸いにも、F・Y・エッジワースにはじまる無差別曲線による解析法が提唱されるに至って、人々の効用の「程度」は量的に測定されなくとも、市場における財の交換率をもとに、財と他の財との選好順序だけをたよりに、ほとんどの経済分析が可能であるとの道がひらけてきたのである。

この確信の下に、近代経済学での効用の概念は、従来の欲望充足の程度という量的概念から脱皮して、各種の財に対する消費者の選好順序という概念に変わっていったのである。選好順序としてしまえば、この順序づけは消費者の選択という行為を通して外的に、客観的に、観察できることになるので、経済学は実証的な科学としての十分な資格を得るだろう。さらに、その選択に関しては、消費者が自己の欲望にもとづこうが、何らかの倫理観にもとづこうが、経済学者は全くのノー・タッチでいられる。これもまた、科学の中立性という点からも結構なことである。

以上のような理由で、選好順序を通して効用を論じるというのが、一種の常識になりつつあった。

効用の個人間比較の不可能性

厚生経済学の課題を国民の効用の総和を最大化することとした場合、先の効用の非計量性に加えて、もう一つの困難さがある。それは、効用の個人間比較の不可能性である。

この点に関してはL・ロビンズの批判として有名であるが、財の効用というのは各消費者に固有の主観的な評価であり、他人の主観値と比較してどちらが大きいかなどという判断は客観的に正当化できないというのである。

たとえば今、わたしが「ラーメンがものすごく食べたい」と言い、友人のひとりが「ラーメンなど食べたいなどと思わない」と言ったとする。常識では、わたしの方がラーメンを友人よりはるかに好んでいると言えそうである。ところが、いざそのことを証明しようとすると、実は何の根拠もないことに気づく。友人はわたしにこう言うかもしれない。

「君はラーメンがそんなに好きだというのは、ラーメン程度のものしか食べたことがないからだ。一度思い切ってギョーザという珍品を食べてみろよ。あまりのうまさにびっくりするさ。ラーメンなどめじゃないね。」あるいはわたしは友人にこう言うかもしれない。

「君がラーメンのことを好きでないというのは、君があのラーメン屋に借金しているからにちがいない。君の〝本心〟はラーメン好きなのに、きっとウソをついているのだ。君の心の中は誰にもわからないから、君がいくらウソをついてもバレることはないからね。」

もしも、効用というものがひとりひとりに固有で、他人の効用との間にどちらが大きいかという判断ができないというならば、効用を集めて全体の総和をとることなどできないし、何の意味もないであろう。

こうなると、経済学者が理論の基礎として用いることができるのは、市場における消費者の選択行動だけにかぎられる。要するに、ラーメンとギョーザとのいずれが売れるか、という話であり、いずれか一方が「より大きな効用をもたらす」というのは、これらの選択行動から単に推察できるにすぎない。

投票制度と厚生経済学

ここまでくると、厚生経済学がかかえている問題が、民主的な投票制度をさぐる研究と結びつくことがおわかりではないだろうか。

国民ひとりひとりに、平等な自由と個人の権利を保障しなければならないこと、市場が一部の人々に独占されて、その人たちが、あらゆる問題に対して強力な、独裁者のような発言権をもつことがあってはならない、という厚生経済学上の要請は、そのまま、民主的な投票制度というものに課せられる要請でもある。特定の道徳律を課せられて、消費者の経済生活が何らかの枠にはめられてはならないという発想もしかりである。さらに、消費者がもつ効用なるものは、結局は「いずれを選択するか」という選択行動だけしか根拠に置けないというのも、投票による各投票者の選択だけを頼りに決定を下そうという、投票制度の問題にもいえることである。消費者の効用の個人間比較ができないとするのは、投票制度において、投票者の主張の程度を裁量することが正当化できないという問題と同じである。このようなしだいで、厚生経済学の根本問題は、「民主的な決定方式は何か」をさぐる投票制度に関する問題と同一であるという認識に至るのである。
このような投票制度と厚生経済学との類似性に気づいたのは、ナイト（Knight〔44〕）、ボーエン（Bowen〔9〕）らであったが、決定的に結びつけたのは、何といってもアロー（Arrow〔1〕）であった。

厚生関数の導入

ところで、あたかも投票を集計するような、ひとりひとりの選択行動ないし選好順序だけをもとにした社会の「厚生（welfare）」とはいかなるものだろうか。そのような個人の選好順序だけをもとにした社会厚生の決定方式は存在するのかどうか、若干の疑問が生じても不思議ではない。そこで、この社会的決定方式の存在性を吟味していくために、経済学では厚生関数という概念を導入した。

読者はおそらく、中学や高校の数学で「関数」というものに親しんできたと思う。ところで関数というのはすべて決定方式なのである。たとえば表Ⅱ-1のような関数を考えてみよう。表の(1)はxに関して全く自由に値（実数）をきめてよい。そのxの値を任意に定めるとyがきまるのだが、そのきめ方（決定方式）は「xを二倍した値とする」というものである。(2)では、まずaとbの値を定めて一つの「世界」を指定することができる。そこで指定された「世界」の中では、xの値に対して「a倍してbを加える」ことになよってyの値をきめるのである。ここで、x自体はすべての可能な世界で常に全くの自由であり、どんな実数値でもよい。(3)の関数では、xとyとの二つの変数が全くの自由な値をとることが許される。ところが、それにもとづいて決まる「z」なるものは、xとyとがどんな実数値をとったとしても、正またはゼロの値しかとりえないのである。つまり、xとyとに与えられた自由さは、zにはないということになる。

ところで(4)はどうだろうか。今ここで、xとyが正の整数ならどのような値でもとってよいとする。nはやはり正の整数だが、特定の「世界」を指定するものである。フェルマーの定理（未だに証明されていないが、反証もあがっていないもの）によると、(4)式を満足する正の整数zは、nが何であったとしても（つまり、あらゆる可能な「世界」を想定しても）、存在しないということになる。つまり、(4)式で示す決定方式は、すべての可能な世界を通して、存在しない、というわけである。

ところで、高校までの数学において、「関数」というのはすべて「数」と「数」との「関係」であった。つまり、xやyに何らかの数を定めたときに、その結果、どういう数がきまるかというものである。

ここで「数」とはどういうものかと考え直していただきたい。数というのは、一種の集合なのである。「1」とか「2」とかいうのは、「整数」という集合の要素なのである。こう考えると、「関数」というのは、「集合の

表Ⅱ－1

(1)	$y=2x$
(2)	$y=ax+b$
(3)	$z=x^2+y^2$
(4)	$z=\sqrt[n]{x^n+y^n}$

表Ⅱ-2

R_1:	$x\ y\ z$
R_2:	$x\ z\ y$
R_3:	$y\ x\ z$
R_4:	$y\ z\ x$
R_5:	$z\ x\ y$
R_6:	$z\ y\ x$

要素」と「集合の要素」との関係であることがわかる。

これだけのことを念頭に置いて、社会的厚生に関する関数について考えてみよう。

今、選択肢の数が三つで、「社会」の構成員が三人の世界を考えてみよう。選択肢x、y、zの可能な順序づけは、表Ⅱ-2の六通りである。これらの順序づけを$R_1, R_2, R_3, R_4, R_5, R_6$と名づけて、$\{R_1, R_2, \dots, R_6\}$なる集合を考えてみよう。

ここでは三人の構成員からなる社会を考えているのだが、この三人は、$\{R_1, R_2, \dots, R_6\}$のうちのどの要素をとってもよいわけである。これはたとえば一次関数の独立変数が「以下の任意の正の整数のうち、どれをとってもよい」と定める場合と同じようなものである。そこで、三人がそれぞれ自由にきめた順序づけをD_1, D_2, D_3と定めると、これらD_1, D_2, D_3は一種の「変数」である。つまり、それぞれが$\{R_1, \dots, R_6\}$のうち、いずれの要素かを指定するものというわけである。

そこで、三人社会での社会的厚生関数というのは、次のような関数であらわされる。

$$D=f(D_1, D_2, D_3)$$

つまり、社会の構成員が$\{R_1, R_2, \dots, R_6\}$のうちの一つをそれぞれ自由に指定したとき、それにもとづいてきまる社会的順序Dもまた$\{R_1, R_2, \dots, R_6\}$の要素のうちのいずれかを指定するものである。

この関数 f のことを厚生関数というのである。この関数のもつべき制約に、民主的決定に関するいろいろな条件を与えたら、フェルマーの定理のように、「そのような関数は存在しない」ということになってしまうかもしれない。

アロー〔1〕が証明したのは、まさに、このフェルマーの定理のようなものである。つまり、「民主的決定のもつべき諸条件をみたす厚生関数は存在しない」というものであった。

もっとも、アローの定理に関して述べているかぎりの「民主的」という言葉の意味は、次節で紹介するアローの公理系で明示される諸条件の集合で規定される以上のものではない。本来「民主的」という言葉には、アローの定理ではほとんどあつかっていない「自由と権利」、「平等」などの概念がふくまれ、個人の自由が他人の権利を侵す問題など、いろいろな問題をふくんでいる。本書では、個人の自由と権利については第Ⅳ章、平等性については第Ⅶ章でそれぞれのもつ特定の側面に注目してふれるが、すべての意味を包括するものではない。(民主主義の概念の歴史的展望は、福田〔26〕を参照されたい。)

2　アローの一般可能性定理

アローが証明するにあたって設定した民主主義の基本条件を以下で説明しよう。

弱順序仮説

アローは、社会の構成員が選択肢に対してもつ選好順序について、次のような条件を満足するもの（すなわち、弱順序）と考えた。（弱順序についてはすでに序章で紹介したが、あらためて解説しよう。）今「$x \succsim_i y$」という表記法を「構成員iはxをyよりも選好する（$x \succ_i y$）か、もしくは、両者を同程度に選ぶ（$x \sim_i y$）」とすると、

(1) 反射律――すべての選択肢xに対し$x \succsim_i x$

(2) 連結律――すべての選択肢x、yに対し、$x \succsim_i y$または$y \succsim_i x$である

(3) 推移律――すべてのx、y、zに対し、$x \succsim_i y$, $y \succsim_i z$ならば、$x \succsim_i z$

ここで、反射律というのは、この選好順序づけがそれ自体と比較しても意味をもつことをいうもので、ごくふつうに「xとyとの選好関係」を論じるときに、いちいち「ただし、xとyは同一ではない」などと言わなくともよいとするものである。

連結律というのは、どのような選択肢との間でも比較が意味をもち、一意的に定まるというものである。たとえば「アインシュタインとピカソはどちらの方が偉いか」などという質問に対し、「両者は全く相互に異質だから比較できない」というような言明を許さないのである。

一般的に言えば、連結律を満たさないケースは多いだろう。しかし、現実に「この中の

うち、いずれが最良か」と問われる状況を考えたとき、その選択肢の考慮範囲の中に、全く異質な、他と比較できないようなものが入りこむことはほとんどないのではないだろうか。

現実社会では、「判断できない」とか「保留する」という決定もありうる。しかし、「判断しない」とか「保留」というのは、いわゆる「現状」というものを選択していると考えることもできる。わたしたちは好むと好まざるとにかかわらず、また、意識するしないにかかわらず、常に何かを選択して生きているということもできよう。

最後の推移律というのは、一対同士の選択から全体の順序づけが一意的に定まるという条件で、しかも、対同士の選択を進める際の決定順序が何の影響ももたらさないことを保証するものである。いわゆる循環順序が発生しないという条件である。

アローは、社会の構成員のひとりひとりが弱順序の選好をもつと定めた。そればかりでなく、もっと重要なことは、社会的決定として得られるべきものも、選択肢全体に対する特定の順序づけであり、その社会的順序も弱順序性を満足していなければならないとした。

アロー自身はこの弱順序仮説を彼の公理の中にふくめず、順序の定義として用いたのであるが、本書では、この弱順序性も後の吟味の対象としたいので、あえてここに弱順序仮説の項目を設定しておいたのである。

アローの公理

公理Ⅰ――個人選好の無制約性

アローが社会的決定の存在性を吟味するにあたって、最初に与えた条件は「個人選好の無制約性」である。これは、社会の構成員はすべての選択肢に対してどのような選好順序を表明してもよいとすることである。もちろん、弱順序性は各人とも満足していなければならないが。

この条件は、個人の主義、信条、趣味などが完全に自由で、各個人は全く自分の好きな意見をもってよいというものであり、タブー（禁制）とか、特定の宗教的圧力、さらには、「常識」からも人間は自由でなければならないとするものである。

公理Ⅱ――市民の主権性・パレート最適性

第二の条件は、「市民の主権性」とよばれているものである。これは、経済学者たちが「パレート最適性」とよんでいるものに相当するものであるが、次のような意味をもつ。もしも、社会の構成員のすべてが、「xはyより望ましい」という意見を表明したときは、社会的決定はこれに従わねばならないとするものである。

パレート最適性の条件は、効用の量的測定を疑問視し、また、各個人間の効用が相互に比較することはできないと考える経済学者たちでも、少なくともこの場合だけは社会的決定が正当化されうるものとして容認してきたものである。ともかく、全員が「xの方がy

より良い」と言っているのだから、社会的決定がこれに従うということに異存があろうわけがない、と。

ところが後に見るように、実はこの条件にさえも、一種の反例が存在するのである。しかし、今そのことについて検討を加えると話が混み入ってくるので、ここでは一応、パレート最適性は当然のこととして受け入れておいていただきたい。

公理Ⅲ――無関係対象からの独立性

アローが設定した第三の条件は、若干わかりにくいところがある。わかりにくいというよりも、誤解されやすいと言った方がよいかもしれない。というのは、何とアロー自身がこの条件の解説としてはまちがった例をあげていたからである。このアロー自身の誤解をそのままひきついでいた経済学者もいた（Radner & Marschak〔56〕）。

ここではできるかぎり誤解の発生しないように、アローが数学的に規定した公理の方に忠実に従って説明しよう。

今、同じ人数で構成されている二つの「評価グループ」（「社会」といってもよい）を想定しよう。具体的な例としては、同一所帯数の二つの団地で、各家庭ごとの意見をアンケート調査する場合を考えていただきたい。この二つの評価グループが、それぞれ全く別々に、たまたま、同じ選択肢の集合についての評価を行うことになったとする。この団地の例において、それぞれの団地内に一社だけ導入できるスーパー・ストアを選定する場合を考えていただきたい。当面、それぞれの団地への進出を希望しているスーパーは、x社、y社、z社、w社の計四社であったとする。(もちろん、この四選択肢というのは、この例での話で、一般にはいくつあってもよい。)

さて、ここで、この選択肢集合の一つの部分集合について、二つの評価グループ(両団地)がそれぞれ別々に評価を行ったとする。(これは、各団地の住民がこの部分集合に対する選好順序を表明することを意味している。)たとえば、この二つの団地がたまたま特定の二つのスーパー業者、x社とy社に関してだけ、各家庭の意見をアンケート調査したと考えよう。

そこで、これは全くの偶然のこととして、この選択肢の部分集合に関して、両評価グループが全く同一の選好パターンを示していたとするのである。団地のスーパー導入問題にあてはめて言うと、たとえば、両団地ともに全体の八〇%が「x社の方がy社より良い」とし、のこりの二〇%が「y社の方がx社より良い」としていたとする。

以上のような設定の下で、「無関係対象からの独立性」という条件は、次のことを要求するのである。つまり、両評価グループにおいて他の選択肢に対する評価がどのように異なっていたとしても、当面の部分集合に関するかぎり、両グループにおける社会的決定は同一とならなければならない、と。

団地の例で説明すると次のことを意味する。この二つの団地における他の選択肢(z社、

w社）に対する評価は互いに全く異なるものであったとしても、当面の選択肢（x社とy社）に関するかぎり、（この当面の社会的決定方式の下では）A団地で「xはyより良い」という結論を導いているならば、B団地でも同様に「xはyより良い」という結論が出なければならないというのである。もちろん、z社やw社に対しては、A団地、B団地の両者の間で選好パターンが異なれば、結論もまた異なって出てしかるべきであろう。

　無関係対象からの独立性という条件は、わたしたちがものごとを分析的にとらえることがどこまでも許されることを示しているものである。わたしたちが何らかの現象を説明したいとき、ある限られた領域だけに区切って注目し、その領域に関するある種の結論を導いておく。次に別の領域に注目して、別の結論を導く。そして最後に、これらの各部分領域に対する結論を統合して、全体に対する結論を導く。このような「分析的認識」を保証するのがこの条件である。

　アローの無関係対象からの独立性は、投票者の選好パターンを任意の部分集合に分析的に適用してよいと定めるものと考えられよう。つまり、選択肢の任意にえらんだある部分にだけ注目し、他には「目をつぶって」ある種の結論（その部分集合内の社会的順序）を定めておけば、後に、他の部分について注目して、他の部分に関する結論がどう出たとしても、先の結論は変わりえない、というものである。

　この条件についても、いろいろな異論があるのだが、当面は受け入れていただきたい。

公理Ⅳ――非独裁性

最後の公理は「非独裁性」の条件である。つまり、社会の構成員の中で、ただひとりの人物の選好順序が他の構成員の選好の如何にかかわらず常に社会的順序として採用されるということがあってはならないとするものである。

アローの一般可能性定理

アローの一般可能性定理というのは、二人以上の構成員からなる社会が三つ以上の選択肢に関して社会的決定を行う場合、公理ⅠからⅣまでを満足させる決定方式は存在しないということである。正確に言うと、公理ⅠからⅢまでから、Ⅳの否定「独裁性」(「独裁者」の存在)が導出できることを証明したものである。

公理ⅠからⅣまでは、アローが一九五一年に発表したものとは若干異なる。一九五一年版の公理は合計五つあったのだが、ブラウ(Blau〔5〕)によって誤りを指摘され、アロー自身が一九六三年版で改良した。本書での四つの公理はこの改良版にもとづいたものである。

アローはこの定理によって、米国で最も名誉ある学会賞ジョン・ベイツ・クラーク・メダルを最年少記録で獲得し(稲田〔39〕)、さらに一九七二年度のノーベル経済学賞も授与された。

ふつう、このアローの定理は大変難解とされている。実際に、このアローの定理をきちんとたどって、自分で証明を理解した経済学者は、失礼な言い方かもしれぬが、わが国の場合それほど多くはいないのではないか。稲田献一氏（(39)二一頁）も、一般の読者がいきなりアローの定理に取り組んだら、「ギックリ腰ならぬ、ギックリ頭になるおそれがある」という。その代りにというわけで紹介された稲田氏自身の証明も、アロー自身の証明よりは簡略化されているとはいえ、まだまだ難解で、ギックリ頭にならなくとも、ヘッピリ頭をかかえて逃げたくなる代物である。

以下でわたしが説明するアローの定理の証明が、稲田氏の証明よりもわかりやすくなっているかどうか。それは読者の判断にまかせるが、わたしなりにはある程度「自信」のあるものである。（「わかりやすさ」に関して。）

以下において、投票者（社会の構成員）の数はn人、選択肢の数はm個で表しておくことだけ、御注意いただきたい（$n \geqq 2, m \geqq 3$）。

3　高校生にもわかる「一般可能性定理」の証明

単一支持者による決定

いま仮に、一〇〇名の投票者に、与えられた選択肢に対する各人の選好順序を投票用紙に記入してもらい、それをある社会的決定方式に従って厳正に集計して、社会的順序をきめるとしよう。

ところで、この一〇〇名による投票の内容を電子計算機にかけてみたら、「xは少なくともyよりは良い」という結果が得られたとしよう。そこで、各投票者の投票内容が公表されたのだが、「xがyよりは良い」とする判断は、実は一〇〇名の投票者のうちのたったひとりの投票者の支持を得ているだけで、あとの九九名はすべて「yがxより良い」として投票していたということがわかったとしよう。もしも、このような事態が生じていたならば、先の集計結果は電子計算機の集計ミスか、あるいはその決定方式がよほどのインチキだったと考えるのが自然であろう。

しかるに、アローの定理の証明のための第一段階として、次のことが証明できる。すなわち、いかなる「合理的な」社会的決定方式であっても、彼があげた四つの条件のうちはじめの三つの条件(I〜III)を満足するものならば、右であげたような、単一の投票者しか支持しない順序が社会的順序として採用される事態が起こりうるということである。

このことを、次に証明してみよう。

今、アローの三つの条件(I〜III)を満足する一つの決定方式に対し、可能なかぎり多様にn組($n≧2$)の順序づけをつくり出し、それぞれに対する社会的順序づけを得たとしよう。この場合、最も低い支持率の下で順序が決定された二つの選択肢をえらび出すとする。このような選択肢を仮にx、yとし、社会的決定$x \succ_s y$がr人の投票者によって支持されていたとする。とりあえず$r \geqq 1$と定めておこう。（実はこれが$r=1$であることを証明したいわけ。）

さて、この最少支持選択肢対(つい)x、yに対する支持者を$v_1, v_2, \cdots, v_r$としよう（表II－3）。ここで、xとyの順序づけ構造は表II－3のままにしておいて、xとyとは一見「無関係」とも見える第三の選択肢zを、表II－4のように位置づけた選好構造を考える。（条件Iより、あらゆる可能な選好構造が存在しうるというわけだから、そのようなものが出現しても不思議はない。）

表II－3

支持者	1.	$x \succ y$
	2.	$x \succ y$
	3.	$x \succ y$
	⋮	⋮
	r.	$x \succ y$
非支持者	$r+1$.	$x \preceq y$
	$r+2$.	$x \preceq y$
	⋮	⋮
	n.	$x \preceq y$
最少支持選択	⇓	$x \succ_s y$

表II－4

支持者	1.	$x\ y\ z$
	2.	$z\ x\ y$
	3.	$z\ x\ y$
	⋮	⋮
	r.	$z\ x\ y$
非支持者	$r+1$.	$y\ z\ x$
	$r+2$.	$y\ z\ x$
	⋮	⋮
	n.	$y\ z\ x$
最少支持選択	⇓	$x \succ_s y$

言うまでもなく、条件III（無関係対象からの独立性）から、表II－4の場合でもxとyについての順序づけは表II－3の場合と変わっていないので、やはり$x \succ_s y$でなければならない。

ところで、表II－4においてyとzに注目していただきたい。$z \succ y$という判断をしている人がv_2からv_rまでの（$r-1$）名で、$y \succ z$という判断をしている人はv_1と、v_{r+1}からv_nまでとで、合計（$n-r+1$）名となる。したがって、社会的

表Ⅱ－5

1. $x \succ z$
2. $x \prec z$
3. $x \prec z$
…… ……
n. $x \prec z$
⇓
$x \succ_s z$

決定を $z \succ_s y$ と定めてしまうと、これは支持者が $(r-1)$ 名による決定ということになり、これは、はじめに仮定した「最少支持者数＝r」という仮定に反する。したがって、社会的決定は、どうしても $y \succsim_s z$ でなければならない。

ここで、社会的順序に推移律を適用すると、

$$x \succ_s y,\ y \succsim_s z \Longrightarrow \boxed{x \succ_s z}$$

という結論が導き出される。

ここであらためて x と z にだけ注目して表Ⅱ－4をながめてみると、この社会的順序 $x \succ_s z$ を支持しているのは、投票者1のみであることがわかる！ つまり、表Ⅱ－5のようになる。したがって、最少支持数 r は実は1であり、単一支持による社会的決定が存在しうることになる。

単一支持者から独裁者への段階

右で見てきたことは、一つの決定方式に対し、あらゆる種類の投票プロファイル（選好構造）を適用してみると、「たったひとりの支持のもとで社会的順序がきまる選択肢の対（ペア）がありうる」というだけの話のようである。このような事態が万が一、あるいは

億が一という確率で生じうるという程度のことなら、問題にするほどのこともあるまい。ところが、アローが証明したことは、このように万が一にでも生じうる単一支持者は、実は正真正銘の独裁者となってしまうものだという。

ここで言う「正真正銘の独裁者」というのは、選択肢の中の任意の対に対して、この人物が右といえば右、左といえば左が社会的に採用され、他の何人の投票者が何を投票しても、この独裁者の決定を阻止することも、その決定に反対することも全くできないというものである。

このことを証明するために、とりあえず、今まで見た単一支持者が真正の独裁者になりあがっていく過程の、いろいろな発達段階を定義づけておこう。（注意。以下の証明ではあたかもひとりの人物が独裁者に変貌していくかのように記述してあるが、数学的には、単に「段階を追って証明されていく」にすぎず、独裁者は当初からそうであって、別に徐々に発達するわけではない。ただ、説明の順序としてはあたかも発達していくようにたどるのがわかりやすいにすぎない。）

（1） **片側特殊単一支持者**――これは先にあげた例での単一支持者に当るものである。片側特殊というのは、ある特殊な対に対し、一方向（たとえば $x \succ_s z$）の社会的順序に対してだけ、単一支持者となりえたというだけのことで、同一人物が逆方向の（$x \prec_s z$）

に対しても単一支持者となりうるかどうかとか、他の選択肢対に対してはどうかとか、他の投票者がこれを阻止したり、変えさせたりはできないかどうかは全くわからない段階である。

(2) **片側特殊単独指令者**——これはやはり特殊な対に対する一方向の社会的決定に関するものであるが、単に「ある特殊なケースで単一支持者となりうる」のではなく、「他の投票者が何を投票しても、常に、この人物の指令する方向に社会的決定がなされる」というのである。ただし、ここでも、この人物の「指令権」が、特定の対に対してだけであり、さらに、一方向だけ（つまり、「右むけ右」といえばそうなるが、「左むけ左」といってもそうなるとはかぎらぬ）である点に注意していただきたい。

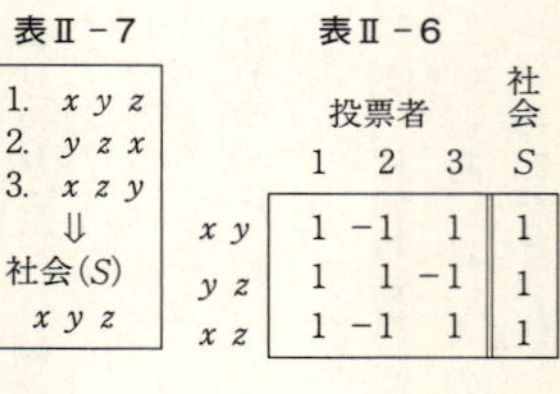

表Ⅱ－6

	投票者 1	2	3	社会 S
$x\ y$	1	−1	1	1
$y\ z$	1	1	−1	1
$x\ z$	1	−1	1	1

表Ⅱ－7

1. $x\ y\ z$
2. $y\ z\ x$
3. $x\ z\ y$

⇓

社会(S)
$x\ y\ z$

(3) **両側特殊単独指令者**——これは、特定の選択肢の対に対してだけは、両方向に対する指令権をもつというのである。つまり、この人物がたとえば「xはyより良い」と言えば、社会的決定がそうなるし、逆に「yがxより良い」といえば、社会の決定がそうなる、というものである。ただ、この段階では、このxとyについてだけとか、別の対に対してだけ、というように、限定された対に対して適用されるにすぎない。

(4) **両側一般単独指令者**——これはすべての選択肢対に対し、右むけ右といえば右、左むけ左といえば左という指令権をもつわけで、これこそ真正の独裁者である。

それでは次に、第一段階の片側特殊単一支持者がどのようなプロセスで両側一般単独指令者（つまり真正独裁者）にまで成長していくかをながめてみよう。

説明を簡略にするために、次のような表を中心に話を進めていく。表Ⅱ－6は、表Ⅱ－7に示した選好構造と、それに対するある社会的順序をまとめたものである。

表Ⅱ－6の見方を説明しよう。各投票者の選好順序が表のタテの欄に示してある1や－1で表してある。つまり、$x\ y\ z$という順序は、$x \succ y$, $y \succ z$, $x \succ z$の三つの判断に分解され、$x \succ y$ならば第一行目の値に1、$y \succ z$は第二行目の値に1、$x \succ z$は第三行目に1で表してある。逆に$x \prec y$なる判断があれば第一行目は－1となり、$y \prec z$のときは第二行目が－1となるようにしてある。表Ⅱ－6には記してないが、もしも$x \sim y$なる判断がなされれば、0の値が入るだけである。

今xとyについて、第一の投票者だけが唯一の支持者となって$x \succ_s y$となっていたとする（つまり、投票者1が片側特殊単一支持者）。その場合は表Ⅱ－8のように表せる。

表Ⅱ－8

	1	2	3	……	n	S
$x\ y$	1	−1	−1	……	−1	1

このような片側特殊単一支持者がx、yに関して存在したというところから話を進めてみよう。

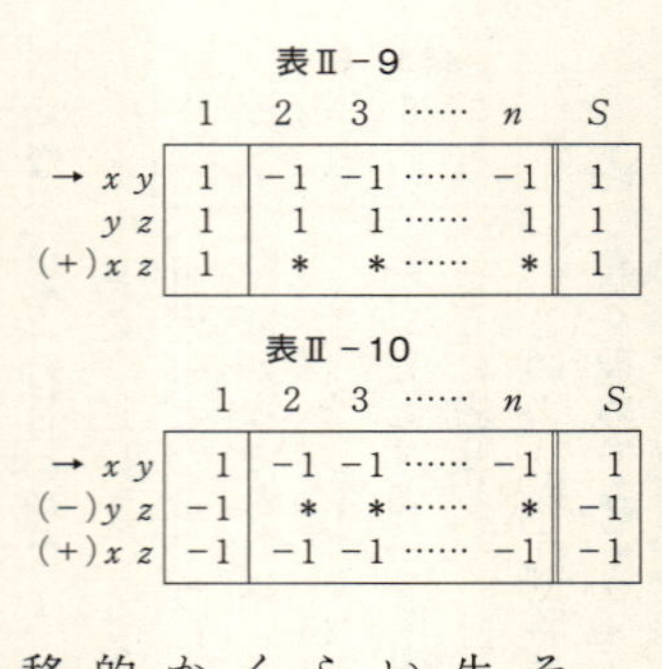

表Ⅱ－9

	1	2	3	……	n	S
→ $x\ y$	1	−1	−1	……	−1	1
$y\ z$	1	1	1	……	1	1
(＋) $x\ z$	1	＊	＊	……	＊	1

表Ⅱ－10

	1	2	3	……	n	S
→ $x\ y$	1	−1	−1	……	−1	1
(－) $y\ z$	−1	＊	＊	……	＊	−1
(＋) $x\ z$	−1	−1	−1	……	−1	−1

今、$x \succ y$ に関して投票者1が単一支持者だったとし、そこへ、全投票者が一致して $y \succ z$ なる順序をもつ場合が生じたとする。（あらゆる可能な場合が生じうると考えられているので。）そうすると、条件Ⅱ（市民の主権性の条件）から、y と z に関する社会的決定は $y \succ_S z$ でなければならなくなる。そうなると、投票者1は自己の選好順序の推移律から $x \succ z$ なる判断をしているわけだが、同じことが社会的決定についても要求されるわけで、社会的順序でも、推移性から、$x \succ z$ となっていなければならない。しかも、これは投票者の2から n までの人々がどのような判定をしていたとしても、このことが言えなければならない。（表Ⅱ－9では＊印が記入されているところは、1、0、−1のうち、いずれがどのような順序で入ってもよいことを示している。ちなみに、$x \prec y$, $y \succ z$ の場合には、$x \succ z$ でも $x \prec z$ でも $x \sim z$ でも推移性に反する事態は生じないので、ここには実際に、1、0、−1のうちのいずれの値も入りうるのである。）

しかも、条件Ⅲ（独立性）から、x と z についての社会的順序は、x と z についての投票者の順序づけだけできまるというのだから、「投票者2から n までの人々が x と z についてどのように判断しても、投票者1が $x \succ z$ としているときには、社会的にも $x \succ_S z$ なりとする」という事態がひとたび発生すれば、以後すべての場合にこのようなことが言えなければならない。

かくして、投票者1はxとzについて、片側（$x \succ z$に関してだけ）の特殊な（xとzについてだけの）単独（投票者1だけの）指令権（他の投票者の選好を無視して社会的決定を下しうる権利）を有したわけで、片側特殊単独指令者となったわけである。表Ⅱ－9におけるxzの左に示した(+)というのは、投票者1が現在x zに関して正方向への単独指令権を獲得していることを示す。

次に、同じxとyについての単一支持者だった投票者1が、y zについても指令権を獲得していくさまを見物しよう。このためには、表Ⅱ－10を見れば十分であろう。表Ⅱ－10では、$x \prec z$について全員一致であるケースをとりあげている。表Ⅱ－9の場合と同様に社会的順序の推移律から、同じ投票者1が今度はy zに関して負の単独指令権を獲得する。

表Ⅱ－11では、投票者が全員一致で$x \prec y$としているケースを利用して、投票者1がy zについての負の単独指令権を行使し、それによってx zに関する負の単独指令権を獲得するさまを示している。ここに至って、投票者1は、x zについての両側単独指令権を獲得したことになる。

表Ⅱ－12では、やはり$x \prec y$を全員一致で支持する場合を導入し、x zに関する正の指令権（表Ⅱ－9で獲得したもの）を発動し、これによってy zに関する正の指令権を獲得す

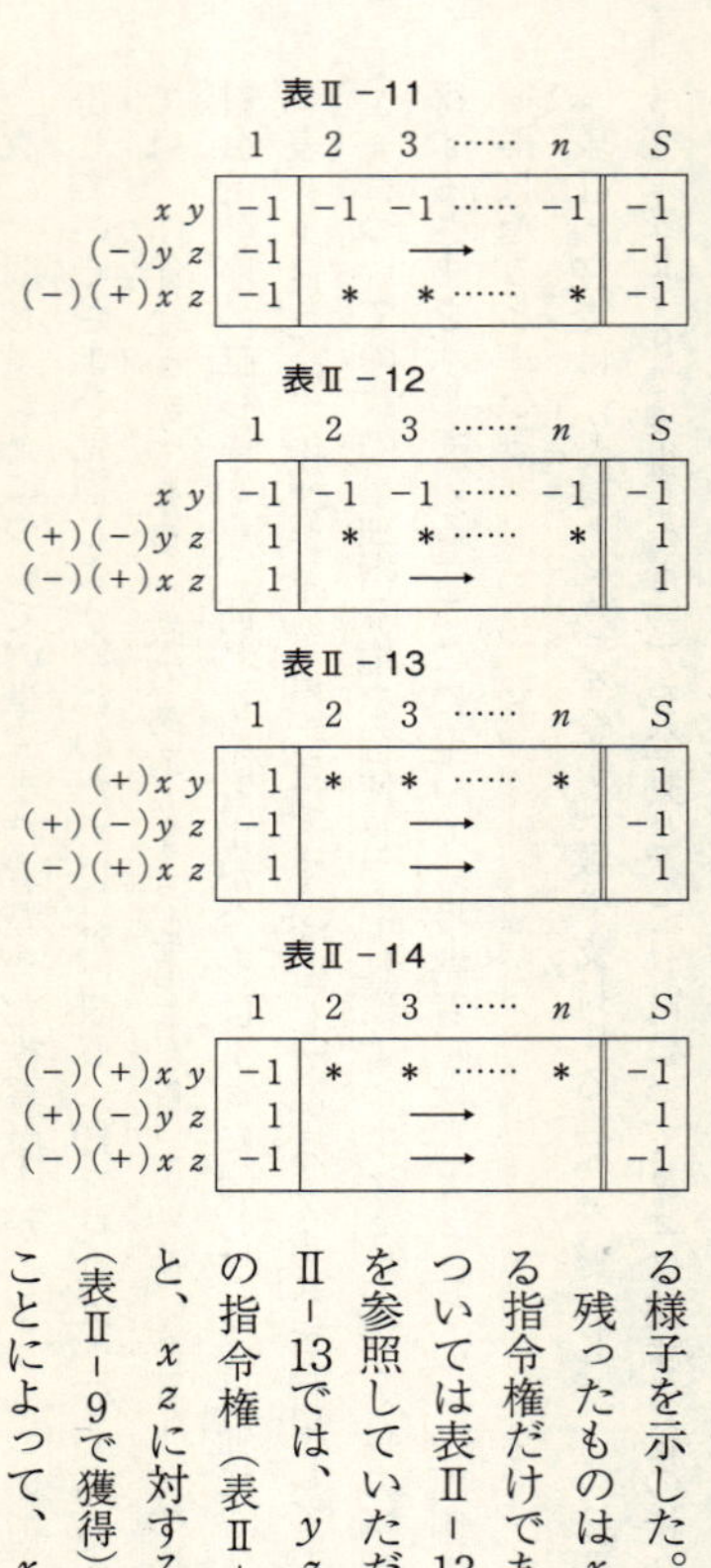

表II－11

	1	2	3	……	n	S
x y	−1	−1	−1	……	−1	−1
(−)y z	−1		⟶			−1
(−)(+)x z	−1	*	*	……	*	−1

表II－12

	1	2	3	……	n	S
x y	−1	−1	−1	……	−1	−1
(+)(−)y z	1	*	*	……	*	1
(−)(+)x z	1		⟶			1

表II－13

	1	2	3	……	n	S
(+)x y	1	*	*	……	*	1
(+)(−)y z	−1		⟶			−1
(−)(+)x z	1		⟶			1

表II－14

	1	2	3	……	n	S
(−)(+)x y	−1	*	*	……	*	−1
(+)(−)y z	1		⟶			1
(−)(+)x z	−1		⟶			−1

る様子を示した。

残ったものはxとyに関する指令権だけである。これについては表II－13と表II－14を参照していただきたい。表II－13では、yzに対する負の指令権（表II－10で獲得）と、xzに対する正の指令権（表II－9で獲得）を発動することによって、xyに関する正の指令権を獲得する様子を示している。表II－14では、yzに関する正の指令権（表II－12で獲得）とxzに関する負の指令権（表II－11で獲得）を発動し、xyに関する負の指令権を獲得する様子を示したものである。

かくして、投票者1は、x、y、zに関してはすべての対に対する両側指令権を獲得したことになる。選択肢が三つだけならば、これで彼は真正の独裁者となったわけである。選択肢が四つ以上ある場合は、たとえばzの代りに第四番目の選択肢wを置いて、表II－9から表II－12までをくりかえしていけばよいわけで、同様なプロセスで、いずれはすべての選択肢に対しても、単独の両側指令権を獲得していくことができるしだいである。

4 アロー以後の社会的決定理論

アローの社会的決定理論は、その後の社会的決定理論の発展に多大な影響を与えた。何しろ、今までは当然のこととみなしていた民主主義の基本原則が、相互に矛盾することがわかってしまったのだから、このままにしておくわけにはいかない。条件を変えればよいのではないかとか、既存の決定方式にはどういう矛盾が存在していたのかとか、社会的決定における本当に民主的といえる原則は何であろうかとかの様々な疑問が生まれてきたのである。

ここで、これらの研究をごく大ざっぱに分類してみると、次のようになるであろう。

(1) 既存の社会的決定方式の公理的研究(Inada〔37、38〕、May〔45、46〕、Murakami〔47〕、Sen〔61、62〕、Sen & Pattanaik〔69〕、Young〔74〕ほか)

(2) 既存の社会的決定方式が生み出しうるパラドックスの発見とその発生確率の研究(Campbell & Tullock〔10〕、DeMeyer & Plott〔12〕、Fishburn〔16～23〕、Fishburn & Gehrlein〔24、25〕、Garman & Kamien〔27〕、Gehrlein & Fishburn〔28〕、Guilbaud〔31〕、Klahr〔43〕、Niemi & Weisberg〔50〕、Riker〔57〕、Williamson & Sargent〔73〕ほか)

(3) アローの定理で用いた公理の修正または変更による社会的決定方式の存在性に関する研究（Blair〔4〕、Blau〔5～7〕、Campbell〔11〕、Fine & Fine〔15〕、Fishburn〔16、17、20〕、Hansson〔33～35〕、Kelly〔40〕、Murakami〔48〕、Pattanaik〔51～53〕、Salles〔58〕、Sen〔62～65、67〕ほか）

(4) 戦略的操作可能性に関する研究（Farquharson〔13〕、Gibbard〔29〕、Pattanaik〔54、55〕、Satterthwaite〔59〕、Vickrey〔72〕ほか）

(5)「同感（extended sympathy）」による社会的決定理論（Arrow〔1、2〕、Hammond〔32〕、Sayeki〔60〕、Sen〔65、66、68〕、Suppes〔70〕ほか）

(6) 個人の自由と権利に関する公理論的研究（Blau〔8〕、Farrell〔14〕、Gibbard〔30〕、Hillinger & Lapham〔36〕、Kelly〔41〕、Ng〔49〕、Sen〔66、68〕、Suzumura〔71〕ほか）

(1)についてはヤング〔74〕を除いてはすべて多数決原理による決定方式の合理性に関する研究であり、しかも、そのほとんどが、アローの第一の条件（個人選好の無制約性）を修正して、投票のパラドックスの発生を回避しようとするものである。（これについては、次章で若干の解説を試みる。）ヤングの論文は、ボルダ方式に関する研究で、ボルダ型の決定方式を正当化する公理系の提案である。

(2)に関しては、実に多様な決定方式が俎上にのせられ、理論的に生じうる各種のパラドックスや、その発生確率の理論的算出、さらに、シミュレーション研究による発生頻度の推定がなされているものである。これについてはすでに第I章でかなり詳しく紹介しておいた。
(3)に関しては、アローの定理と同じ「不可能性」を別の公理系から導いたものや、アローの公理の中の一つまたは二つを修正して、可能性を導出しようとする試みなどである。これについても、その中のごく一部の興味ある問題だけにしぼって、次章で紹介する。
(4)については、第I章の末尾でごく簡単にふれたが、次章でも少し詳しく紹介するつもりである。
(5)と(6)に関しては、民主主義の概念が正義や平等、個人の自由と権利などの倫理的概念と深くかかわってくる問題で、大変重要な問題である。(6)に関しては第Ⅳ章で詳しく論じるつもりである。

Ⅲ 個人の選好に対する社会的規制

わたしたちは、民主主義社会においては、すべての人はどんな意見をもってもよいし、どんな意見を表明してもよいはずだと考えている。このことは、もちろん、人々が何らかの特定の宗教やイデオロギーをむりに信奉させられたり、自ら信じる宗教や信条の故に弾圧されてはならないということを意味している。

しかし、どんな人でも、「民主主義社会では、本当にどんな意見をもっても、どんな意見を表明してもいいのかな?」と一抹の不安がないでもないだろう。「あまりにも反社会的な意見は、多少は規制されてもやむを得ないかな」という気がしないでもないだろう。

しかし、できうるかぎり個人の自由を重んじる社会なら、そのような規制が正当化されうるのは、「もしも全くの規制をしないならば、世の中がどうにもならなくなる」という場合だけだろう。

そこで本章では、とくにこの「どうにもならなくなること」として、社会的選好順序がきまらないときとか、社会が何を選択すべきかの判定ができなくなるという事態をとりあげ、その事態が個人の選好に関する規制をしない場合に発生するものか、何らかの規制をすればとり除けるものなのかについて考えていくことにする。

I 個人選好の制約と多数決による決定の存在条件

多数決原理とアローの定理

アローの一般可能性定理は、その公理（条件）もその結論（厚生関数の非存在性）も、きわめて「一般的」な形で表現され、また、適用範囲も文字通り「すべての決定方式」に及ぶものではあるが、この定理の発想の原点は明らかに多数決原理であった。とくに、多数決原理におけるコンドルセーの投票のパラドックスに関する研究がそのきっかけになったことは、アロー自身が認めていることでもある。また、アローの一般可能性定理の発表に先立って、D・ブラックが単峰性の仮説を提唱して、多数決原理の投票のパラドックスをみごとに解消していた。

さらに、アローの一般可能性定理の公理としてあげた条件は、第I公理（個人選好の無制約性）以外のすべての条件が、実は多数決原理において成立している条件なのである。そしてさらに、ブラックの提唱した単峰性の仮説というのも、この第I公理にだけ抵触するものである。
もちろん、この第I公理に違反するが、単峰性の仮説と同程度の制約を個人選好に課する仕方はこれ以外にもいろいろとありうるわけである。それならば、多数決原理による決定が常に一意的に定まるための（第I公理には反するが、ある程度もっともらしい）別の条件は何かということになる。そこで提唱されたのが次のようないくつかの条件である。

価値制限

ブラック（Black〔1〕）が提案した単峰性の仮説というのは、すでに第I章で紹介した通り、投票者が選択肢をすべて単一の共通尺度上に位置づけ、その上で、各自が自分の理想点をその共通尺度上に置いているという仮定である。

しかし、数学的に言えば、投票のパラドックスを解消するためには、右のような構造よりもはるかに弱い条件でよい。つまり、選択肢の集合の中の任意の三つをとり出してきたとき、その間で単峰性が満たされるだけでよい。

このことをさらに別の表現で言い直すと、任意の三選択肢を選んできたときに、そのうちのどれか特定の選択肢に関しては、「少なくとも三つの中では最悪でない」という判断において投票者全員が同意する、という条件である。

こうなると、たとえば任意の三選択肢に対して、「三つの中では少なくともこれは最良ではない」という点で全員一致するようなこれが存在するという条件はどうかというと、それでも投票のパラドックスは解消する。

さらに、「三つの中では少なくともこれは中位（つまり第二位）ではない」という判断が任意の三選択肢について全員一致するという条件でもよい。

それればかりではなく、右にあげた三つの条件のいずれかが常に任意の三選択肢に関して成立すれば、投票のパラドックスは解消するのである。これは、一組の三選択肢では第一の条件を満たし、別の三選択肢では第二の条件、さらに別の三選択肢では第三の条件を満たすというのでもよいのである。つまり、選択肢集合からどのような三選択肢をえらんできても、全員が「少なくともこれは第○位かもしくは第△位かだ」という点での一致が得られるという条件である。この○と△は、1、2、3のうちの任意の二つでよい。つまり、第一位か第二位かのいずれかだという一致でもよいし、第二位か第三位かだという一致でもよいし、第一位か第三位だという一致でもよい。そういうこれが常にあればよいというのである。

右にまとめた条件のことを価値制限（value restriction）とよび、この条件と、投票者数が奇数であるという条件を付け加えれば、アローの定理の第I公理以外のすべての公理は満足しうるものであり、多数決による決定は常に強選好に関しては推移律を満足している（Sen〔6〕）。

限定同意

価値制限もある意味では投票者間の部分的同意ではあるが、若干異なった別の部分的同意でも投票のパラドックスは解消する。それは稲田氏が「タブー型選好」とよんだもので(Inada〔5〕)、もう少し条件をゆるめると、センとパタナイク(Sen & Pattanaik〔9〕)が「限定同意(limited agreement)」とよんだものである。

限定同意の条件というのは、任意の三選択肢に対し、すべての投票者が、その中の特定の二つに関しては、「一方が他方よりも良いか少なくとも同程度に良い」という判断での一致が得られているという条件である。

右の条件は見かけ上は先の価値制限の条件ときわめて類似しているが、実際は全く独立であり、一方だけしか成立しないことも、両方成立する場合も、両方成立しない場合もありうるのである。この限定同意の条件を満足しても、多数決原理による強選好は常に推移律を満足する。

極値制限

稲田氏は実に多様な選好構造を提案し、興味深い名前をつけている。

たとえば「同調型選好(echoic preference)」というのは、誰かが$x \succ y \succ z$という判断をしたならば、zを最上位にする者は他にいないという条件である。さらに「敵対型選好(antagonistic preference)」というのがあるが、これは誰かが$x \succ y \succ z$という判断を示すなら、他のすべての人はこれと同意するか($x \succ y \succ z$)これと正反対($z \succ y \succ x$)か、あるいは両端を等価とする($x = z$)かであるという条件である。

稲田氏の条件のもう一つのものは、「二分割選好(dichotomous preference)」である。これは、任意の三選択肢を与えても、投票者はこれを二つに分割して、三つのうちの二つは同程度と判断するという条件である。

これらの条件をひっくるめて、センとパタナイクは極値制限(extremal restriction)という条件を設定した。それは次のようなものである。つまり、「もしも投票者のひとりが、$x \succ y \succ z$なる判断をしているならば、zを最良とする他の人がいたならばその人はxを最悪としていなければならない」という性質が任意の三選択肢に対して成り立つという条件である。

この極値制限の条件を満足するならば、実は、単純多数決原理による社会的決定が、強選好・弱選好にかかわらず、常に推移律を満足して存在することが証明されている(Sen & Pattanaik〔9〕)。

さらに、任意にとり出した三選択肢が、先の価値制限、限定同意、そして最後の極値制限のうちの少なくとも一つを満足するというのが、多数決原理によって勝者が確定できる

（投票のパラドックスが生じない）ための必要十分条件であることが証明されている（Sen〔8〕）。

民主主義と個人選好への制約

右のような個人選好に関してある種の整合性を要求すれば、たしかに多数決による決定は矛盾を生じないことはわかったのだが、このことは民主主義の原則から見て、社会的に容認できることだろうか。

もっとも、価値制限、限定同意、極値制限のいずれの条件をみても、かなり一般的に満足していそうなものばかりであるから、現実には投票のパラドックスはあまり生じないという議論も成り立つだろう。しかし、ここで問題となるのは、投票のパラドックスの発生確率が高いとか低いとかではない。多数決という決定方式が論理的矛盾をふくむか否かであり、一つの規則としての合理性があるか否かである。

そう考えると、やはり、価値制限、限定同意、極値制限などの制約を社会的な規則として容認してよいかが問題となる。これらの制約は、要するに、投票者集団（あるいは社会の構成員全体）が皆相互にある程度類似した判断をしなければならないという規則である。言いかえれば、あまりにも突飛な意見を表明するもの、タブーを犯すもの、常識外れ、変人などについては、お引取り願うか、御遠慮いただくか、出て行ってもらうか、無視するか、抹殺するか、追放するということのいずれかを、社会的に容認することになりかねない。

しかし、同じ制約条件も見方を変えれば、おたがいにある程度は「気をつかって」意見を表明することが、その社会で合意を得るための必要条件なのだと解釈することもできる。そのように解釈するならば、せめて価値制限、限定同意、極値制限の一つぐらいは常に満足するぐらいの相互配慮をすべきだということを、社会的規則として導入することは、さほど非民主的なこととは言えないという議論も成り立つのではないだろうか。

いやしくも、社会の構成員たる以上、個人にある程度のゆるやかな社会的圧力がかけられるのは、集団の維持のための必要条件だと言えるかもしれない。動物社会でも個々の動物の行動は本能的に規制され、それによって集団内のコンフリクトが生じないようになっていることは、生態学上の通念であろう。

しかし、もしもそのような理由から、個人選好にある種の規制を加えるべきだというのならば、相互配慮という概念そのものの分析からはじめ、個人が互いにある種の配慮をして自己の選好を表明するというプロセス自体を明らかにしなければならない。そして、そのような相互配慮の構造が、たしかに、いわゆる「村八分」的な集団規制にならないこと、あるいは過度の干渉主義に陥ることがないことを保証しておかねばなるまい。その上で導かれる個人選好に関する制約が、先の価値制限、限定同意、極値制限になるというのならば、そのような制約を課すことも十分納得できるであろう。

しかるに、残念ながら、多数決による決定において投票のパラドックスを生じない条件として提案された価値制限、限定同意、極値制限などの条件は、文字通り、多数決原理において投票のパラドックスを発生せしめないための条件以上のものではなく、そこには倫理的解釈も道徳的判断も介入できない話である。民主主義の根本問題にかかわる話ではなく、たかだか「運よくそのような構造の選好パターンが得られれば、パラドックスは発生しえない」ということだけの意味であることを心に留めておかねばなるまい。

2　社会による順序か社会による選択か

社会的順序の推移性

アローの一般可能性定理では、個人にしろ社会にしろ、選択肢に順序づけをした場合には、その順序は常に推移律を満たさなければならないものとされている。すなわち、任意の三つの選択肢x、y、zに対し、

$$\left.\begin{matrix} x \preceq y \\ y \preceq z \end{matrix}\right\} \text{ならば} \quad x \preceq z \quad \text{が成り立つ}$$

ということである。

ところが投票のパラドックスで見た通り、多数決原理にもとづく社会的決定では、社会的順序がこの推移律を満たさないことがしばしば生じるのである。

一般には、「推移律を満足しない」ということは、きわめて非合理的なことのように思われている。たしかに、推移律を満たさない選好順序が存在すると、後に見るように、大変不都合な事態が発生してしまうのである。その点から言えば、多数決原理による決定はたしかに不都合を生み出す危険性のある、望ましくない決定方式ということもできよう。

フィッシュバーンのパラドックス

ところがもしここで、「社会的順序づけが常に推移律を満たすべきだ」という要請が、推移律を満たさない場合に生じる不都合さよりも、もっと深刻な不都合さを生み出すとしたらどうだろうか。

フィッシュバーン（Fishburn〔2〕）が証明したことによると、もしも「社会的順序づけが常に推移律を満たす」ということを要請すると、それだけの条件から（他に何も仮定しなくても）、次のような恐るべき事態が発生しうるというのである。それは、たとえば一〇〇人の投票者のうち九九人が「xはyより良い」としているにもかかわらず、社会的決定としては「yがxより良い」と定めなければならない、という事態である。しかも、この場合の投票者人数は事実上無制限で、千人であろうと一万人であろうと構わないのである。

このことは、表Ⅲ－1のような選好パターンを見れば明らかであろう。ここで、たとえばx_0とx_1に注目してみよう。投票者1を除くすべての人が「x_1はx_0より良い」としているのである。しかし、同時に、常に九九人の人々の選好は、表Ⅲ－2のようになっているので、もしも社会的順序が推移律を満足すべきだとしたならば、

$$x_1 \prec x_2 \prec \cdots\cdots \prec x_{100} \prec x_0$$

から、$x_1 \prec x_0$を結論づけなければならないのである。これは先に述べた九九人の判定「x_1はx_0より良い」と矛盾しているのである。

表Ⅲ－1

1.	$x_1 \prec x_2 \prec \cdots \prec x_{99} \prec x_{100} \prec x_0$
2.	$x_2 \prec x_3 \prec \cdots \prec x_{99} \prec x_{100} \prec x_0 \prec x_1$
⋮	
i.	$x_i \prec x_{i+1} \prec \cdots \prec x_{100} \prec x_0 \prec x_1 \prec \cdots \prec x_{i-1}$
⋮	
100.	$x_{100} \prec x_0 \prec x_1 \prec x_2 \prec \cdots \prec x_{99}$

表Ⅲ－2

$x_1 \prec x_2$
$x_2 \prec x_3$
⋮
$x_i \prec x_{i+1}$
⋮
$x_{99} \prec x_{100}$
$x_{100} \prec x_0$

推移律の意味するもの

以上のような議論に対し、次のような反論ができるであろう。

先のフィッシュバーンのパラドックスをよく見ると、「九九対一」の決定が推移律の連鎖による決定と逆となる条件は、選択肢が一〇一個なければならないことがわかる。そうなると、相互に比較されるべき選択肢の対（ペア）は${}_{100}C_2=4950$も存在しているわけで

ある。この四九五〇個もの対に対し、一〇〇人が投票をしているときに、たまたま一つの対に対して、「九九対一」を逆転する社会的順序が生み出されたからといって、本当に九九人が激怒するものだろうか。

フィッシュバーンのパラドックスが逆説という印象を与えるのは、わたしたちが選択肢の対にのみ注目した場合であり、社会的順序全体と、個人の選好順序全体との相互対応を考慮したならば、「九九対一」を否定することのインパクトは、それほど大きくないのかもしれない。

この問題はきわめて重要で、しかもかなり広範囲にわたる社会的決定の問題とかかわりあっているので、後に（第Ⅳ章）あらためて取りあげるつもりである。

当面は次のことだけ留意しておいていただきたい。つまり、フィッシュバーンのパラドックスの意外性の背後には、わたしたちが選択肢の選好順序を吟味するとき、その中の対に対する順序を純粋に切り離して考え、他の選択肢に対する評価と無関係に論じることを当然と考えてきた、という点である。もしも、このことが不合理の原因だとするならば、選択肢の対の評価を他と切り離して考えること自体を否定しなければならないことになる。

このことは、推移律に関するフィッシュバーンのパラドックスが、アローの定理で用いた無関係対象からの独立性の問題と表裏一体となった問題だということを意味しているのである。

社会的決定の一貫性とは

一方、フィッシュバーンのパラドックスは、社会的決定に一貫性が要求されるべきかという問題の提起と考えることもできる。つまり、社会というのは、あくまで個人の集団であり、社会自体が一個の人格を有するものではない。したがって、そのような社会に、ひとりの個人の行動としての一貫性である推移律を要求するのはおかしいではないか、と。

右のような批判は、実は、アローの定理が発表された当時から、執拗にくりかえされて指摘されてきた批判であり、一見、きわめて説得力があるように見うけられよう。

しかし、このような批判はよく考えてみるとあまり当っていないことがわかる。

まず第一に、ひとりの人間が自分自身で何かをきめるときでさえも、全くの自分勝手できめる場合はごく稀で、多くの場合に、「他の人々はどう考えているか」を考慮しなければならないであろう。その場合には、やはり、自分の選好順序と他の人々の選好順序をひっくるめて、すべての人々の選好順序をまとめ、自分なりに考えた「社会的」な順序を生み出すルールが必要なのである。ところで、わたしたちが本書で扱っている社会的決定というのは、なにも、具体的な投票制度や議会での採決方式の問題にかぎるものではない。ひとりの人間の頭の中で、いろいろな人々の意見や選好を配慮して、自ら社会的にふるまおうとするときの問題でもある。したがって、社会的決定として生み出される社会的順序が、たとえば推移律のような合理性の規準を満足しなければならないという要請は、個人の社会的な配慮にもとづく決定に対する合理性と解釈しても構わないはずである。逆に言えば、もしも社会的決定に一貫性がなくともよいとするならば、それは、個人の社会的な配慮における一貫性を否定することになる。これでは、人間を「社会的動物である」とすることの否定であり、人々はすべて自己本位に勝手に行動するしかないことになってしまうのである。

社会的決定に一貫性は必要ないとする議論への第二の反論は、現実の社会でのさまざまな交渉場面を考えてみたとき、さまざまな団体交渉や国家間の国際交渉において、一つの社会が「あたかも一人の人間」のようにふるまうことが要求されるということである。この場合には、やはり、一人の人間に要求される一貫性が社会的決定にも要求されることは当然のことなのである。

もっとも、このように要求されるべき社会的決定における合理性が、決定されるべき社会的選好順序の推移性にすべてかかっているのかについては、若干の疑問が残らないでもない。それは、社会的順序を生み出そうという決定をやめて、社会的判断のもとでの「最良のもの」だけを選出する、という考え方もあるからである。

社会的順序か社会的選択か

社会的順序の推移性からくる矛盾を回避する一つの方策として、社会的順序を得ることを断念し、与えられた選択肢の中の最良のもの（一つとはかぎらぬ）をえらぶことにするという考え方を吟味してみよう。

たとえば次のようなきめ方も存在する。つまり、「〝ある選択肢 x が他のすべてのものより良い〟という判断に関して投票者全員が一致したときのみ、社会は〝x〟を最良のものとして選ぶべきである。そのような全員一致の推薦が得られるものがないならば、すべての選択肢は社会的に〝無差別〟として扱う」という決定ルールである。センⁱ〔7〕の証明によれば、このような決定ルールならば、アローの公理はすべて満足するのである。

しかし、さすがにセンも、このような全員一致主義が社会的に望ましい決定方式として一般化されうるかについては、強い疑念を示している。考えてみると、常に満場一致を要求して、それが得られるまでは何回でも投票をやり直すというのは、投票者にきわめて非民主的な「圧力」を加えることになる。少数派の人々は自分の本心をいつわるようになったり、多数派の人々は少数派に対する暗黙の威圧をかけ、意見修正をせまることにもなりかねないであろう。

そして、センは、社会的順序を放棄して、社会的選択に修正したときに考えられるアローの条件を満たす決定方式は、せいぜい右にあげたものの程度であり、これ以上により合理的な解はなさそうだとも述べている。

センⅲ〔8〕はまた、社会的順序の推移性を仮定せずに、社会的選択だけを要求したとしても、次のような条件（要請βとよぶ）を満足するならば、結局は、社会的順序に推移性を要求するのと同じことになることを証明している。

要請β——選択肢の集合Xの任意の部分集合Sにおいていくつかの複数の選択肢（たとえばxとy）が「最良」として選ばれたとする。そこでもしも、選択肢全体の集合Xに対して「最良」のものを選出した場合に先のxがふくまれていたならば、やはりyもまた「全体の中で最良」とされなければならない。

もう少し具体的な例で説明すると次のようなものである。たとえばある音楽賞を与えるべき審査会で、ポピュラー音楽部門では最良のものとしてxとyの二曲が選出されたとする。他のクラシック音楽部門や民謡部門でもそれぞれの部門の推薦曲が一曲か二曲ずつ選出されていたとする。その場合、全部門を通した最良の曲を選出する際に、もしも先のポピュラー部門の最優秀曲xとyのうちxが金賞を得るならば、yもまた金賞を得るべきだというのがセンの要請βなのである。もちろん、ここで審査員はつねに同一集団であり、しかも、各人の選好順序は常に変わらないと仮定した場合の話である。センは、この要請βと、社会的順序が推移性を満たすこととは同値であることを証明したのである。つまり、この要請が「もっともだ」と納得するなら、推移律もまた納得しなければならないし、この要請が不合理だというのなら、推移律の要請も不合理だといわねばならない。

本当の社会的選択とは

ところで、社会的順序の推移律がどこか不合理に見えるところから社会的選択に問題を移し変えたというのは、どこか話がおかしいような気がしないでもない。

それは、たとえば選択肢が五個あるとき、それらすべての順序づけを社会が行うと矛盾するからという理由で、最上位のものだけにするということだが、これは、言ってみれば、臭い物に蓋の論理である。内在している矛盾をなるべく外にあらわれないようにしようというまでのことである。ある選択肢が最上位になるというのは、実は、外にはあらわれなくとも、他のものが下位に並んでいるはずなのである。

もっとも、多くの人々が社会的選択に関心をもつことには、実はもう一つの理由が存在している。それは、近代経済学が消費者の購買行動や、財の組み合わせの選択行動をたよりに理論を構築しようとすることからくるのである。つまり、外にあらわれる行為は常に選択であって、順序づけではないというしだいである。

しかし、社会的決定理論というものを厚生経済学の中にのみ位置づけるのでなく、人々の社会的な道徳判断をふくめた決定を扱うものとするならば、何も選択だけがすべてであるような限定をする必要はないのである。

一方、社会的な意思決定問題を経済の問題を越えて幅広く考えるならば、社会的選択というのは、全く別種の、新しい問題として扱うこともできる。

たとえば、第I章七節で紹介した、学会などの評議員選挙のような、いくつかの「空席」が定められているところへ人々の投票で候補者を選出する場合とか、入学試験や資格試験のように、人々を合格者対不合格者に識別しなければならないようなときである。そのようなときには、候補者間の順序づけは全く意味をなさないのである。むしろ、多種多様な、広い地域や、質的に異なる多様な、個性豊かな人々を入れたいということが目的となる。第I章七節では、そのような場合には「認定投票(approval voting)」が望ましいとした。そのような目的があらかじめわかっているならば、ひとりひとりの投票者も、候補者を順序づけるのではなく、「こういうタイプの人も入れておくべきだ」とか、「こういう種類の専門家も参加させるべきだ」という判断にもとづいて候補者を認定すればよい。

順序づけることを至上とする考え方は、単一目的的な社会の論理であるが、今述べた「多様性を実現させたい」とか「入るのがふさわしい人を入れたい」というのは、多目的的社会、あるいは、多価値社会の論理である。

本当の社会的選択問題というのは、本来はこういう問題を扱うべきだった。そうだとすると、これは、各投票者の選好構造の記述方式からして改めなければならないはずである。それを、各投票者の順序づけから出発して、臭い物には蓋式の社会的選択を理論化しようとした過去の社会的選択理論は、どこか方針を誤った研究と言えなくもないだろう。

3　選択肢の考慮範囲と決定の不変性

ごく常識的に考えると、何らかの選択肢が二つ与えられて、「いずれが好ましいか」と問われたときの答えは、その当面の選択肢のもっている特徴だけできまると考えられよう。とくに、わたしたちの頭では、特定の対象が好きだとか良いとかいう場合には、その対象そのもののもつ特性の故に好きであり、その特性の故に良いと判断されていると思い込んでいる。当面比較している選択肢以外のものへの評価がどう変わろうが、また、どんな選択肢が新たに発明されようが、いま問題にしている対象の評価はその対象だけに注目すればきまると思っている。

この考え方の背後にある思想は、もちろん、個人主義的倫理観である。「わたしと選択対象との関係は、わたしとその対象との関係だけのことで、他からの干渉をうけてはならない」というものである。

本章では、この無関係対象からの独立性の条件について検討してみる。結論から先に言ってしまうと、実はこの条件が入ると、知らぬ間にとんでもない結果を押しつけられていることが起こりうるのである。

このあたりから、個人選好というものの絶対視、他との独立性が、理念としてはよさそうに見えても、論理的には容認しがたいことを明らかにしていくつもりである。

無関係対象からの独立性

アローの定理で用いられた四つの公理のうち、無関係対象からの独立性の公理は、最も強い嫌疑をかけられた条件であった。無関係対象からの独立の条件の意味の概略はすでに第Ⅱ章二節で紹介したが、あらためてここで別の例を示し、もう一度くわしく説明してみよう。

今、二つの会社AとBが、それぞれ全く独立に、新しい大型電子計算機の導入を計画していたとする。いずれの会社においても、候補にあがった機種は全く同じで、x、y、zの三機種であった。どちらの会社でも、最終決定は、全く同じような重役会議で決定されるのであり、その重役会議のメンバー数、各メンバーの役職の構成も全く同一であった。

ところで今、xとyの二種の電子計算機について、いずれがより優れているかについての審査が、A社とB社で同時並行的に進行していると考えていただきたい。

A社においては、「xの方がyより優れている」という意見をもっていたのは、社長、営業部長、経理部長であり、「yの方がxより優れている」と判断したのは、副社長、製造部長、製品開発部長であった。

全くの偶然のことであるが、B社においても、xとyとについての意見の分れ方が全くA社と同じで、「xがyより優れている」としたのは社長、営業部長、経理部長であり、「yがxより優れている」としたのは副社長、製造部長、製品開発部長であった。

ここで、無関係対象からの独立性の条件というのがどういう条件かを説明しよう。それは、もしもAという会社での決定が「xはyより良い」と定められるならば、同じ決定方式を採用するかぎり、B社でも「xはyより良い」という決定が下されなければならない、という条件なのである。

この場合、重要なことは、二つの会社における重役会議の構成が全く同一であること、「xとyとの選好」に関しては、両社とも、同一役職のメンバーが同一の判断をしていること、さらに、その重役会議における決定方式が両社とも全く同一であること、である。

無関係対象からの独立というのは、この例では、zに関する評価が両社の間では全く異なっていたとしても、当面のxとyに関する決定に対しては全く無関係であり、そこからの影響を受けずに、xとyに関する意見分布だけで「xとyに関する決定」が下されるということである。

ハンソンの定理

ところでこの無関係対象からの独立の条件は、きわめて当然と思われる若干の条件と組み合わされると、実はとんでもない結論を導出することがわかっているのである。それは、ハンソン（Hansson〔3〕）の証明した定理で明らかとなったもので、以下で若干の解説をしておこう。

ハンソンの定理では、アローの定理のときと同様に、選択肢の順序づけは個人であろうと社会であろうと、常に弱順序となっているとされている。すなわち、反射律、連結律、推移律を満足するとされているのである。

それに加えて、次の二つの条件を課す。

選択肢の中立性——選択肢を区別する名前や記号は全く中立的なもので、名前や記号を相互に入れかえても、結果の社会的順序でも同様に記号が入れかわるだけで、決定方式そのものには何の変更も生じない。

投票者の無名性——投票者につけられる記号も全く中立的なもので、相互に入れかえを行っても社会的決定の結果に何の影響も与えない。

選択肢の中立性（neutrality）の条件というのは、選択肢につけられる名前や記号が全くの恣意的なもので、一貫性を保つかぎりどんな名前をつけてもよいというわけである。電子計算機の機種を重役会議で選定する例にあてはめると、たとえばIBM 370/185をxと名づけ、HITAC 8700をyと名づけた結果「xはyより良い」という結論が出たならば、逆にHITAC 8700をxとし、IBM 370/185をyと名づけたときは「yはxより良い」という結論が出なければならない、というものである。

投票者の無名性（anonimity）の条件は、もう少しきびしい条件といえる。それは、投票者の名前や役職、属する団体などによる影響をすべて無視して、全員を対等に扱うという条件である。投票者1というのが社長を意味しようが副社長を意味しようが全く関係なく、投票者集団の中でどのような意見の分れ方が存在したかだけを社会的決定で考慮しようという条件である。意見がちょうど半々にわかれたときは社長の決裁にゆだねるとか、経理部長は購入不能な選択肢に対し拒否権をもつとかいう特例は全くない、というものである。現実には、たとえば消費者に対する無記名のアンケート調査をする場合など、無名性が課せられる場合は多いと考えられる。

さて、ハンソンが証明したことは次の定理である。

ハンソンの定理——もしも社会的決定方式が、選択肢の中立性、投票者の無名性、さらに、選択肢の無関係対象からの独立性を満足しているならば、その場合の社会的決定は、投票者の選好がどのようなものであっても、すべての選択肢を社会的同順位としなければならない。

このハンソンの定理は、きわめて簡単に証明できるので、以下において説明していこう。

まず、投票者数が偶数（$2n$）の場合から考えていこう。

表Ⅲ－3

	1	2	…	n	$n+1$	$n+2$	…	$2n$	S
xy	+1	+1	…	+1	−1	−1	…	−1	s

表Ⅲ－4

	1	2	…	n	$n+1$	$n+2$	…	$2n$	S
xy	−1	−1	…	−1	+1	+1	…	+1	$-s$

表Ⅲ－5

	1	2	…	n	$n+1$	$n+2$	…	$2n$	S
xy	+1	+1	…	+1	−1	−1	…	−1	$-s$

$-s=s=0$

今、二つの選択肢xとyに関して、表Ⅲ－3に示すような選好パターンを示していたとする。この表の見方はアローの定理の証明のときに用いた表の場合と同じで、投票者1からnまでが「xはyより良い」としており、$n+1$から$2n$までの投票者が「yはxより良い」としていることをあらわしている。社会的順序Sに関しては、現段階ではどういう順序が決定されるか未定なので、変数sを導入しておく。sは+1（社会的決定として「xはyより良い」とする場合）か－1（同様に「yはxより良い」とする場合）か、もしくは0（「xとyとは同順位」とする場合）かのいずれかであるとする。

さて、表Ⅲ-3において、選択肢の中立性の条件を適用して、xとyとを入れかえたとすると、当然、社会的順序でもxとyとが入れかわる。したがって表Ⅲ-4が得られる。次に、投票者の無名性の条件を利用して、1からnまでの投票者をそっくりそのまま$n+1$から$2n$までの投票者と番号を入れかえたとする。そうすると、次の表Ⅲ-5が得られる。

そこで、表Ⅲ-5をもとの表Ⅲ-3と比べてみると、社会的順序の変数sについて、

$$s=-s$$

なる関係が成り立っていなければならない。したがって、$s=0$でなければならないのである。

言いかえると、$2n$人の投票者のちょうど半数が「xはyより良い」とし、残りの半数が「yはxより良い」としたならば、社会的順序は「xとyは同順位」としなければならないのである。(ここまでの結論は誠に常識的なものであろう。)

ところで次に、投票者の1からnまでの人が「$x \succ z \succ y$」と判断し、残りの$n+1$から$2n$までの投票者が「$y \succ x \succ z$」と判断していたとする。この状況は表Ⅲ-6に示される通りである。そこで今、表Ⅲ-5を適用すると、xとyとは同順位でなければならない。さらにzとyとの関係についても、意見がちょうど半々に分れているので、社会的順序とし

ては同順位と定めなければならない。したがって、同順位の二組の関係

$$x \sim y,\ y \sim z$$

および、社会的順序の推移律にもとづき、$x \sim z$ でなければならないことがわかる。したがって、表Ⅲ-7の関係が導き出された。

この結論はかなり意外な結論である。すなわち、投票者が全員一致で「x は z より良い」としている場合に、社会的順序においては、「x と z は同順位」と定めなければならないのである。

表Ⅲ-6

	1	…	n	$n+1$	…	$2n$	S
xy	+1	…	+1	−1	…	−1	0
yz	−1	…	−1	+1	…	+1	0
xz	+1	…	+1	+1	…	+1	s'

表Ⅲ-7

	1	2	……………	$2n$	S
xz	+1	+1	……………	+1	0

このような奇妙な結論が出れば、ハンソンの定理の意外な結論は容易に導かれる。

そのために、表Ⅲ-8に示したような選好パターンを想定していただきたい。ここでは、「y は z より良い」という判断と「x は z より良い」という判断がともに投票者全員の一致した判断とされている。そして、x と y についての順序は、全く自由に任意の選好順序とされているのである。ここでさきほどの結論である「二つの選択肢のうち一方を投票者全員が優れていると判断したときは、この二選択肢は社会的には同順位とされ

るべきである」という結果を適用すると、社会的順序の推移性により、

$$x \sim z,\quad z \sim y \implies x \sim y,\qquad \therefore s^* = 0$$

となり、「xとyとの選好順序が何であっても、両者の社会的順序は同順位となる」ということになる。

次に、投票者数が奇数（$2n+1$）の場合を考えてみよう。

表Ⅲ－9では、投票者1は「$x \succ y \succ z$」の順、投票者2は「$z \succ x \succ y$」の順、投票者3は「$y \succ z \succ x$」の順で選好し、投票者4から$n+2$までは「$x \succ y \succ z$」の順、投票者$n+3$から$2n+1$までが「$z \succ y \succ x$」の順で判断しているのである。

ここで投票者の無名性から、投票者2と3を入れかえると、xとyに関する社会的順序とyとzに関する社会的順序が同じで、$s_1 = s_2$が得られるはずである。さらに、xとzを相互入れかえをしたパターンを考えれば、

$$s_1 = s_2 = -s_3$$

でなければならないことが容易にわかるであろう。ところがもしも社会的順序が推移律を満たすならば、$s_1 = s_2$ならば、$s_3 = s_1 (= s_2)$でなければならない。したがって、$s_3 = -s_3$から$s_3 = 0$となり、$s_1 = s_2 = s_3 = 0$でなければならない。

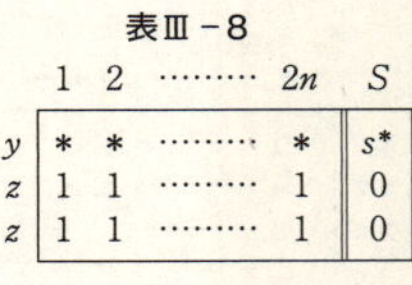

表Ⅲ－8

	1	2	………	$2n$	S
$x\ y$	*	*	………	*	s^*
$y\ z$	1	1	………	1	0
$x\ z$	1	1	………	1	0

このことを言いかえると「$(2n+1)$ 名の投票者のうち $(n+1)$ 名が二つの選択肢の一方を他方より良いとし、残りがすべて逆を選好しているときは、社会的順序としてはこの二つの選択肢を同順位とせよ」ということになる。

ここで次に表Ⅲ－10をみると、そこでは、y と z、x と z に関して「$(n+1)$ 名が一方を他方より良いとし、残りのすべてがその逆を良いとしている」ので、

表Ⅲ－9

	1	2	3	4	…	$n+2$	$n+3$	…	$2n+1$	S
xy	1	1	−1	1	…	1	−1	…	−1	s_1
yz	1	−1	1	1	…	1	−1	…	−1	s_2
xz	1	−1	−1	1	…	1	−1	…	−1	s_3

表Ⅲ－10

	1	…………	$n+1$	$n+2$	………	$2n+1$	
xy	1	…………	1	1	………	1	s'
yz	1	…………	1	−1	………	−1	0
xz	1	…………	1	−1	………	−1	0

$$y \sim z,\quad z \sim x$$

が成り立ち、推移律から $y \sim x$ すなわち $s'=0$ が要求されるのである。

したがって、投票者が奇数の場合でも、全員一致で一方を良しとしているのに、社会的順序づけでは同順位としなければならない。ここで再び表Ⅲ－8を導入すると、ハンソンの定理が、投票者の数が奇数でも成り立つことが証明されたわけである。

ハンソンの定理の意味するもの

さて、ハンソンの定理はどう解釈したらよいだろうか。

ハンソンの定理の証明をたどった読者なら、直ちに気づかれたことと思うが、ハンソンの定理は実は両刃の剣なのである。簡単に言ってしまうと、社会的順序の推移性と無関係対象からの独立性のいずれかに矛盾があることを示しており、定理そのものは、どちらの否定にむすびつけるかについて全く「中立的」なのである。

ここでもう一度、フィッシュバーンのパラドックスを想起していただきたい。フィッシュバーンのパラドックスを盾にとって、社会的順序の推移性を否定すれば、ハンソンの定理が適用できないので、無関係対象からの独立性は擁護することができる。ところが先に見た通り、フィッシュバーンのパラドックスの不合理性認識の背後には、選択肢の選好順序を選択肢の対ごとに切り離して評価するという暗黙の前提が存在していたのである。もしそうならば、問題はもう一つの側面、無関係対象からの独立性にあったと考える方が自然ではないだろうか。それではいっそのこと、この無関係対象からの独立性の条件を棄ててしまったらどうだろうか。

開かれた社会的決定

社会的決定において、無関係対象からの独立性を棄てるということは、二つの選択肢に関する社会的決定を下すためには、この二つの選択肢以外のものの選好構造を知らねばならないことを意味する。極端な言い方をすると、二つの大型計算機 IBM 370/185 と

HITAC 8700との間の選好順序をきめるのに、ピーマンやキャベツの選好、ダイヤモンドやルビーの選好、あるいは、ピンク・レディーや沢田研二に対する選好まで知らなければならなくなる。このようなバカげた結論は果たして納得いくだろうか。

右のような議論は、実は、ボルダ方式による社会的決定に対して向けられてきた批判でもある。第I章で見た通り、ボルダ方式による決定は、無関係対象からの独立性を満足していないのであるから。

しかし、考えてみると、個人であろうと社会であろうと、「決定」というものは常に暫定的なものなのである。その時点で出来るかぎりの多くのことを考慮した上できめるのであるが、考慮の範囲が変われば、いつでも決定がくつがえされうるというのが本来の姿ではないだろうか。ひとたび「xはyより良い」と決定したら、永久にこれを変えることができないという方が不自然だとも言える。

こう考えると、無関係対象からの独立性の矛盾を指摘したハンソンの定理は、「社会的決定は常に〝開かれた（オープンな）〟ものでなければならない」ことの証明と考えることができる。

まさか、大型電子計算機の選定問題のときに、ピーマンや沢田研二に対する選好が関係してくるとは考えられないが、常に「何か〝今まで考慮していなかったこと〟が考慮されたときは、今日の決定はくつがえされるかもしれない」ということだけは留意しておくべきであろう。この「今まで考慮されなかったこと」というのは、全く新しい別の新製品の出現かもしれないし、あるいは、何か、今まで考慮内に置いていた製品が入手不可能となる事態かもしれないのである。

ハンソン〔4〕は、別の定理で、二選択肢間の選好の「第三の（無関係な）対象への評価からの独立性」の条件を少しずつゆるめる試みをした。すなわち、「選択肢k個の間の選好は相互に関係しあっているが、それ以外のものとは無関係となる」条件を定めてみた。すなわち、考慮範囲なるものが有限で固定できる可能性をさぐったのである。しかし、幸か不幸か、結果は先に見たハンソンの定理とあまり変わらなかった。つまり、考慮範囲なるものが限定できるとした途端、やはり奇妙な結論が次々と発生しうることがわかったのである。

以上の論理的関係から得られる実践上の示唆として次のことが言える。

(1) 社会的決定を行う人々は、選択肢の考慮範囲がどこまでをふくむかについて、あらかじめ暫定的な限定をしていなければならない。

(2) しかも、新しい選択肢が考慮されたり、あるいは従来ふくまれていた選択肢が考慮外におかれたときは、すでに社会的に決定されたすべての選好順序が変更されうる可能性をもっていることを十分理解しておかねばならない。

(3) さらに任意の二つの選択肢に対する人々の選好順序は永久に変わらないとしても、この二つの選択肢に対する社会的順序は、第三の選択肢の出現や消滅によっても、変更されるべき場合が存在することを十分注意しておかねばならない。

これら三つをふくめて、社会的決定の開放性（openness）とよんでおこう。

開放性をどこに求めるか

ところで、「社会的決定は開放的でなければならない」という結論を正しいものと一応認めたとしても、問題はその開放性をどこに求めるべきかである。

一つの考え方は、先の無関係対象からの独立性が直接問題にした選択肢の考慮範囲の非限定性に開放性を求めるものである。この考え方は、決定理論では、順位階数を社会的決定に生かそうという立場にあらわれており、ボルダ方式による決定がその典型であろう。

もう一つの考え方は、投票者集団へ開放性を求めようとするものである。それは、たとえば二つの選択肢のうちいずれを採るべきかについての社会的決定に際して、無関係対象からの独立性にみられたような、「この二選択肢のうちいずれを採るか」だけについての人数比で決定を下すのではなく、「どのような投票者がそれぞれをどのように位置づけたか」に注目する。さらに、それを社会的に集約するに際して、人々の意見が公平に反映することを考慮してきめようという考え方である。当然のことながら、投票者ひとりひとりの権利や、自由をどこまで認めるかとか、一体どういう立場の人々の意見を反映させるべきかという問題が重要な課題となるのである。

前者の考え方については、すでにボルダ方式を通してある程度吟味してきた。そこで、以下においては、後者の考え方を中心に論議を進めながら、選択肢集合の開放性も同時に論議の中にふくめていくという方針を採用してみることにする。

開かれた社会的決定理論というのは、まだはじまったばかりのものである。あらゆる科学の初期の段階がそうであるように、そこにはいろいろな混乱や吟味不足がうずまいている。しかし、それらの中から、一本のすじを見つけ出していくのが、わたしたちに課せられた重要な課題であり、また、責任でもあろうと考えるしだいである。

Ⅳ 個人の自由と社会の決定——自由主義のパラドックスをめぐって

民主主義社会では、言論の自由や思想の自由はあっても、完全なる「行動の自由」が保障されているとはかぎらない。他人に迷惑をかけたり、他人の権利を侵害する行為は規制されるのが当り前であろう。ここまでは誰もが承知していることである。しかし、もしここで、「民主主義社会では、何人もいかなる行動の自由も与えられない」などと言う人がいたら、気が狂ったと思われてしまうだろう。何もいちいち「民主主義」とか言わなくとも、そんなものすごい行動統制が社会的に容認されるはずがない、と。

ところが、本章で紹介する自由主義のパラドックスというのは、わたしたちが当然だと信じて疑わないごくわずかな条件だけから、まさにこのような「気が狂ったか」と言いたくなるような結論が論理的に導出されてしまうのである。

そんなバカな！ とお思いだろう。どこかに詭弁的な論理ミスがあるにちがいない、と。しかし、読者も注意深く自ら推論をたどっていただきたい。どこにも推論上のミスはないのである。

1 自由主義のパラドックス

本節の以下で紹介するA・K・セン(Sen[6])の「自由主義のパラドックス(The liberal paradox)」は、それこそ「高校生にでもわかる」ほど簡単に証明できる定理であった。しかし、この定理が証明している事態はあまりにも意外であり、常識をこえたものであったので、発表後のしばらくは、人々はまるで無視していたか、もしくは、センが言葉の使い方を間違えているとか、「自由」とはそんなものではないなどといって批判していた。ところが発表された一九七〇年以後、三年目か四年目ぐらいになってから、事態の深刻さが多くの人々に意識されはじめ、一九七四年を前後して、おびただしい数の研究が次々と発表されはじめた。その多くのものは、パラドックスの解消を試みたものであるが、結果的にはやはり同様のパラドックスに帰着してしまったり、解釈上に無理のある仮説の上にはじめて解消できたというものであった。

一九七六年に、センはこれらのおびただしい数の自由主義のパラドックスをめぐる諸研究を展望し、ほとんどすべてを徹底的に批判してしりぞけた上で、おそらく誰も思いもよらなかったと思われる全く意外な方向での解決を示した。しかし、センの解決は、それまでの厚生経済学がアローもふくめて誰も疑ってみることをしなかった自明の公理への挑戦であり、わたしたちが数学的に扱ってきた選好（preference）の概念を根底からくつがえすものであった。

したがって、現在、自由主義のパラドックスはある意味では解消したけれども、社会的決定理論に全く新しい展開をもたらしたという意味で、研究はまさにはじまったばかりと言わねばならない。

このような大きな意義をもつパラドックスではあるが、そのパラドックスそのものは、次に紹介する通り、あまりにも単純で、あまりにも簡単に証明されるものである。読者自身、おそらく、キツネにつままれたような気持になられると思う。そこで、以下において、このバカみたいに単純な話がどれほど深刻な問題をはらんでいるかについて、読者とともに、しだいに明らかにしていきたい。

自由主義のパラドックス

どんな国のどんな人でも、ある程度の個人的行動範囲の内での自由を与えられているだろう。たとえば夜寝るときに「あお向けになって寝る」か「うつ伏せになって寝る」かは全く本人の自由だろう。朝食にパンを食べようが米を食べようが全くの自由だろう。つまり、誰もが全く本人の自由意志で選んでよいことというものが、少しはあってしかるべきであろう。

逆に、もしも一つの社会では個人の行動のすべてが社会的規制の対象となっていたとしたらどうだろう。わたしたちは文字通り息がつまってしまうにちがいない。一〇〇人の社会で九九人が「あお向けになって寝る」からといって、「人はすべてあお向けに寝るべし」という規制が加えられるというのは、どこか変である。

したがって、社会的決定理論を構築する際にも、「少なくともこれこれに関しては、各個人の自由意志にまかせてよい」ということが認められなければなるまい。もちろん、現実には、そのような細かいことまで、いちいち成文化はできないだろう。しかし、その場合でも「成文化して規制されていないことはすべて本人が自由に決めてよい」ということが社会的に許されていると考えてよいだろう。

そこで、このように社会的決定が何らかの選択に関しては個人の自由意志による決定を許容しなければならないという要請を、センは次のような条件Lで表現した。これにつづく条件*Lは、条件Lの要請をもっと弱くした、自由主義に関する文字通りの最小限の要請ともいえるものである。

条件L――社会のすべての構成員は、自己の選好順序にしたがって選択することが社会的に承認されるべき相異なる選択肢の対(つい)(ペア)を、少なくとも一組ずつ所有しなければばならない。

条件*L——いかなる社会においても、少なくとも二人の構成員は、それぞれが自己の選好順序にしたがって選択することが社会的に承認されるべき相異なる選択肢の対を、少なくとも一組ずつ所有していなければならない。

ちなみに、条件Lが認められれば、必然的に条件*Lは認められたことになる。逆に、条件*Lが否定されれば、必然的に条件Lも否定されることになる。

また、条件*Lにおいて、なぜわざわざ「少なくとも二人の構成員」について述べたかというと、もしもこれがたったひとりについてだけ社会的承認を与えるというのであれば、いわば、独裁者の存在を認めることになってしまうからである。

さて、センは、この条件Lおよび*Lが、わたしたちが自明として認めている民主主義に関する他の二つの条件と矛盾することを証明したのである。ここでいう他の二つの条件というのは、アローの定理で用いた第一の条件(公理I)の個人選好の無制約性と、第二の条件(公理II)のパレート最適性の条件である。しかも、センは社会的順序が推移律を満たすべきだという弱順序仮説さえ前提にせず、たかだか「社会的線型順序は非循環的である」という仮説だけを用いたのである。

つまり、次のような定理を証明したのである。

センの定理――先の条件*Lと、アローの公理I（個人選好の無制約性）および公理II（パレート最適性）を満足させる社会的決定関数は存在しない。

平たく言い直すとこういうことになる。一つの社会で、すべての構成員はどのような選好順序を「意見として」述べてもよいとする（個人選好の無制約性）。さらに、その社会では、構成員の全員が同じ選好順序を示した選択肢の対が存在したならば、その対に対する社会的順序も、その全員一致の順序を示さなければならないとする（パレート最適性）。そのような社会にあって、どのような種類の選択肢の集合が与えられても、その中からいずれか（一つとは限らぬが）を社会が選出することができるような決定方式が存在するとしたならば、その方式は、先の条件*Lを満足させることはできない。（したがって、当然、条件Lも満足させることができない。）つまり、その社会の中で、個人の自由裁量が社会的に認められるような選択肢が存在しないことになり、あらゆる選択は、二人以上の支持の下で社会的にきめられる順序にしたがうべきものとなる。

センの定理における選択肢

以下において、自由主義のパラドックスに関するセンの定理を証明してみることにするが、それに先だって、当面の問題が扱っている選択肢の概念を明らかにしておかねばならない。ふつうの常識から言えば、選択肢というのは、人が選ぶことのできる具体的なモノを指すと考えられよう。しかし、センが問題にしている選択肢というのは、個人が行う「行為」であり、その「行為」の社会的な意味、他人に対する影響などである。

たとえば、あるひとりの人p氏が、朝食にパンを食べるか、米の御飯を食べるかという選択は、その人だけの問題とはかぎらず、社会の他の人々の選択にも影響を及ぼすことかもしれない。そういう可能性を全部ひっくるめて、「p氏が朝食にパンを食べること」という「事態」を選択肢とみなすのである。そうなると、「p氏が朝食にパンを食べること」といっても、それの意味する事態はいろいろあり、表IV－1のように、社会の他の構成員の選択行動（ここではq氏だけがリストにあがっているが）と組み合わさったものすべてがふくまれることになる。

その上で、たとえば、「p氏が朝食に御飯を食べないでパンを食べるのは社会的に認められるべき自由だ」ということは、たとえば、次のようなp氏の選好順序が社会的順序として公認されることを意味している。すなわち、表

表IV－1

x＝……	p氏パン朝食……	q氏パン朝食……
x'＝……	p氏パン朝食……	q氏米朝食……
x''＝……	p氏パン朝食……	q氏朝食ぬき……
⋮	⋮	⋮

表IV－2

y＝……	p氏米朝食……	q氏パン朝食……
y'＝……	p氏米朝食……	q氏米朝食……
y''＝……	p氏米朝食……	q氏朝食ぬき……
⋮	⋮	⋮

Ⅳ－1、表Ⅳ－2のようにしたときに、

$$x \succ y,\quad x' \succ y',\quad x'' \succ y'' \cdots\cdots$$

という関係である。（ここで、q氏の行動は「相互比較」においては常に変わらないものとされていることにご注意いただきたい。可能性としては、$x \succ y'$, $x \succ y''$, $x' \succ y$, $x' \succ y''$, $x'' \succ y$, $x'' \succ y'$、なども含めうるが、本人の自由という概念をどこまで認めるかによって異なる。これらについては次節以降でくわしく論じるつもりである。当面は、センのいう選択肢が、一つの社会的状態を指し、その状態の中で個人の選択行為が位置づけられていることに注意していただければ十分であろう。）以上の点をふまえて、センの定理の証明をたどってみよう。

センの定理の証明

まず、条件$^*L$でその存在が仮定されている二人の自由人を投票者pおよび投票者qとしよう。投票者pは「xとyのうちいずれを選ぶか」に関する自由裁量が社会的に認可されており、投票者qは「zとwのうちいずれを選ぶか」に関する自由裁量が社会的に認可されているものとする。

ところでこのような「自由人」というのは、よく考えてみると、先のアローの定理の証明のときに定義した両側特殊単独指令者なのである。たとえば投票者pは、「xとy」の選択に関してだけの（特殊な対に対してだけ）、一種の指令権をもっており、その指令権というのは「$x \succ y$」の順序であろうと「$y \succ x$」の順序であろうと、いずれでもよいという両側指令権なのである。しかも、本人がそのように選ぶことを社会は無条件に認定するのだから、単独指令者なのである。

そこで、アローの定理の証明のときに用いた表をここでも利用してみることにする。

表Ⅳ－3

	1	2	……		p		…………		q		………	n	S
xy	*	*	…	*	**1**	*	…	*	(−1)	*	…	*	1
yw	1	1	…	1	1	1	…	1	1	1	…	1	1
$zw=xw$	*	*	…	*	(1)	*	…	*	**−1**	*	…	*	−1

*印は＋1，－1，0のいずれでもよい値を示す．
（例．＋1は$x \succ y$，－1は$x \prec y$，0は$x=y$を示す．）
カッコで示したものは個人選好の推移性から必然的にきまるもの．

ここでまず、「xとy」の組と「zとw」の組が全く同一の組だとすると、これは条件$^*L$においての「相異なる選択肢の対」であるという条件に反するので、これはありえないことになる。そこで今、この中のどれか二つの選択肢が同一の場合から考える。一応ここでxとzとが実は同一だったとする。

表Ⅳ－3において、投票者pは「xはyよりも良い」という判断をし、それがそのまま社会的に認定されたとし、投票者qは「wはz（すなわちx）より良い」という判断をし、それがそのまま社会的に認定されたという場合が表されている。さらに、yとwに関しては全員一致で「yがwより良い」と判断したことになっている。社会はこれらの判断をすべて集約するので、「xはyより良い」、「yはwより良い」、「wはxより良い」

表IV－4

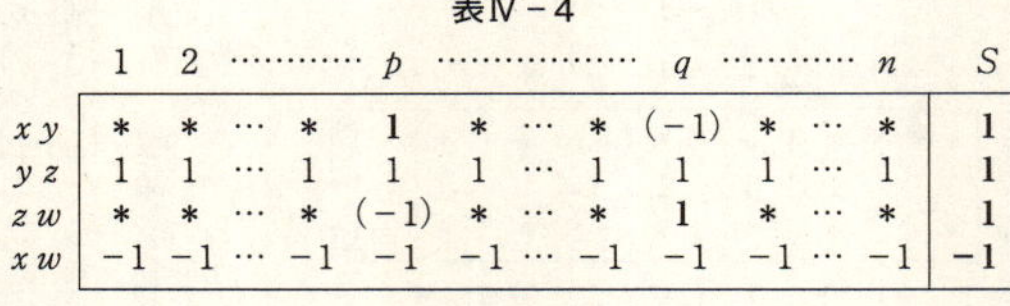

	1	2	…		p		…		q		…	n	S
xy	*	*	…	*	1	*	…	*	(−1)	*	…	*	1
yz	1	1	…	1	1	1	…	1	1	1	…	1	1
zw	*	*	…	*	(−1)	*	…	*	1	*	…	*	1
xw	−1	−1	…	−1	−1	−1	…	−1	−1	−1	…	−1	−1

となるのだが、これは明らかに循環順序となっている。したがって、条件$^*L$を認めると社会的決定が不可能となる。

次に、x、y、z、wのすべてが全く異なる場合を考えよう。この場合は表IV－4に示したように、投票者pが「xはyより良い」とし、投票者qが「zはwより良い」として、これらの判定が社会的に認定されたとする。ところが全員一致で「wはxより良い」とし、「yはzより良い」という判断を示していたとすると、社会的順序は$x \succ y$, $y \succ z$, $z \succ w$, $w \succ x$となって、やはり循環順序となるため、条件$^*L$の下での社会的決定が不可能となるしだいである。

『チャタレイ夫人の恋人』の反例

センは右で証明したような定理の意味を説明するために、「『チャタレイ夫人の恋人』の反例」というものをつくった。この反例は自由主義のパラドックスの反例として最も有名な「古典」であるばかりでなく、その後いろいろな人々が論議の対象としたものであるから、以下で若干の脚色を加えた形で紹介しておこう。

ある大学教授のA氏の家庭に、たまたま好事家の知人がかの有名な『チャタレイ夫人の恋人』の翻訳書をもって遊びに来た。帰りぎわに「この本はもういらないから置いていく」といってその本を置いて帰った。ところがその家庭には高校生の息子B君がいて、その場に居あわせた。

さてカタブツを自他ともに認めるA氏は次のように考えた。「こんな本は誰にも読ませたくないから焼き棄てるべきだ。しかし、あの友人に今度あったときに〝どうだった?〟などと聞かれると困るから、読んでおいてもよいかもしれない。ところで息子のBがこの本を読むことは断じてあってはならない。」

一方、息子のB君は、父親が考えている以上にませたところがあり、たかが『チャタレイ……』程度の本にはおどろかない。それどころか、あのカタブツ親父の方こそせめてこの本程度のものは読んでおくべきだと考えた。しかし、もしも親父がどうしても読まないなら、暇つぶしに読んでみたい気もした。この本を焼き棄てるなどもってのほかと考えている。

表Ⅳ－5

A氏：$\phi\ a\ b$
B君：$a\ b\ \phi$

そこで今、次の三つの選択肢を考える。

ϕ：この本は焼き棄てるべきだ。

a：この本はA氏だけが読むべきだ。

b：この本は息子B君が読むべきだ。

右の話から、A氏とB君のこれらに対する選好順序を推察すると表Ⅳ－5のようになるであろう。

ところで、個人の自由意志をあくまで尊重する立場から言えば、A氏はこの本を読まないという権利を有するので、「$\phi \succ a$」なる彼の判断は社会的に承認してしかるべきだろう。他方、B君自身に個人の権利を認めるならば、彼はこの本を読みたがっているので、当然「$b \succ \phi$」なる判断は社会的に許されてしかるべきである。ところで、aとbに関しては、両者がともに「$a \succ b$」と判断しているから、この判断も社会的に認めておくべきである（パレート最適性により）。そうなると、結局、社会的な順序づけは、$\phi \succ a$, $a \succ b$, $b \succ \phi$となって循環順序となる！

2　センの定理に対する反論

センが自由主義のパラドックスを発表した翌年、センの論文を掲載した同じ専門誌（*Journal of Political Economy*）は、センの定理に対する反論と、セン自身による再反論を掲載した。誰でも問題にしたくなるような点が指摘されているので、以下でこれらの論文のポイントだけを紹介しておこう。

ンの反論

ン(Ng[4])の反論は、とくにセンの定理に対してというよりも、アローもふくめた、公理論的な社会的決定理論に対する批判であった。最大の批判は、アローやセンがともに人々の価値判断を投票方式のように扱っているということへの批判である。人々の価値判断には単なる順序尺度だけでなく、強弱の尺度があてはまるという。つまり「強く主張すること」と「さほどの強い主張でないもの」が無差別的に扱われ、同じように順序づけだけで論じられるのはおかしいという。

たとえば、ある人がどうしても「うつ伏せの姿勢で寝たい」というとき、その人がうつ伏せで寝ようがあお向けで寝ようが社会の他の構成員にとってはほとんどどっちでもよいことである。そういう場合にかぎって、社会は「その人の好きな姿勢で寝てよい」と定めるのである。これを無理に順序づけさせれば、結果として、圧倒的多数の人は「あお向けで寝る」というかもしれないが、これらの順序づけを先の人と同じ重みづけで集計すれば、結局「その人はあお向けで寝るべし」という結論が出てしまう。したがって、問題の原因は、パレート最適性においてすべての人の選好順序づけを強弱を無視してカウントしてしまうことにある、という次第である。したがって、各人の選好の順序を集計しようというからパラドックスが生じるのであり、もしも、各人の主張の強さを全体として集計する立場から言えば、何の問題もない。センのパラドックスも、アローの一般可能性定理も、すべては簡単に解消する問題だというわけである。

ところでこのようなンの批判はどう受けとめたらよいだろうか。セン自身は、あとの再批判でンの批判にはほとんど全くふれていないのだが、わたし自身が推察するに、センがもしもこれに反論するとしたら、次のような点を明らかにするのではないだろうか。

まず第一に、価値判断に強弱があるからこれも考慮しろという主張は、それ自体は大変傾聴に値する意見ではあるが、センの定理に対する批判にはなりえないのである。それは、強弱の判断をすれば、それは必然的に、順序づけもまたしていることになるからである。つまり、強弱の判断は順序づけをすでにふくんでいるのだから、順序づけに関して生じるパラドックスは、実は、強弱の判断をしても（たとえ表面には出なくとも）すでに生じていると考えなければならないのである。もっとも、アローの無関係対象からの独立性の概念は、意図的に強弱の判断を無視して意見の集約を行うための条件になっているのだが、センの定理では、この無関係対象からの独立性は前提にされていない。

もっと大きな問題は、自由の概念の中に、人々の選好の強さ（強弱）をふくめるべきかという点への疑問である。

ンは、寝るときの姿勢の例で、「当人にとっては重大な関心事だが、社会の他のメンバーにとってはどうでもよい」ということを根拠に、当人の自由裁量を認めたのだが、これは、話が逆ではなかろうか。個人の自由を擁護する立場から言えば、たとえ本人にとってはそれほど強く好むことではないようなそれこそ個人的な問題に、他の人々があれこれと干渉してきて、強制的に何かをやらせようと強くせまってくることに対する反対の意味をふくんでいるのではなかったのか。そうだとすると、選好程度の強弱を考慮して、他人にとってはどうでもよいことだけを個人の自由裁量に付すというのは、自由主義の主張とはいえないのではないだろうか。

これ以外にも、選好程度の強弱を個人間で比較することを社会的に容認することのむつかしさに関して、厚生経済学がロビンズ以来明確に認識してきたことを、ンはあまりにもナイーブな発想で、いとも簡単にかたづけていることにも、やはり問題があろう。

おそらくこのような問題はセンにとってはほとんど自明であったことから、センはンの批判にほとんど一言もふれずにやりすごしたのではなかろうか。

ヒリンジャー＝ラップファムの反論

ヒリンジャーとラップファム（Hillinger & Lapham〔3〕）のセンに対する批判は、「自由」の概念をめぐるものであった。ヒリンジャーらは、本来「自由」の概念はパレート最適性と矛盾するものではなく、むしろ、パレート最適性の特殊なケースであるという。パレート最適性というのは、社会の構成員のすべての厚生がより向上するような方策はこれを社会的に採用すべきだという原理である。ヒリンジャーらの言うには、個人の自由というのが存在するとしたら、それはこのパレート最適性に矛盾しない範囲においてのものだという。

もしも、あるひとりの人の行為選択が、他の人々の厚生を阻害するような性質のものであるならば、そのような行為選択の自由は与えられるべきではないと考えられる。個人に与えられる自由というのは、「社会の他の人々の厚生を高めるか、少なくとも阻害はしない」という範囲のものでなければならない。

たとえば、女性がミニ・スカート姿で街中を歩くことは、五〇年前ならば「公序良俗に反する」ので禁じられただろうが、今日では、万人にとっての「目の保養」となるので許されるのである。このように、どのような種類の行為が社会の全体的厚生に反するか否かについては、時代とともに変わりうるし、社会通念なるものによって規定されるものである。そのような問題を、個人選好のパターンだけで論じるのはおかしい。

センがあげた『チャタレイ夫人の恋人』の反例というのは、よく読んでみると、セン自身が『チャタレイ夫人の恋人』なる書物に関しては、結局は誰が読むことになってもよいという考え方の下で分析しているにすぎないことがわかる。この書物を読んでよいかどうかについてそのように考えることこそ、一種のひとりよがりな、押しつけがましい判断である、と。

さて、このようなヒリンジャーらの批判に対し、センは次のように反論している。

まず第一に、センは彼自身が用いた「自由」の概念が、哲学的意味での「自由」と同一か否かについては必ずしも意見の一致がないことを認めている。また、社会的決定の規準として、個人の選好パターンとは全く無関係な、社会通念や倫理規範にもとづくものが採用される場合がありうることも、あえて否定はしない。たとえば、国際紛争の解決はできるかぎり平和的に行われるべきだというのは、当事国の選好の問題ではないのかもしれない。

しかし、他方、社会的に問題となる多くの決定問題は、当事者のさまざまな思惑からの主張を反映させる形で解決しなければならないだろう。センやアローが取り扱ったのはそのような場合の決定問題である。

ところで、このような場合にかぎるとしたとしても、そこで「自由」とはパレート最適性の特殊例にすぎないと言えるのだろうか。

たとえば、人がうつ伏せに寝るべきか、あお向けに寝るべきかについては、別に特に一方が他方よりもすぐれているとする倫理規範もなければ社会通念もない。本人にとってさえ、もともとどっちでもよいことかもしれない。しかし、そういうことに対してまで、社会が立ち入って規制してくることに対しては、何らかの歯止めが必要だろう。その歯止めに対し、「個人の自由の尊重」というスローガンがまずいなら、別の名で呼んでもよい。センが証明したことは、そのような問題に対する最小限度の歯止めでも、それを社会的決定として考慮しようとすると、パレート最適性と矛盾してしまうということである。

ノジックの批判

ノジック（Nozick〔5〕）は別の専門誌（*Philosophy and Public Affairs*）において次のような批判をした。個人の自由という問題は、社会的決定理論が扱うべき問題ではなく、社会的決定の俎上にのせる前の問題なのだ。個人に対し、ある種の自由裁量の権利を与えた上で、ひとりひとりはその権利を適切に行使して、選好順序を提出する。社会的決定理論としては、各人の選好順序が個人の自由を行使したものか、他人からの強制によるのか、他人に何かを強制しているものかを監視した上で、社会的決定の対象としてふさわしいか否かを吟味し、ふさわしい問題領域と考えられた場合のみ、パレート最適性をはじめとするいくつかの公理にもとづいた決定を行えばよいというしだいである。

このようなノジックの議論には、大変危険な割り切り方が潜んでいるのではないだろうか。つまり、社会的決定理論というのは純粋に機械的な形式にすぎず、盲目的に一つの結果を生みだす仕掛けにすぎない、と。人々の個人的権利だとか自由だとかいう問題は、本来はそもそもこの仕掛けにかけて結果を出させること自体がふさわしいかどうかをきめる問題で、そのような問題はケース・バイ・ケースで論じるしかないだろう。つまり、決定方式の論理がそこまでの問題を考慮する必要はなく、ある範囲内での論理的一貫性さえ保証してあればよい、と。

しかし、センが反論しているのは、このような割り切り方が果たしてできるかどうかという点である。個人的権利の行使された結果から社会的決定理論が導入されるというが、ひとりの人の「自由」の主張が、パレート最適性と矛盾する主張をふくんでいることが明らかなときに、そのような個人判断に対して何の社会的規制も制度化せずに、単に「機械的」に結果を出すことが許されるものなのだろうか。

ノジックは次のような例をあげる。「わたしがニューヨークに住むかマサチュセッツに住むかは自分できめる権利があり、ひとたびマサチュセッツに住むことがきまれば、ニューヨークに住めばどうなっていたかというような問題は社会的決定の対象外となるであろう」(5)六二頁)。

これに対し、センは次のように反論する。もしも、ノジック氏が十分な考慮の下に、マサチュセッツに住むのが良いと判断したならば、「彼がニューヨークに住むよりも、マサチュセッツに住む方が社会的に望ましい」ということが社会的にも認められる方がよいのではなかろうか。社会の決定として、彼がニューヨークに住まなければならないというはめに陥るようなことが生じれば、それは社会的決定方式としてはまずい結果ということになるのではないだろうか。ところで、パレート最適性をいくつかの選択肢に適用すると、場合によっては、「ノジック氏はニューヨークに住まねばならない」という結論が出てくるかもしれないのだが、それでもよいものだろうか。

個人の自由や権利の問題は全く除外して決定理論をつくることはできる。しかし、個人の自由や権利もふくめた決定理論の方で、たしかにおかしいという結論が出たときに、それでもあえて、個人の自由や権利は考慮外と定めた、機械的で盲目的な決定方式を採用できるものなのだろうか。

しかし、ノジックの批判は、その背後の思想をさぐると、従来の社会的決定理論が単なる選好順序だけを考慮して個人の権利の認識を考慮しないということへの見限りがあるともいえる。表面的な選好順序だけをたよりに決定を下すことには、おのずと限界があるのは当然だと。

だとすれば、わたしたちの課題は、まさにこの選好順序の背後にあると考えられる個人の権利意識を、明確な変数として考慮した決定理論を構築するしかないことになる。

3　戦争による解決は正当化されるか——ギバードの解決とその批判

個人の自由に対する制限

センの自由主義のパラドックスに対して、最も徹底した吟味を加え、その解決の糸口を示したのはA・ギバードであった（Gibbard〔2〕）。

ギバードは、センのパラドックスの原因が個人の自由の行使を無制限に許すことにあるのではないかと考え、これにある種の制約を課すことによる解決を試みたのである。特に、ギバードは個人の自由の行使が他人の自由を侵害することになる場合には、社会的制約が課せられてもよいのではないかと考え、個人は他人の自由を侵害しないという責任においてはじめて自らの自由を行使しうるという制限を定式化したのである。

このようなギバードの解決は、一見きわめて正当な、また、常識的にもうなずける解決のように見うけられるが、後に見るように、また新たな不合理を露呈することになり、真の解決とは言いがたい面もあった。しかし、たしかに、一つの「前進」であったことだけは疑う余地がないであろう。

ギバードの解決で見られるとくに重要な前進は、社会の構成員が自らの選好を権利として主張する際に、他人の権利に対する配慮をした上で主張しなければならないことを明確に定式化したことであり、この点ではたしかに画期的なことと言わねばなるまい。

それは、これまでの効用理論において、人々の選好順序を記述するときに、わたしたちはいつの間にか、この個人の選好が他人とは全く独立に、まるでその人の頭上に天からふってきたもののように、いきなり定義できるものとし、それを絶対視し、他者の選好と完全に無関係に「独立に」扱うことが望ましいと考えてしまっていたからである。

ギバードはこの点についての反省から出発した上で、「他人の権利を侵害する」という場合には自らの権利主張を保留するという構造を数学的に明らかにしたのである。

このようなギバードの提案を理解するために、ギバードが提案した一つの仮想的状況を説明し、そこでの人々の選好と社会的決定のあり方をさぐってみることにする。そこで示したギバードのパラドックスは、さきの、センのパラドックスに類似したものであるが、見方によっては、センのパラドックスよりも解消しがたいと思われる、より基本的な構造に関するパラドックスであった。

ギバードのパラドックス

ギバードが示したパラドックスを、若干の脚色と場面変更を加えて、以下に紹介してみよう。

「屋根の色のあらそい」の反例

会社の同僚であるA氏とB氏は同じ時期に郊外に新しく家を建てようと計画していた。偶然、全く同じ種類のプレハブ住宅を建てることになっていることがわかったのだが、そのプレハブ住宅では、屋根の色については、注文に応じて緑色と赤色のいずれかを選択することができるのであった。

ところで、A氏はB氏の家と全く同一になることを嫌がり、B氏が赤色屋根にするなら自分は緑色に、B氏が緑色にするなら自分は赤色にしたいと考えていた。他方、B氏は、できることならA氏と全く同じ家にしたいと考えており、A氏が緑色にするならば自分も緑色に、A氏が赤色なら自分も赤色にしたいと考えていた。

今、緑色の屋根をGであらわし、赤色の屋根をRであらわすとし、A氏宅の屋根の色を第一項、B氏宅の屋根の色を第二項であらわすと、それぞれの選好構造は表Ⅳ－6のようになっている。

表Ⅳ－6

A氏：	$(\boldsymbol{R}, G) \succ (\boldsymbol{G}, G)$	$(\boldsymbol{G}, R) \succ (\boldsymbol{R}, R)$
B氏：	$(G, \boldsymbol{G}) \succ (G, \boldsymbol{R})$	$(R, \boldsymbol{R}) \succ (R, \boldsymbol{G})$

そこで「それぞれの家の屋根の色はそれぞれの家の持主が自由に決めてよい」という自由が社会的に保障されていたとすると、

$$(R, G) \succ (G, G) \succ (G, R) \succ (R, R) \succ (R, G)$$

という循環順序が発生してしまい、社会的決定が不可能ということになるのである。

右のようなパラドックスは、パレート最適性については何も言及することなく生じたものであり、その点ではセンのパラドックスよりも基本的な矛盾を示しているといえよう。

つまり、個人の自由といっても、その個人自身が独立心の欠けた、他者依存型の選好構造をもっていた場合には、そのような個人の「自由」の行使は社会的選択に際して矛盾をもたらすことが起こりうるというしだいである。

選好の個人間独立性

そこでギバードは、選好構造が他者依存性をもたないための条件として次のような条件設定をした。

ある人の選好が**個人間独立性**をもつというのは、任意の選択肢 x と y が与えられたとき、その人以外のすべての人が x を選んでいるという条件の下でのその人の x と y の選好順序が、やはりその人以外のすべての人が y を選んでいるという条件の下でのその人の選好順序と同一であることを意味する。たとえば先の例で、もしも

$$(G, R) \succ (R, R), \quad (G, G) \succ (R, G)$$

なる二つの条件を満足していたならば、A 氏は B 氏の選好のいかんにかかわらず**独立**に緑色を好むということになろう。(先の例ではこの条件を満たしていないために矛盾が生じたと考えられる。)

このように、個人の選好が個人間独立性をもつ場合には、本人の好みに応じた選択を社会的に容認してもよさそうに考えられるであろう。

ところがギバードは、このような個人間独立性の下での「自由」の保障を課しても、センのパラドックスが未だ解消できないことを示した。つまり、このような条件下での「自由」でさえも、パレート最適性を要求する社会的決定方式とは矛盾するというのである。

このことはA氏とB氏が表Ⅳ－7に示す選好構造をもっていたと仮定すると明らかである。ここでは、A氏は、B氏宅の屋根の色が緑色の場合でも赤色の場合でも、自分の家の屋根については緑色を好むし、他方B氏は、A氏の家の屋根が赤色であっても緑色であっても、やはり自分の家の屋根については赤色を好んでいるのである。したがって、両者とも、自分の選好が他者に依存しない独立なものとなっているので、その場合には個人の自由を保障してもよかろうと考えられる。したがって、$(G, G) \succ (R, G) \succ (G, R) \succ (G, G)$なる順序（表Ⅳ－8）が生まれ、やはり循環順序が発生してしまうのである。

表Ⅳ－7

A氏：$(\mathbf{G}, G) \succ (\mathbf{R}, G) \succ (\mathbf{G}, R) \succ (\mathbf{R}, R)$
B氏：$(R, \mathbf{R}) \succ (R, \mathbf{G}) \succ (G, \mathbf{R}) \succ (G, \mathbf{G})$

表Ⅳ－8

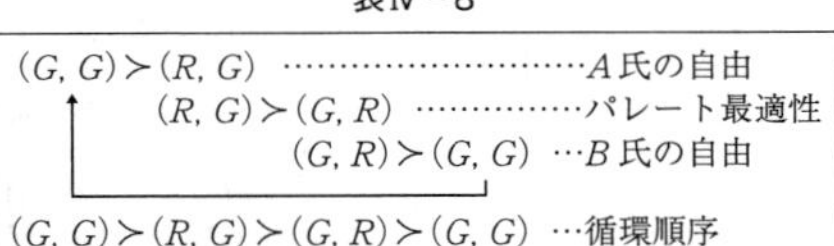

「おせっかい」と「親切」

しかし、右のような例に対し、読者は次のように反論するかもしれない。

先のパラドックスでどうしてあのような循環順序が生まれたかをよく考えてみると、A氏が自分では緑色の屋根を好んでいるにもかかわらず、A宅とB宅のいずれかだけが緑色の屋根をもちうる場合に、$(R, G) \succ (G, R)$というぐあいに、相手のB氏宅の緑屋根を自家の緑屋根より好んでいるのである。これは、自分の好みのものを他人に押しつける態度であり、ずいぶんと「おせっかい」な話である。

このような「おせっかい」こそ、個人の自由に対する侵害だとして断固拒否するべきだというかもしれないが、よく見ると、B氏自身も全く同じような発想をしており、自分の家に自分の好みの色（赤色）の屋根をつけるよりも、相手がその色の屋根を有する方がよいというのである。そして、両者が相たがいに「おせっかい」であるために、結果的には両者の間で合意が成立し$(R, G) \succ (G, R)$で意見が一致しているのである。したがって、やはり社会的順序においても$(R, G) \succ (G, R)$という判断が採用されるべきだと考えられるのではないか。

ところで、今見たような、「自分の好むものを自分自身が所有するよりも相手に所有してもらいたい」という選好構造は、決して異常なものではなく、「親切心」というのはだいたいすべてこのようなものである。つまり、電車の中で「自分がすわっていたい」からこそ「自分は立っていて、目の前の老人にすわってもらいたい」と願うのである。あるいは、他人に贈り物をする場合も、自分がもらえばよろこぶものをあえて贈るのが本当の贈り物だといわれている。それを自分のためだけにわざわざ購入することは「もったいない」のでしないのである。

こう考えると、表Ⅳ-7に見られるようなパターンで、$(R, G) \succ (G, R)$に関してパレート最適性が成立することには全く異論がないように思えるであろう。
それでは一体どうすれば循環順序の発生をくい止めることができるのだろうか。

個人の権利行使の保留

そこでギバードは、次のような解決策を提案した。それは、個人に与えられた権利は、他人の権利を侵害しないという範囲内でのみそれを行使できるものとする、というものである。

先の例で説明してみよう。まずA氏の選好順序を見てみよう。

A氏：$(G, G) \succ (R, G) \succ (G, R) \succ (R, R)$

ここで、A氏には「自分の家の屋根の色に関する好み」を自由にもつ権利は一応あると考えられるので、$(G, G) \succ (R, G)$ という選好順序に対する「権利」は認めてよさそうである。ところが、A氏とB氏との間で $(R, G) \succ (G, R)$ に関する完全なる合意（パレート最適性）が成立しているのである。したがって、この $(R, G) \succ (G, R)$ は動かしがたいことであり、これはもうすでに「社会的に決定された」と考えられるであろう。

さてそうなると、先の $(G, G) \succ (R, G)$ という判断と、この「社会的に決定された」とみなされる $(R, G) \succ (G, R)$ とが組み合わされて、

$(G, G) \succ (R, G) \succ (G, R)$　故に　$(G, G) \succ (G, R)$

という選好順序が生み出されるであろう。ところがこの$(G, G) \succ (G, R)$なる順序は、実はB氏に与えられるべき権利の侵害となっている。なぜならば、B氏は$(G, R) \succ (G, G)$なる選好順序を個人の権利として主張しているからである。

このような事態のときに、ギバードは、A氏のはじめの権利主張$(G, G) \succ (R, G)$は、その権利の行使を保留されるべきだとしたのである。すなわち、このような場合には、A氏の主張$(G, G) \succ (R, G)$は、単なる一つの選好順序とみなし、無条件で社会的に公認されるべきものとはみなさない、というわけである。同様のことがB氏にも要求されることは当然であり、したがって、先の例では、A氏もB氏も、「好み」を呈示しあうことは自由でも、自らの「好み」にしたがって行動すること（すなわち、その「好み」が社会的順序としてそのまま公認されること）は許されないものとしたしだいである。

以上が、ギバードの解決の骨子である。

ギバードの解決の矛盾

このようなギバードの解決は、他者に対する権利侵害となる場合には自らの権利行使を保留するという解決で、一見、大変常識的な、妥当な解決策のように思えるのであるが、センはこのギバードの解決が真の解決でないことを、次のような例で明らかにしたのである。(本書では、原著の例をかなり脚色してあるが。)

「昇進か辞任か」の反例

ある会社でふたりの営業マンのA氏とB氏が、たがいにしのぎをけずりあって業績あらそいをしていた。それを見ていた社長がふたりを呼んで、一方だけを重役に抜擢したいという意向を伝え、いずれが重役になるべきかは両者の話し合いできめるようにと命じた。ただし、社長は、ふたりがけんか別れして、片方がやめられることは好ましくないと考えたので、「ふたりのうち、どちらかが会社をやめるというのなら、残った人は重役にはしない」という条件をつけた。

この場合、A氏とB氏とがとりうる選択肢は次の四つと考えられよう。

(重, 平):A氏が重役となりB氏は平社員。

(平, 重):A氏は平社員でB氏が重役になる。

(平, ×):A氏は平社員でB氏は辞任する。

(×, 平):A氏が辞任してB氏は平社員。

ところで、A氏はB氏を生涯の強敵と考えており、B氏が会社に残るかぎりいつかは自分に反旗をひるがえすという可能性をおそれていた。したがって、この際、けんかしてでも、B氏がやめてくれればよいと考えていたのである。

表Ⅳ－9

A氏:(平, ×)≻(重, 平)≻(×, 平)≻(平, 重)
B氏:(×, 平)≻(平, 重)≻(平, ×)≻(重, 平)

実は同じことを*B*氏も考えており、この際*A*氏をなんとか辞任に追い込みたいと願っていた。したがって、両者の選好順序は表Ⅳ－9のようなものであった。

さてここで、*A*氏の選好順序のうち、いずれの主張が社会的に公認され、いずれの主張が保留されるかについて、「ギバードの解決」にしたがって考察してみよう。

まず、*A*氏の（×，平）$\succ$（平，重）という選好は、*B*氏も全く同じ選好を示しているので、完全合意（パレート最適性）がすでに達成されている。したがって、この選好順序は社会的に決定されたものと考えてよいだろう。

次に、*B*氏は、相手（*A*氏）が平社員に甘んじるという場合には自分が重役になる権利があると考えてよさそうで、このような判断は「個人の権利」の行使として認めてよいだろう。したがって、*B*氏の（平，重）$\succ$（平，×）なる選好は公認されてしかるべきだ。

ところで、（平，×）$\succ$（重，平）という判断は、*A*氏も*B*氏も両者が認めることであり、ここでも完全合意（パレート最適性）が達成されているので、動かせない事実として公認しなければなるまい。

そうなると、以上をまとめて、

（×，平）$\succ$（平，重）$\succ$（平，×）$\succ$（重，平）

がすでに「公認」されたことになり、結局*A*氏が自らの当然の権利として主張すべき

(重,平)≻(×,平) なる選好順序の正反対がすでに決まっていることになる。

ギバードの解決策に従えば、そのような場合には、*A*氏の (重,平)≻(×,平) という主張——つまり、相手が平社員に留まると申し出たときに、自分はやめないで、重役の椅子に座ることの自由——は「保留」されるべきだとした。

全く同じことが*B*氏にもあてはまり、さきほどは個人の権利として認めてよさそうに思えた (平,重)≻(平,×) なる判断も、「保留」を命じられることになる。

こうなると、残ったものといえば、パレート最適性で保証されている次の二つだけである。


(×,平)≻(平,重)

(平,×)≻(重,平)


しかし、このような二つの判断は、いずれも「相手を抹殺して自分もある程度の損害を受ける方が、相手が生きのびるより良い」という判断であり、いわば、戦争公認の論理である。いかにこれがパレート最適といっても、これを公認してよいものだろうか！

このままで進めば、結局はどちらか一方が抹殺されることになり、明らかに、「社会」全体にとっては不利益となる。

したがって、自由主義のパラドックスに対するギバードの解決は、「戦争」によって紛争に決着をつけようという結論を論理的に正当化してしまう可能性があり、これは社会全体の存続という観点から容認できるものではないだろう。

ブラウの解決とその批判

センの自由主義のパラドックスに対して、ギバードの解決以外にもう一つ、ブラウの解決というものもある（Blau [1]）。ブラウは、他人に対する「おせっかい行為」というものを次のように定義し、そのような「おせっかい」な人間の自己主張は社会的に容認してはならないとしたのである。

いま仮に、A氏の個人的権利としての「xとyの選好順序」は本人の自由意志として認められていたとし、B氏の個人的権利としての「aとbの選好順序」も本人の自由意志にまかされていたとする。そして、たまたま、A氏は「$x \succ y$」なる選好を主張し、B氏は「$a \succ b$」なる選好を主張していたとする。

ところで、ブラウの提案によると、もしもA氏が、「$b \succ x \succ y \succ a$」なる判断を示したならば、彼は「おせっかい」であるとして弾劾され、本人の自己主張「$x \succ y$」を無条件に社会に反映させることを妨げなければならない、としたのである。（ブラウの解決というのは、このような「おせっかい」でない人物がひとりでも社会に存在すれば、センのパラドックスは解消することを証明したことである。）

右のような判断を「おせっかい（meddlesome）」とよぶ根拠はすでに自明であろう。つまり、相手が自己の権利として主張した「$a \succ b$」を単に否定するばかりか、これと逆の「$b \succ a$」について、自分の選好「$x \succ y$」よりも外側に（つまり、より大きな幅をもって）位置づけているのである。ブラウは、個人の権利を社会が認めるのは、本人がこのように極端な「おせっかい」をしていないときだけに限定することを提唱したのである。

ところが、センの分析によると、このブラウの解決も、結局は先のギバードの解決と同じ誤ち、すなわち、一種の戦争公認に導く解決であることがわかったのである。

それはなぜかというと、先の「平社員か重役か」の例をここにあてはめれば明らかである。あの例をもう一度ながめてみると、A氏もB氏も「おせっかい」である。したがって両者の個人の権利である「相手が平社員に甘んじることを決めた場合は、自分はやめなくともよく、重役に座ることが許される」という主張は全く認められなくなる。したがって、残ったものといえば、パレート最適解だけであり、これは戦争による紛争激化以外の何ものでもないのである。

このような場合、「戦争」以外の方策によるパラドックスの解決はないものだろうか。一体どうすれば、個人の自由についての権利の主張が、平和のうちに解決できるのだろうか。そのような「平和的解決」はどこにあるのだろうか。

4　他人の権利を認めた個人の自由の行使——センの解決

本節では、セン自身が一九七六年に提案した、彼の自由主義のパラドックス（一九七〇年）に対する解決策を紹介する。

パレート最適性の問題点

センは、すべての元凶が自由主義の概念にあるのではなく、パレート最適性にあると指摘した。

この指摘は大変意外なことである。それは、前節まで紹介したすべての提案が「自由」の概念の修正に集中しており、パレート性に関しての疑いを示したものが全くなかったからである。それればかりではない。今日までの経済学者たちの中で、社会的な決定方式に関して、パレート最適性を否定すべきだといった人はほとんど皆無に等しいのである。パレート最適性というのは、「もしも社会の構成員の全員が、〃xよりもyの方が良い〃と主張したならば、社会はこれに従った決定をしなければならない」ということで、この原理がまちがっているなどとは、ふつうは考えられないであろう。

しかし、センはあえてこの原理に挑戦し、この原理を棄てるべきだと主張した。

その根拠となったものは、センが「パレート伝染病（The Paretian epidemic）」とよんだ一つの問題である。

ところで、パレート伝染病について論じるためには、パレート最適性の概念がもっている二つの側面を明白に区別しておかねばならない。

パレート最適性のもつ第一の側面は、「全員一致の判断の社会的反映」というべき側面である。つまり、社会の構成員がすべて同意見ならば、社会はこれを反映した決定を行うべし、という考え方である。ここでいう同意見というのは、何に対する意見の一致かを規定するものではない。たとえば、すべての選択肢に対する選好順序が全員一致ならば、社会はそれを反映しなければならない、という考え方でもよい。

パレート最適性の第二の側面は、アローの無関係対象からの独立性と共通する側面で、「xとyとについての社会的選好順序は、この二つについての社会の各構成員の判断だけを反映すべきである」という側面である。

明らかに、第一の側面と第二の側面を合体させてはじめて、「二つの選択肢xとyとの間の選好順序が全員一致ならば、この二つの選択肢に関する社会的順序はこれに従わねばならない」というパレート最適性の条件が生み出されるのである。

センが棄てるべきだと主張したのは、この第二の側面である。

そこで、センが明らかにしたパレート伝染病について説明しておこう。

わたしたちはアローの定理を証明した際に、特殊単一支持者がしだいに発達して、単独指令者となり、ついには独裁者にまで成りあがっていくのを見た。しかし、アローの証明では、パレート最適性と無関係対象からの独立性を両方利用して、独裁者にまで成長してしまったのである。そこで今度は、あえて無関係対象からの独立性を規定しないで、パレート最適性にふくまれている一種の（弱い）「独立性」的側面を利用して、両側特殊単独指令者がどのぐらい独裁者に近いところまで発達していけるかを考えてみることにする。

今、四つの選択肢x、y、z、wを考えよう。そして、ひとりの投票者kが、xとyについて両側特殊単独指令者であったとする。つまり、xとyとの選好にかぎって、投票者kがどのような順序の選好であっても、彼がこれについて一つの順序を示したならば、k以外の投票者の（他の選択肢に対する選好もふくめて）いかなる選好順序が与えられても、社会は投票者kの選好順序を社会的順序に反映するということを認めるのである。（ちなみに、センの自由主義の条件*Lでは、このような両側特殊単独指令者が一つの社会に最低二人はいなければならないというのであった。）

さてここで、この投票者kが「xはyより良い」と判断したとし、社会のすべての構成員（投票者kをふくめて）が「zはxより良い」、「yはwより良い」と判断したとする。

表Ⅳ－10　パレート伝染病の説明

投票者kに（x, y）に関する指令権を与えると，これと無関係な（z, w）に対する指令権へ“伝染”する．

		1 2 …………	k	………… n	S	
	zx	1 1 1 …… 1	1	1 1 …… 1	1	← パレート最適性より
投票者kに与えられた指令権 →	xy	* * * …… *	**1**	* * …… *	**1**	← 投票者kの指令により
	yw	1 1 1 …… 1	1	1 1 …… 1	1	← パレート最適性より
投票者kが“獲得”した“潜在的”指令権 →	zw	* * * …… *	①	* * …… *	1	← 社会的順序の推移性より

↑投票者kの選好順序の推移性より

そうすると、表Ⅳ－10で見る通り、投票者kは、自分がその自由裁量の権利を与えられた「xとyに関する決定」以外に、xとyとは一見無関係な、「zとwの決定」に関して、彼自身が「zがwより良い」という判断を下していることになり、それをそのまま社会的決定に反映せざるを得ない状況がつくり出されるのである。

したがって、他の投票者がzとwの選好順序としてどのようなものを表明しても、投票者kが「zがwより良い」と言ったことを社会が反映することを阻止できないのである（表Ⅳ－10）。

ここでアローの無関係対象からの独立性を仮定すれば、投票者kは「zとwに関して、片側単独指令権」を得ることになるのだが、それを仮定しないでも、「投票者kが〝zがwより良い〟と言ったとしたら、他の投票者はこのzとwについての選好順序をどのように考えようとしても、少なくとも投票者kの意見が社会に反映することを阻止できない」というところまではいく。これは本当の指令権ではなく、「潜在的指令力（potential decisiveness）」とよばれるものである。極端な話が、一〇〇人の社会の九九名の構成員がすべて「$ywzx$」という選好順序をもち、投票者kだけが「$zxyw$」なる順序を示したならば、社会が彼に「xとy」についての自由裁量を認めたために、社会的順序は「$zxyw$」という投票者kの選好順序をそっくりそのまま反映せざるを得ないはめに陥るのである。

センが主張したのは、このようなパレート最適性にふくまれる毒性、すなわち、パレート伝染病の病原菌は、パレート最適性がふくむ第二の側面（独立性）にあるということである。この毒性を断たないかぎり、社会的決定理論はありとあらゆるパラドックスを発生するに至るのだと指摘した。アローの一般可能性定理で示されたパラドックスも、センの自由主義のパラドックスも、元をたどれば、実はこのパレート最適性がもつ悪性伝染病の毒性なのだというわけである。

そこで、センは自らの自由主義のパラドックスを解消しようとするとき、パレート最適性のもつ毒性を最小限度にくいとめようとするのである。

選好順序の二重構造

さて、センがパレート伝染病の毒性を断つために提案したことは、選好順序の二重構造である。人が一般に「xはyより好ましい」という意見をもつとき、それは二つの意味のうちいずれか一方を意味している。

第一の意味は、社会に対する訴えの意味である。それは、自分の意見が社会的決定に反映されることを期待して、他人や社会全体を明確に意識した上で、訴えとして述べる性質のものである。特定の社会的問題に対する意見表明の機会が与えられ、指定された問題についての意見を述べることが社会的決定に何らかの影響をもたらしうると考えて発言するものである。

第二の意味は、自分自身に対する自己確認の意味である。社会から公けに意見を求められているわけでもないし、また、知らぬ間に勝手に調査されていることがわかれば「プライバシーの侵害だ」と怒り出しかねない性質のものである。「わたしはこういうタイプの女性が好きだ」とか、「わたしは甘いものには目がないのだ」とか、「実はポルノ小説の愛好者なのだ」とかいう意見は、いちいち表明して歩く性質のものではないだろう。

そこで、センは各人の選好順序の中で、第一の意味をもっているものだけが社会的決定にカウントされるべきことを提案し、第二の意味をもつ選好順序については、それが社会的にカウントされることを拒否する権利を各人がもっていると仮定した。

もちろん、人が個人的選好順序のうちどの部分を社会的訴えとするかについては、各人各様であってよいのである。しかし、第一の意味の選好順序と、第二の意味の選好順序が矛盾してはならないという条件は設けてある。したがって、いわゆる「タテマエ」と「ホ

表Ⅳ－11

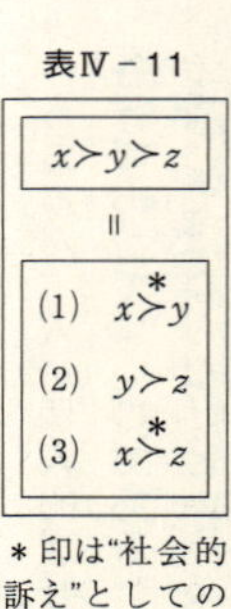

＊印は"社会的訴え"としての選好.

ンネ」がちがうケースは除外してあり、一応、すべてはホンネなのだが、ホンネのうちの一部分については、その社会的表明を拒否する権利を人は有すると考えるのである。

たとえば今、三つの選択肢x、y、zがあったとし、ある人が個人的選好順序として、「$x \succ y \succ z$」の順で好ましいと考えていたとする。この選好順序を分解すると、表Ⅳ－11のような三組の判断になるだろう。そこでこの人物はこの三組の判断のうち、たとえば(1)と(3)だけは社会的に表明してもよいが、(2)に関しては、完全に「プライベートなこと」だとして、表明を拒否すると仮定すると、社会的に考慮されるべきものは(1)と(3)だけになる。表Ⅳ－11ではこの「社会的訴え」としての選好だけに＊印が付けてある。

他人の権利を認めた個人の権利主張

センが仮定したもう一つの構造は、「他人の権利を考慮する」ということである。そのためには、まず人は他人にはどのような自由裁量の権利があるかについて考えなければならない。ここでいう自由裁量権というのは、特定の選択肢に関する社会的順序をその人の自由な個人的判断にまかせるというわけで、わたしたちの用語でいえば、特殊単独指令権というわけである。つまり、人は自分の権利を主張する前に、社会の他の構成員にはどのような権利が賦与されているかを考慮しなければならないのである。「あの人には、xとyについてはどちらがよいかを自由にきめる権利があり、その判断に従って行動することを社会は容認するはずだ」、また、「この人物はこの問題についてのエキスパートだから、彼がきめたことは社会も認めるべきだ」などなど。

ここで注意したいことは、この他人の権利として認める特殊単独指令権は、「片側」の場合も「両側」の場合もあるのである。たとえば、「彼には拒否権だけが与えられている」というような場合は片側特殊単独指令権なのであり、「xとyのうちのいずれを採用すべきかは、すべて彼の判断にかかっている」というのは両側特殊単独指令権である。

さて、良心的な個人自由主義者というのは、このように他人の権利がどのような形で認められているか（あるいは本来認められているべきか）について十分な考慮をした上で、その中で自己の自由裁量権も一貫性を保つように位置づけて考えているのである。ここでいう一貫性というのは、ギバードの提案のときに説明した概念と類似したものであり、要するに、それぞれの人々に与えられた（もしくは与えられるべきと考えられる）自由裁量権がどのように行使されても、循環的順序が発生しないという保証があるということである。人が他人の権利を認める場合も、自己の権利を主張する場合も、右のような一貫性があることが必要となるのである。

さてここで、全くの老婆心だが、まちがいやすい点を一つだけ注意しておきたい。それは、今述べた他人の権利を認めるとか、自己の権利を主張するというときの「権利」は、文字通りの自由裁量権であり、そのことについての本人の決定がそのままの形で社会的決定にふくまれることであり、単独指令権なのである。それに対し、先に述べた社会的訴えとして主張される選好順序というのは、自分の（自由裁量の）権利の主張だけにとどまる必要は全くないのである。他人の権利の問題には一切口出しをしてはならない、というわけでもなく、他人の権利にかかわることであっても、人はひとまず「訴えてみる」ことはできる。（社会がその「訴え」を直接反映してくれるとは限らぬが。）もちろん、他人の自由裁量権と矛盾する自己の自由裁量を主張することはできない。

また逆に、たとえ自由裁量権を与えられていたとしても、個人はそれについての意見表明を拒否することもできる。たとえば、自分の意見表明の影響力があまりにも大きい場合には、ときに、単独に自由裁量の権利を与えられている場合でも、あえてその裁量権の行使をひかえて、他の人々の訴えにしたがうということも十分ありうるのである。

もう一つ重要なことは（これはあまり明確にしてこなかったのでここではっきりさせておくが）、この自由裁量権（単独指令権）の割り振りに関しては、社会の構成員の間で意見の対立はなく、特定の割り振り方が全員の承認を得た「客観的なもの」と仮定されている点である。

この仮定は若干問題であり、今後大いに吟味する必要のある点でもある。なぜなら、社会的コンフリクトの多くのものが、このような自由裁量権がどこの誰にあるかをめぐるたたかいであるからである。ある人が「そのことはわたしが勝手にきめてよいことだ」というのに対し、他人が「そのことは、みんなできめるべきことだ」としたり、「むしろ、わたしがきめるべきことなのだ」と主張したりするだろう。センの提案する理論構成には、この点に対する配慮が欠けている。

そこで、良心的個人自由主義者というものをあらためて厳密に定義しておこう。「良心的個人自由主義者」とは、自己の選好順序（ホンネとしてもっているすべての選択肢に対する順序づけ）のうちで、他の構成員に公けに認められた自由裁量権の行使に抵触する部分に関しては、自らの個人的選好が社会に反映されることを期待しない。（つまり、「公的訴え」を取り下げる。）ここで、公けに認められる各人の個人自由裁量権は、公認された範囲でいかように行使されたとしても、行使されたものの範囲内では相互矛盾や循環順序が形成されないという保証のあるものにかぎる。

センの解決

さて、セン[7]が一九七六年に証明した自由主義の可能性に関する定理（パラドックスの解消）によると、一つの社会にこのような良心的個人自由主義者がひとりでも存在するならば、各人に割り当てられた自由裁量権が行使されても、それは（訴えとして）表明された選好順序のパレート最適性と矛盾しないような決定方式が存在する、というものである。

ここで注意すべきことは、パレート最適性が（訴えとして）表明された選好順序に関してだけ要求されている点であり、表明されていないプライベートな意見は意識的に考慮の外に置かれているという点である。社会はその「表明された意見」が、たしかに全員一致で支持しているものだけをパレート最適解として採用するのであるが、ひとりでも意見表明をひかえるものがいれば、パレート最適原理の適用がはばまれるのである。

ひとりの良心的個人自由主義者は、社会の他の人々や自分自身に賦与された各種の自由裁量権を監視しており、パレート最適性が盲目的に適用されて、個人の自由の尊厳を侵す可能性が生じないかを見ている。そして、ひとたびそのような可能性が見えたときは、彼は自らの私的意見の公表をひかえるという手段に訴えて、パレート伝染病の発生をくいとめるのである。

パレート伝染病が猛威をふるうのは、全員一致という状況が偶然生じたときだけである。したがって、ひとりでも「一ぬけた」という人がいれば、思いもよらぬところへパレート性が波及することをくいとめることができるのである。そして、この良心的個人自由主義者は、そのような無差別のパレート性の適用が他の人や自分の「自由」を侵害しそうなときに、そのような意見をさしひかえて、「参加」を拒むのである。

表Ⅳ－12

(a) すべての人が「非・良心的」個人自由主義者のとき

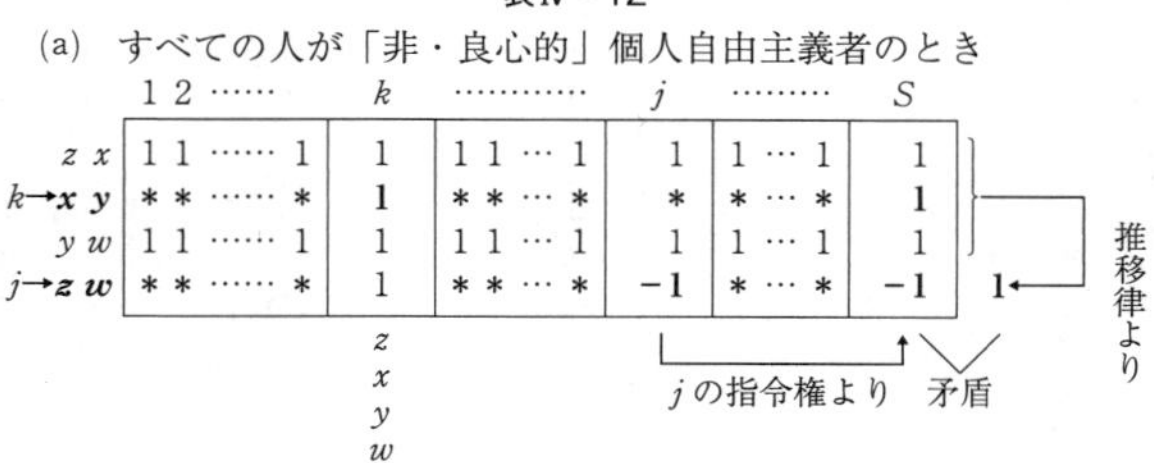

	1 2 ……	k	…………	j	………	S	
$z\ x$	1 1 …… 1	1	1 1 … 1	1	1 … 1	1	
k→$\boldsymbol{x\ y}$	* * …… *	**1**	* * … *	*	* … *	**1**	
$y\ w$	1 1 …… 1	1	1 1 … 1	1	1 … 1	1	推移律より
j→$\boldsymbol{z\ w}$	* * …… *	1	* * … *	**−1**	* … *	**−1**	**1**
		z x y w			jの指令権より	矛盾	

(b) 投票者kが「良心的」個人自由主義者のとき

	1 2 ……	k	…………	j	………	S	
$z\ x$	1 1 …… 1	1	1 1 … 1	1	1 … 1	1	
k→$\boldsymbol{x\ y}$	* * …… *	**1**	* * … *	*	* … *	**1**	
$y\ w$	1 1 …… 1	(−1)	1 1 … 1	1	1 … 1	(−1)	推移律より
j→$\boldsymbol{z\ w}$	* * …… *	(**−1**)	* * … *	**−1**	* … *	**−1**	
		w z x y					

パレート伝染病の防止効果

さて、表Ⅳ－12の(a)と(b)を見ていただきたい。表の(a)は、先の表Ⅳ－10と同じで、xとyに関しての自由裁量権をもつ投票者kが、結果的にzとwについての指令権を有する形になるため、たとえばzとwについての自由裁量権を賦与されている投票者jと対立することになった場合である。

表Ⅳ－12(b)では、投票者kが「良心的」になった場合を示す。そのとき、彼はまず他人（ここでは投票者j）の自由の行使による「wがzより良い」という判断を認めるのである。しかるに、この判断を考慮し、しかも自分の権利として主張する「xはyより良い」という判断を矛盾なく説明できるためには、たとえば、「$w\ z\ x\ y$」という選好順序であればよいというわけである。（もちろん、ほかにもいろいろな可能性があろうが。）そこで、彼は自己の選好順序のうち、相手の権利を認めても矛盾が発生する可能性がないと考えた「$z\ x$」と「$x\ y$」だけを公けに発表し、「$y\ w$」と「$z\ w$」に関する自己の個人的意見の公表をひかえるのである。これによって、先の場合と異なり、「$y\ w$」に関するパレート最適性が発生しなくなり、パレート性は偶然得られた「$z\ x$」のみにとどまることができるのである。

『チャタレイ夫人の恋人』問題の解決

センが提案した解決策が、セン自身が最初に提起した『チャタレイ夫人の恋人』のパラドックスをどのような解決に導くかを見てみよう。

この例での選択肢は次の三つであった。

ϕ：この本は焼き棄てるべきだ。

a：この本は父親（A氏）が読むべきだ。

b：この本は息子（B君）が読むべきだ。

A氏とB君の選好構造は、

A氏：$\phi \succ a \succ b$

B君：$a \succ b \succ \phi$

ここで、A氏の「読みたくない本は読まない」権利を認めると「$\phi \succ a$」となり、同様にB君の「読みたい本は読む」権利を認めると「$b \succ \phi$」となる。ところで、A氏もB君も同意しているパレート解から「$a \succ b$」が導かれるが、これらを組み合わせると、「$a \succ b \succ \phi \succ a$」となって、循環順序が発生してしまう、というしだいであった。

これに対するセンの解決は次のようなものである。もしもこの社会では、任意の本を読む権利とともに、それを読まない権利もあるとしたならば、A氏の「読まない権利」とB君の「読む権利」の両方が保障され、「$\phi \succ a$」と「$b \succ \phi$」が社会的な訴えとして主張される。そして、この主張は社会的にそのまま反映されて「$b \succ \phi \succ a$」という社会的順序が構成される。A氏がもしも良心的自由主義者ならこの順序と矛盾した判断をすべて「プライベート」な価値判断として、社会的な訴えとはみなさない。したがって、先の「$a \succ b$」を導いたパレート最適性がこわれるために、社会がこれを反映する必要はなく、何の矛盾もなく、「$b \succ \phi \succ a$」をもって社会的決定とすることができる。

結論：B君はこの本を読み、A氏は読まない。

もしもここで、「父親は読む権利も読まない権利もあるが、息子は読まない権利だけがある」としたらどうなるか。まずA氏の権利として「$\phi \succ a$」が公認される。もしも、A氏、B君ともに自己の選好のすべてが公けに知られることを拒まないならば、このときは、

「$a \succ b$」のパレート最適性は社会的に公認され、その結果「$\phi \succ a \succ b$」となる。B君の「$a \succ \phi$」なる主張はA氏の公認された権利主張の前にしりぞけられ、同じくB君の「$b \succ \phi$」なる主張は単なる一つの希望的意見として認められるが「自由」な権利主張と認められない。しかるに、B君の「$a \succ b$」なる主張は、一応「単なる意見」ではあったが、幸いにもA氏の「単なる意見」と一致したために公的に認められる。

結論：「$\phi \succ a \succ b$」（この本は焼却されるのが最良である。）

「屋根の色のあらそい」への解答

次に、ギバードの提起した「屋根の色のあらそいに関するパラドックス」に対して、センの解決策がどう答えるかを考えてみよう。

この例では、A氏はB氏の家とは異なる屋根の色にしたいが、B氏はA氏の家と同じ屋根の色にしたいという。ここで赤色屋根をR、緑色屋根をGとし、カッコ内の第一項をA氏宅、第二項をB氏宅の屋根の色として、各人の選好順序が表Ⅳ-13のようであった。

ここで、「それぞれの家の屋根の色はそれぞれの家の持主が自由にきめてよい」とすると、表Ⅳ-14のようになって循環順序が発生する。しかもギバードの主張することによると、右の矛盾発生にはパレート最適性さえ必要としていないのである。

しかし、センの解決策の適用条件によれば、右の例では各人に割り当てられた「自由」

の範囲がそれだけで矛盾を発生させているために、「それぞれの家の屋根の色は各家主が自由にきめてよい」という規定自体に矛盾があるとされる。この規定は次のように改められるべきであろう。すなわち、「もしも、各家の持主が自家の屋根の色に関する選好順序を隣家の屋根の色のいかんにかかわらず一定の順序として保持しているならば、その人は自家の屋根の色を己れの欲するままにきめてよい」ということになろうか。

表IV－13

A 氏：$(R, G) \succ (G, G) \succ (G, R) \succ (R, R)$
B 氏：$(G, G) \succ (G, R) \succ (R, R) \succ (R, G)$

表IV－14

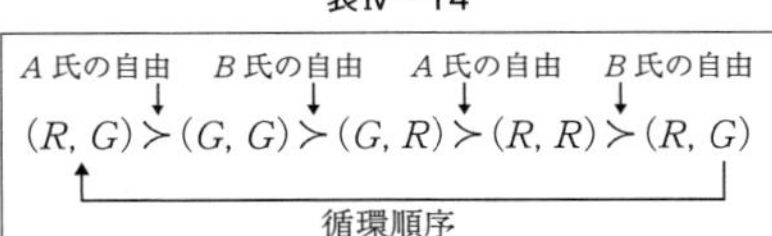

ギバードが提示した「屋根の色のあらそい」のもう一つの例では、各人が「自家の屋根の色に関する選好順序を隣家の屋根の色のいかんにかかわらず一定の順序として保持」しているが、それにもかかわらずパレート最適性と矛盾するというものであった。それは表IV－15のような選好構造の場合であり、ここで発生した矛盾というのは表IV－16のようなものであった。この場合には各人の自由選択権は相互に矛盾していないので、A氏の$(G, G) \succ (R, G)$と$(G, R) \succ (R, R)$は正当な権利として認められ、他方、B氏の$(R, R) \succ (R, G)$と$(G, R) \succ (G, G)$もB氏の正当な権利として公認される。したがって、センの提案によればこれらの公認された順序と矛盾する選好は、プライベートな単なる意見であり、

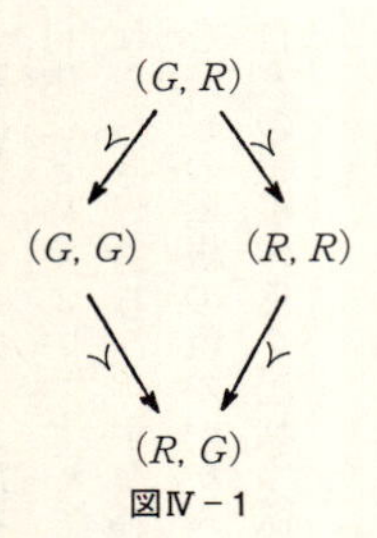

図Ⅳ－1

表Ⅳ－15

A 氏：$(G, G) \succ (R, G) \succ (G, R) \succ (R, R)$
B 氏：$(R, R) \succ (R, G) \succ (G, R) \succ (G, G)$

表Ⅳ－16

A 氏の自由　パレート最適　B 氏の自由

$$(G, G) \succ (R, G) \succ (G, R) \succ (G, G)$$

循環順序

社会的決定に反映することが控えられる。その結果、図Ⅳ－1のような順序構造（部分順序 suborder）が構成される。したがって、(G, G) と (R, R) に関する極端な意見対立にもかかわらず、最良の策は (G, R) であることがわかる。

結論：各人は自らが最も好む色の屋根にするのがよい。

「昇進か辞任か」問題の平和的解決

ギバードの解決は、戦争で紛争に決着をつけることを正当化しかねないというあまり望ましいとはいえない解を導くことがわかった。センがそれを示した例は次のような問題であった。まず、与えられた選択肢は、

(重, 平)：A氏が重役となりB氏は平社員。
(平, 重)：A氏は平社員でB氏が重役になる。
(平, ×)：A氏は平社員でB氏は辞任する。
(×, 平)：A氏が辞任してB氏は平社員。

というものであった。ここで、A氏とB氏は互いにきわめて好戦的であり、相手の辞任を自分の昇進（ただし、相手も平

社員）より好むというものであった。つまり、

A氏：（平，×）≻（重，平）≻（×，平）≻（平，重）

B氏：（×，平）≻（平，重）≻（平，×）≻（重，平）

となっている。そこで、ギバードやブラウの提案をとり入れるとすると、互いに相手の権利を否定した判断をしているという理由（ギバードの理論）、または、相手に対する過度のおせっかいをしているという理由（ブラウの理論）で、どちらも自己の選好順序をそのまま社会へ直接反映させる権利をもたない。そうなると、パレート解だけが残るのだが、それは

（×，平）≻（平，重），（平，×）≻（重，平）

であり、どちらかが抹殺されることがすべてに勝るという「戦争公認の論理」を正当化してしまうことになる。

この問題に対し、センの解決策を適用するとどうなるかをここで考えてみることにする。まず、A氏のもつ選好順序をバラバラに分解して、それぞれの二項順序をA氏自身の立場から正当化する理由づけをさぐってみよう。

（二項順序）　　（その理由づけ）

(1)(平,×)≻(重,平)……撃破至上主義
(2)(平,×)≻(×,平)……戦時必勝主義
(3)(平,×)≻(平,重)……敵者自滅強要
(4)(重,平)≻(×,平)……自滅被強要拒否
(5)(重,平)≻(平,重)……平時優勢主義
(6)(×,平)≻(平,重)……玉砕至上主義

(1)は自らが重役になることよりも、相手を倒すために自らは平社員にとどまるというしだいである。(2)はどちらかが倒されるという戦時には、自らが何とか勝ち残りたいとする考え方である。(3)は、自らは平社員のままにとどまりながら、相手に辞任を強要する態度である。(4)は逆に、相手が平社員にとどまるというとき、自分がなにも辞任する必要はなく、せっかく譲ってくれた重役の椅子にすわらないという理由はない、というものであろう。(5)は、どちらもが会社をやめることなくやっていくという場合には、自分が重役になろうとつとめるのは自らに対する義務だというものである。(6)は、相手が重役になって残るぐらいなら、自分は辞任してでも、相手を平社員にとどめたいとする考え方である。

ところで以上の六つの理由づけのうち、どの理由づけが社会的に「公認」できるものだろうか。それを考えるためには、六つのうち、最も非社会的、非倫理的なものから排除することにしよう。

明らかに、(3)の選好は最も非倫理的であり、ふつうの社会ではこれを認めることはできない。(まるで殿様が家来に切腹を命じるようなものだから。) そうなると、逆に(4)は自分の正当な権利として主張できるもので、相手が平社員に甘んじることを表明した場合には、自分が重役になることを主張してもよいはずである。

したがって、*B*氏が自らの正当な権利として主張する「(3)の逆」((3′)と名づける)と、*A*氏の正当な権利主張たる(4)が、社会的に認められる公認の権利となる。つまり、

(3′) (平, 重)≻(平, ×)

(4) (重, 平)≻(×, 平)

ところがここで、*A*氏は自らの(3)を(3′)へ変更させられたことになるため、自らのホンネの世界で(3)を導くことになるすべての順序づけは、公的に主張できなくなる。それは次のような三種類の順序関係である。

(ア) (平, ×)$\succ^{(2)}$(×, 平)$\succ^{(6)}$(平, 重)⇒(平, ×)$\succ^{(3)}$(平, 重)

(イ) (平, ×)$\succ^{(1)}$(重, 平)$\succ^{(5)}$(平, 重)⇒(平, ×)$\succ^{(3)}$(平, 重)

(ウ) (平, ×)$\succ^{(1)}$(重, 平)$\succ^{(4)}$(×, 平)$\succ^{(6)}$(平, 重)⇒(平, ×)$\succ^{(3)}$(平, 重)

したがって、(3)の公的主張が通らなくなった今、必然的に(2)と(6)が両立しえず、(1)と(5)も両立しえず、(1)と(6)も両立しえなくなることがわかる。(4)は前提から否定できないの

で。）

こうなると、この良心的個人自由主義者たる*A*氏は、何らかの形で、自らの態度を変更せざるを得なくなる。そこで、(ア)、(イ)、(ウ)の関係を鑑み、新しい態度を決めなければならないのだが、理論的には八種類の「新しい態度」がありうる。

態度Ⅰ：(1)と(2)は変えず、(5)と(6)を否定。

Ⅱ：(1)と(2)を否定し、(5)と(6)を保存。

Ⅲ：(1)と(6)を否定し、(2)と(5)を保存。

Ⅳ：(1)だけ保存し、(2)(5)(6)を否定。

Ⅴ：(2)だけを保存し、(1)(5)(6)を否定。

Ⅵ：(5)だけを保存し、(1)(2)(6)を否定。

Ⅶ：(6)だけを保存し、(1)(2)(5)を否定。

Ⅷ：(1)(2)(5)(6)のすべてを否定。

ところで、態度Ⅰというのは、平時に自分が優勢に立つことがわかっていても、戦いをいどんで自らも打撃をうけ（重役の席を棄てて）相手をおとしいれようとする態度は変えないし、戦時には必勝をめざすというわけだが（以上が(1)(2)の保存の意味）、他方、平時には自らの優勢を願ってはならないし、相手をおとしいれるためだけに自ら敗退することもしてはならない（以上が(5)(6)の否定）という態度である。

態度Ⅱというのは、自ら戦いをいどむ好戦性は否定するが、それに伴って、戦時には敗けることを願うという奇妙な構造を示しており、(6)の保存からも、とにかく自らがいち早く敗北宣言を出したがるという、極端な敗北主義の態度である。

さらに、態度Ⅳから Ⅷまでについては、常識的な解釈がほとんどできない「病的」な選好パターンと言わねばなるまい。

したがって、*A*氏がとりうる最も常識的な態度は態度Ⅲであろう。すなわち、自分から仕掛ける攻撃至上主義を棄て、さらに、相手の足をひっぱるような玉砕主義を否定し、そのかわり、「もしも戦争になったら、勝つために戦う」(2)の選好パターンと、「戦争をしないでよい平和時には、自己の優勢を願う」(5)のパターンを保存するというものである。

態度Ⅲが最も常識的な自由人の態度とすると、そこから生まれる選好順序は次のようになる。

(重, 平) $\succ^{(5)}$ (平, 重) $\succ^{(3')}$ (平, ×) $\succ^{(2)}$ (×, 平)

［(4)：(重, 平)から(×, 平)まで、(6')：(平, 重)から(×, 平)まで］

センの解決にもとづくと、実はここまでしか言えない。これ以上、*A*氏と*B*氏との間でどのような話し合いが進行するかは、全くセンの理論の及ぶところではない。ただこれによって、パレート伝染病が無条件にひろがって気がついたら否応なしに「戦争」に突入していたというような不合理な事態は生じなくなっている。センの目的はこのパレート伝染病の防止であり、この点から言えば、確かに、パラドックスは解消したといえる。

5　自由主義のパラドックスがもたらしたもの

さて、自由主義のパラドックスに関する数多くの研究をここでもう一度見直してみた上で、この問題の研究がどのような新しい視点や問題点をわたしたちに残してくれたかを、あらためて確認してみたいと思う。

選択肢とは何か

センの自由主義のパラドックスは、まず第一に、わたしたちのつかう選択肢という言葉のもつ意味を大幅に変えさせた。

たとえば今、わたしが一冊の本を買おうとして本屋に立ち寄ったとする。ふつうの考えからすれば、わたしはいろいろな本の中から一冊を選ぶわけで、そのときに選ばれるのは、あくまで、「一冊の本」というモノである。同じことが社会的選択においても考えられないでもない。一つの都市である空地に公民館を建てるか保健所を建てるかを決めようというときでも、人々は公民館とか保健所というモノを選好の対象にしていると考えているであろう。

ところが、ギバードの分析を想い起こしていただくと、そこでは右のような選択肢の概念とはかなり異なる概念が導入されていたのに気づかれるであろう。たとえば「屋根の色」をめぐるA氏とB氏の選好構造を論じたとき、A氏やB氏が選好の対象としたのは自分の家の屋根の色ではなく、自分が屋根を何色にし、相手が何色の屋根にするか、ということであった。ギバードはそれを二次元のベクトルで表現していたのである。つまり、ギバードの分析においては、選好の対象は単なるモノではなく、自分がある色の屋根にすることが社会にどのような意味をもたらすか、他の人はどのような屋根の色にするか、という、社会の一つの状態を問題にしたのである。

このことを、先の例にあてはめて言い直すと次のようなことになろう。ある都市が一つの空地に公民館を建てるべきか保健所を建てるべきかと考えているとき、そこにおける選択肢というのは、公民館や保健所というモノではなく、社会の構成員のすべてにとって、公民館がどういう意味をもつか、保健所がどういう意味をもつか、という、それぞれの事態であり、状態なのだ、ということである。

従来の考えからすれば、ひとりひとりの「個人」は、自らの欲望かもしくは自分なりの利益などにもとづいて、一つの選好順序をモノに対して与える。「社会」はそれらの選好順序をまとめて、望ましい選択肢を選び出す、という発想で進められていた。しかるに、自由主義のパラドックスを分析していくときには、このような発想ではどうにもならないことがわかったのである。それにかわって、人々は「自分の選択行為が他の人々にどのような選択を余儀なくするか」とか「他の人々の選択によって自分はどのような選択を余儀なくされるか」などを全部あわせた、さまざまな事態を選択の対象としているわけである。

中立性と無名性の放棄

こうなると、先の第Ⅲ章で紹介したハンソンの定理（無関係対象からの独立性のパラドックス）のときには当然と思われていた選択肢の中立性や投票者の無名性の仮定は放棄せざるを得なくなる。つまり、特定の選択肢が特定の個人だけにもたらす固有の意味や、「他の人」の選択によって自らの選択の意味づけが各人各様に異なるという側面が考慮の対象となっているのであるから、選択肢の名前や記号を勝手に入れかえたり、投票者の名前や記号を相互に入れかえたりはできないのである。

しかし、このように、わたしたちの選択の対象を、単なるモノとせずに、出来事ないしは事態として、社会的な影響すべてを包含するものとすることによって、社会的決定理論は、社会倫理の基盤ともいうべき「自由」や「権利」などの問題を数学的厳密さで扱うことができるようになったのである。

個人の権利とは

ギバードにはじまる個人の権利の定式化は大変興味深いが、一般通念の権利概念から吟味すると、そこにはまだまだ多くの問題が残されていることがわかる。

まず第一に、ギバードにしてもセンにしても、個人の権利というものを相互に全く矛盾しないものとし、しかも、社会的にあらかじめ公認されたものとみなしている点である。現実社会では、権利と権利の相克があり、権利をめぐってのいろいろな争いが絶えないわけであるから、権利の無矛盾性や固定性の仮定は、かなり無理のある仮定といえよう。

第二に、ギバードにしろセンにしろ、個人の権利というものを、全く表面的な「特定の選択肢の順序についての自由裁量権」としてとらえているということの問題である。社会的倫理として重要なのは、このような表面的な権利や自由でなく、その選好の背後にある理由づけである。

ただ、この「権利の背後にある理由づけ」の問題は、センの解決の最後のところでわたしが分析した「昇進か辞任かの平和的解決」ではある程度考慮されたといえよう。

そこではまずA氏のもつ選好順序をすべてバラバラにして六つの二項選好順序に分解し、それぞれの順序の背後にあると想定できる理由や根拠を、(1)撃破至上主義、(2)戦時必勝主義、(3)敵者自滅強要、(4)自滅被強要拒否、(5)平時優勢主義、(6)玉砕至上主義というような「主義(principle)」にもとづくものとみなした。その上で、自らが全く何の変化もなく、ただ相手の自滅だけを強要することの非倫理性だけを否定したのである。もちろん、これ以外にも、(1)や(6)などもかなり倫理性が疑われる類の主義である。しかし、とりあえず、最も基本的な人権とも言える「自滅被強要からの自由」だけをとりあげてみたのである。この権利だけはA氏自らが主張できるとともに、A氏もB氏に対して認めなければならないとした。その結果、A氏は自己の選好順序の中の矛盾に気づき、自らの一貫性を保つために、結局は「平和的」な選好順序にならざるを得なかったのである。

したがって、この例にかぎって言えば、双方の権利主張は、共通の「主義」にもとづく最も基本的なものから導かれたものにかぎるとしたわけで、全く恣意的に、選択肢の表面的な自由裁量を認めたものではなかった。

ただし、このような権利主張の背後にある理由づけをめぐる問題は、まだ一般的な定式化ができてはいないので、今後の重要な課題となるであろう。

公的訴えと私的選好

センがパレート伝染病の回避のために提案した選好順序の「公的訴え」と「私的選好」の区別もまた、概念としてはきわめて重要であるが、今までの段階では、その取り扱い方はきわめて未熟なものである。

センの理論では、人が他人に認めた権利の侵害となるような選好順序を個人的に有する場合には、そのような選好の公的発表を拒否することができる、としたのである。これはある意味では自らの選好意見の秘密を守る「プライバシーの権利」を認めた話と考えることもできよう。

しかし、先に権利主張の中には必ず一種の「主義」があり、その「主義」がいかに倫理性の高いものかに応じて、そこからくる権利主張の強さもきまると述べたが、同じことがプライバシー権や黙秘権についても言える。しかし、一般にはわたしたちが自らのプライバシーを守ろうとしたり、質問に対して聞こえないふりをしたりするのは、他人の公的に認められた権利に抵触する選好をもっているからとはかぎらない。自らの権利への外部干渉をふせぐためにプライバシーを主張する場合もあるし、また、「どっちともきめられない」という態度保留の意味で、自らの意見の公表を拒否するかもしれない。このような問題はまだ定式化されていない。したがって、この公的訴えと私的選好の区分は、まだまだこれから育てるべき概念であり、かなりいろいろな問題をはらんでいることはたしかである。

以上のようないろいろな難点があるとはいえ、センの自由主義のパラドックスが、社会的決定における「倫理性」の問題にかなり深いメスを入れ、そこに数学的厳密さをもった論理的吟味を行わしめたことは、大きな意義をもつことと考えられ、この功績はきわめて高いものといえよう。残された問題が多いということは、これからやるべき課題が多いというだけのことである。重要なことは、この自由主義のパラドックスを足がかりにして、今後ますます「社会的倫理」の根本問題にふれる決定理論をつくり上げることであろう。

V　ゲーム理論と社会道徳

I　ゲーム理論的道徳観

因果応報によるしつけ

わたしたちが子どもに何らかの道徳的行為を教えるとき、一番よくつかう手は因果応報による説得である。

「嘘をつくと死んでからエンマ大王に舌をぬかれるよ。」
「そんなことをするとお父さんに叱られますよ。」
「妹の大事なおもちゃを勝手につかってはいけませんよ。あなたの大事なおもちゃを妹がつかったら困るでしょう。」

数えあげればきりがないだろう。わたしたちはこのように言われて育ってきたし、子どもたちにそのように言いきかせてきているのである。子どもに「どうして×××をしてはいけないの?」と聞かれれば、「そんなことをすると△△ということになるからよ」と言う。そしてこの△△というのは、本人にとって明らかに嫌な、苦痛を伴う、損になる事態を指しているのである。

この場合、たとえば本人の苦痛ではなく、「ほかの人が迷惑するじゃないですか」ということを根拠にしたらどうだろうか。そう言っただけで子どもが納得してくれればよいのだが、「ほかの人がいくら迷惑がっても自分と関係ないことだ」と言われたらおしまいである。そういうとき、やはり、「人に迷惑をかけて平気な人は、結局、みんなにきらわれて、本人の損になります」とでも言う以外にないかもしれない。

「本人の得になる」とか「本人の損になる」とかいうことを論拠に、道徳的行為を説明するのは、何といってもわかりやすいことである。道徳性というものはそんなことだけではないと思っている人でも、いざ子どもに自分の信じる道徳観を説得しようとすれば、「長い眼でみると結局は本人のためにならない」とか、「みんなが同じことをやってよいとなると、世の中がメチャクチャになる」と言うようなことになってしまうものである。

報復措置の公認

因果応報的道徳観というのは、社会的規範の中にも潜んでいる。犯罪に対する刑罰はその典型だが、労働者のストライキ権も、資本家に苦しめられたときの労働者の報復措置の公認であろう。国際交渉においても、軍事力を誇示して報復の可能性を示唆したり、軍事力までは行かなくとも、輸入制限、関税引上げ、援助打切り、外交断絶などの措置をちらつかせることによって、交渉を自国に有利にしむけることは、半ば公認されていることといえよう。企業の利潤追求と消費者の購買・不買行動、他の企業との経済競争などによる価格の安定を予想する経済理論も、消費者や他企業の報復の可能性を公認した上で展開されるものである。

「ムチとニンジン」の心理学

似たような話は心理学理論の中にも広く認められてきた。人間をふくめた動物の行動形成が、すべて、「生体にとって損なことを避け、得なことを求める」という原理で説明し尽くせると考える心理学説は多い。

生物の進化そのものさえも、適者生存による自然選択の結果と考えるダーウィン説が、今まで「正統」な進化論とされてきた。「損を避け、得を求める」という原理だけで、進化も学習も、道徳も社会的規範も、みんな説明できるというのなら、これほど結構な話はないだろう。話はどこまで広がるか、見当もつかないほどである。

損得計算と均衡の倫理

このような考え方の背後にあるものをさぐると、そこには次のような倫理観が潜んでいるのである。

まず第一に、「損を避け、得を求めることは、少なくとも行動の動機としては、正当なことである」という考え方である。もちろん、経済理論や心理学理論は別に「損を避け、得を求めることが良いことだ」と言っているわけではなく、「人はすべてそういう傾向をもつものだ」と言っているにすぎないのかもしれない。しかし、すべての理論をこのような前提だけから導いて、「損を避け、得を求めるためにはいかにあるべきか」を導出して事足れりとしてきた今日の経済理論、心理学理論などは、暗黙のうちにその前提を正当化しようとしてきたことにならないだろうか。他人を褒めたことのない人に、誰かが「彼はそんな悪人じゃないよ」といったら、「わたしは彼が悪人だなんて言った覚えはない。彼にはこういう欠点が少なくとも存在することを客観的事実として言ったまでだ」と弁解するのに似ている。あまりにも長い間とりあげないでいたものは、これを否定したものとみなされても仕方あるまい。

第二として、「損得の〝均衡〟は善である」とする考え方である。それぞれの人々が自由に「自分にとっての得」を求め、互いに張り合った結果到達する状態、すなわち均衡点は、最善のものにちがいない、という考え方である。こうすればああなる、ああなればこうなる……という因果応報の連鎖の行き先をきわめ、その上で、各人がそれぞれ究極的損得計算を行って、それぞれなりに「最善の策」を講じるのがよい、というしだいである。つまり、究極的にどういうことになりうるかを予見し、その上で、「結局どっちが得かよーく考えてみよう」というのが倫理的であるということだとするのである。そういう損得計算を正確に行い、あらかじめ十分な吟味をした上で、一番得になる行為を選択し、合理的な計画を立てることが「倫理的」だというしだいである。

ゲーム理論の道徳律

以上のような考え方は、人間の行動や社会の変動を、利害対立の「ゲーム」としてながめる考え方に集約されているのである。

因果応報や損得計算をもとにして、各人が合理的に(自分に一番得になるように)行為を計画し、それが相互にぶつかりあって到達する均衡点こそ最善と考え、そういう均衡点を予測する技術を開発すれば、すべての人々はもっと慎重に、もっと行き届いた配慮の下に行為選択をするだろう。もしそうなれば、世の中は少なくとも今よりずっとましなものになる、と考えられよう。

ゲーム理論の発展

社会現象をゲームとしてとらえる考え方はかなり古くからあったとされている。たとえばエッジワースは一八八一年に市場の経済過程を戦略ゲームとしてとらえたと言われており、一九二一年にはボレルが今日でいう「純粋戦略」と「混合戦略」の概念(後に説明する)を導入した。しかし、何といっても今日のゲーム理論は、フォン・ノイマンが一九二八年にミニマックス定理を証明したことにはじまる。さらに、フォン・ノイマンは一九三七年にゲームのミニマックス定理をブラウワーの不動点定理と結びつけることに成功し、経済モデルとしての数学的基礎を明らかにした。

ゲーム理論が広く一般の人々に知られたのは、いうまでもなく、フォン・ノイマンとモルゲンシュテルンによって著された『ゲーム理論と経済行動』(von Neumann & Morgenstern [17]) である。これによってゲーム理論は数理経済学の最も大きな支柱となるに至ったのである。

本章の構成

本章では、因果応報的道徳観をとことんまで押し進めるとどういうことになるかを、ゲーム理論を骨子にして展開してみるつもりである。

ゲーム理論そのものの詳しい解説は他に多くの著書があるのでそれに譲りたい(鈴木

〔16〕など）。本章では、ゲーム理論にもとづいて、どこまで人間行動の道徳性にせまれるかを吟味するために、最小限度の知識を紹介するにとどめておこう。

一応の目標としては、ゲーム理論をもとにして社会的決定理論を展開したハーサニ（Harsanyi〔7〕）の理論の吟味であるが、そこへ行くまでに、いろいろな概念を説明しておかねばなるまい。（ハーサニの理論は第Ⅵ章三節で紹介される。）

2　ゲーム理論の基本公理

ゲーム理論そのものは、一つの数学的な演繹体系である。いくつかの公理から成り立ち、そこからいろいろな定理を証明するものである。この点はアロー流の社会的決定理論とさして変わりはない。

ここでわたしたちが十分注目したいことは、どのような人間観、どのような社会観が「公理」の中に織り込まれているか、ということと、そこから導かれる「定理」は、経験的世界にあてはめるとどのような主張をしていることになるのか、ということであろう。

そこでまず、ゲーム理論の諸定理が明らかにした経験世界に対する新しい主張がどのようなものかについてから、ごく大ざっぱに三つにわけて紹介しておこう。

(1) **効用の可測性**――個人が自ら選択しうるさまざまな行為のうち、いずれがその個人にとって望ましいかについては、一つ一つの行為のもたらしうる可能な結果に対する「効用」の大小できまる。しかも、この「効用」は、任意の「原点」と任意の「単位」を指定すると、一意的に尺度化できるはずのものである。

(2) **期待効用最大化原理**――個人が選択する行為の結果がいろいろありうることが予想され、それらの生起確率がすべて確定できる場合、そのような行為の「効用」は、それらのもたらしうる結果の「効用」の期待値であらわされ、行為選択は、この期待値の最大なものを選ぶという原則で行われる。

(3) **ミニマックス原理**――個人が選択する行為の結果がいろいろありうることが予想されるが、それらの生起確率が確定できない場合、人がとりうる最良の策の一つとして、一つの行為がもたらしうる最大損害だけに注目し、その最大損害が一番小さいような行為を選択するという原理(ミニマックス原理)がある。社会の構成員が互いにミニマックス原理にしたがって行為選択をすれば、多くの場合、社会は一定の「均衡点」に到達するものである(「ミニマックス定理」)。

ゲーム理論が明らかにしたことは、右のものだけでないことは言うまでもない。ただ、本書では、紙数の都合もあり、右の三つの点を中心にしてゲーム理論の基本的な考え方を吟味するにとどめたい。

以下において、はじめの(1)と(2)は第三節で扱い、(3)については第四節以降で論じる。

3 効用の可測性と期待効用最大化原理

期待効用最大化原理

まず、個人の行為選択に関する期待効用最大化原理から説明しよう。(ここで、当面は誰か別の「相手」との駆引き場面は除外して考えてみるのである。)

フォン・ノイマンらの明らかにしたことによると、個人が己れの行為選択に対する生起しうる結果を確率的に同定できる場合の行為選択の基準は、己れの行為のもたらす結果の期待効用を最大化するものを選ぶのがよい、というものである。

たとえば、今aとbという二つの行為が考察の対象となっているとしよう。行為aは互いに排反な結果a_1、a_2、a_3、a_4をそれぞれ確率p_1、p_2、p_3、p_4で生起せしめることがわかっているのに対し、行為bは互いに排反な結果b_1、b_2、b_3、b_4を確率q_1、q_2、q_3、q_4で生起させることがわかっていた場合には、

$$U(a) = p_1u(a_1) + p_2u(a_2) + p_3u(a_3) + p_4u(a_4)$$
$$U(b) = q_1u(b_1) + q_2u(b_2) + q_3u(b_3) + q_4u(b_4)$$

を算出し、$U(a) > U(b)$ ならば「a は b より望ましい」とし、$U(a) < U(b)$ ならば「b は a より望ましい」とし、$U(a) = U(b)$ ならば「a と b とは同等の価値がある」と定める。ここで $U(a_1), U(a_2), \dots, U(b_1), U(b_2), \dots$ というのは、先に指摘した生起しうる結果に対する主観的価値、すなわち「効用」であり、$U(a)$ や $U(b)$ のことを、効用の期待値、すなわち、「期待効用」とよぶのである。

個人の選択しうる行為の評価がこのような期待効用にもとづくものであるべきだという考え方は、一八世紀のベルヌーイ（Bernoulli〔2〕）にはじまるものであるが、ゲーム理論では、このような期待効用最大化原理を正当づける基本公理を明らかにした点に意義がある。

期待効用原理の基本公理

個人の行為選択が期待効用最大化原理にもとづくことを正当づける基本公理は次のようなものである。（ここでは、一般の人々に一番わかりやすいと言われているマーシャック（Marschak〔8〕）の公理をあげる。フォン・ノイマンらの公理系はこれと若干異なるが、基本的考え方は同じである。）

公理Ⅰ（弱順序）――行為の結果に対する選好順序は弱順序を構成する。すなわち、推移律と反射律と連結律を満たすものとする。

公理Ⅱ（連続性）――今、三つの結果x、y、zが$x \succ y \succ z$の順で好まれているとすると、xとzとを確率的に生起せしめる行為(x, p, z)でyを確実に生起せしめる行為と同等に好まれるようにせしめることができる。ここで、(x, p, z)というのは、結果xが確率pで生起し、結果zが確率$1-p$で生起するものをさす。

公理Ⅲ（多様性）――考慮する選択肢の集合は少なくとも四つ以上の互いに「等価値」でないものをふくんでいなければならない。

公理Ⅳ（独立性）――今xとx'が「等価値」と判断されたならば、任意の結果yに対し、(x, p, y)と(x', p, y)とはやはり「等価値」と判断されなければならない。

以上の四つの公理から、次の定理が成り立つことが証明されており、これがゲーム理論の基本構造を提供しているわけである。

マーシャックの定理

もしも、任意の個人の選択肢に対する主観的価値判断の選好構造が公理Ⅰから公理Ⅳまでを満足していたならば、その人の選択肢に対する価値（効用）は、任意の選択肢xに対する実関数$u(x)$で表現でき、選択肢の選好順序はその実関数の値の大小関係と一対一の対応をつけることができる。すなわち、

$$x \succsim y \Leftrightarrow u(x) \geqq u(y)$$

なる関係が常に成り立つ。

さらに、確率的生起事象に対する選好は、$u(x, p, y) = p \cdot u(x) + (1-p) \cdot u(y)$ であらわされ、それらの選好順序もこの式で表現される。すなわち、

$$(x, p, y) \succsim (z, q, w) \Leftrightarrow p \cdot u(x) + (1-p) \cdot u(y) \geqq q \cdot u(z) + (1-q) \cdot u(w)$$

そればかりではなく、選択肢に対する価値づけの関数$u(x)$や$u(x, p, y)$は、たかだか任意の正の線型変換に対してのみ一意性をもつ。すなわち、$u(x)$に対して許される変換は、任意の正数aに対し、$V(x) = a \cdot u(x) + b$（bは任意の実数）なる変換だけである（Marschak〔8〕）。

期待効用原理の比喩的説明

以上のマーシャックの定理は、初めて目にする人には何のことかさっぱりわからない単

なる数学的なむつかしい話の一つにすぎないかもしれない。大学の授業で説明しても、学生は意味も考えずにノートをとるだけで、試験のときに全く同じように「再録」するけれども、本当の意味は考えようともしないのがふつうである。

そこで、マーシャックの定理（フォン・ノイマンが当初提起したものと基本的には同じものだが）の意味を理解していただくために、次のような物語を考えてみた。

「ドリトル先生ネコジタ村へ行く」

探険家ドリトル教授が、あるとき、アマゾン川の源流を探険していたとき、「ネコジタ村」に行きあたった。

ネコジタ村の原住民は、独特のスープを常食としているが、どうやら極端なネコジタらしく、スープの温度を大変気にしているようであった。まずいろいろな沸きぐあいのスープをいくつかの鍋につくり、それぞれ二つずつ並べて両方に指を入れ、その一方に「イツア！」と叫ぶ。そこで第三の鍋（明らかにかなり低い温度のもの）を「イツア」と叫ばれた方に混入させて、どうやらすべてを等温度にしているらしかった。しかし、多くの住民はそのような試みをやりすぎたせいか、右手の人さし指に火傷をしている状態で、ドリトル先生は心を痛めた。ドリトル先生はそこで彼らに温度計を提供してあげようと思ったのだが、そこは慎重な先生のこと、西欧人がつかっている温度計が、彼らの「イツア！」という実感と本当に対応しうるかどうか不安であった。

そこで先生はかのマーシャックの定理を思い出した。

まず第一に、彼らの「イツア！」という判断が、弱順序を構成しているかどうかを個人別に調べてみた。いかなる二種類のスープに対しても一方を「イツア！」として選ぶか、もしくは、明らかに両者が同じ温度になったときに発する「ジナオ！」という叫びで判断する。スープxとスープyとを示してxの方を「イツア」と呼ぶとし、yとzとを示したときyを「イツア」と呼ぶならば、xとzを並べたときはxを「イツア」と呼ぶ。以上のしだいで、公理Ⅰは満足していることがわかった。

次に公理Ⅱであるが、三つのスープx、y、zが$x \succ y \succ z$の順で「イツア」の順がきまったとき、xとzとを混ぜてつくったスープ(x, p, z)（ここでpはxの混入率）を、xの混入率pを加減してyと「ジナオ」関係にすることができることを確かめ、公理Ⅱは満足していることがわかった。

公理Ⅲは当然満足しており、公理Ⅳも「ジナオ」関係をもつスープはどのスープでも任意に選んで混入率だけを気にしている様子から明らかに成り立っていることがわかった。

そこでマーシャックの定理を適用してみよう。この定理から次のことが言える。このネコジタ村の人々の「イツア」判断や「ジナオ」判断は、やはり各個人の身体的温度感覚のようなものにもとづくと考えられ、スープxの「イツア」程度は$u(x)$なる実関数で表現できる。二つのスープxとyの混入したスープ(x, p, y)は、その「イツア」程度の混合

$u(x, p, y) = p \cdot u(x) + (1-p)u(y)$ で表現できる。

以上のことがわかったドリトル先生は、最後に次のことを実験でたしかめた。つまり、公理Ⅳが実際の物理的温度（ドリトル先生のもっている温度計で測ったもの）でも対応するかを調べた。すなわち、三つのスープx、y、zが$x \succ y \succ z$となっているとき、それぞれのスープの物理的温度$t(x)$, $t(y)$, $t(z)$を測定した上で、$t(y) = p \cdot t(x) + (1-p) \cdot t(z)$となるような$p$を算出し、この混合率で$(x, p, z)$なるスープをつくって$y$と並べて指を入れさせたのである。果たせるかな！　彼らは「ジナオ！」と叫んだ。

そこで、ドリトル先生は次の結論を得た。

(1)　住民ひとりひとりの「イツア」感覚は、ドリトル先生の温度計の目盛$t(x)$に比例する。すなわち、何らかの係数a_i（$a_i > 0$）と別の係数b_iを各個人iごとに定めれば、その個人の「イツア」判断は$u_i(x) = a_i \cdot t(x) + b_i$であらわされる。ただし、$a_i$や$b_i$はいろいろな値を代入してもよいが、ひとたびある定数a_iとb_iを実験的に定めたならば、a_iに対してはそれをk倍（kは正の定数）してもよい。b_iは適当な実数を定めればよい。たとえば、はじめの$t(x)$を摂氏で測っても（華氏で測っても）、さらには目盛の数字を一〇倍したものでもよく、また零度をどこか任意の点に固定して定義してもよいことになるのである。

(2)　スープxとスープyを$p：1-p$の混合比で混ぜたスープを（x, p, y）とすると、住民iにとっての「イツア」感覚は、スープxに対して$u_i(x)$、スープyに対して$u_i(y)$、スープ（x, p, y）に対して$u_i(x, p, y)$としたとき、次の関係が成り立つ、すなわち、

$$u_i(x, p, y) = pu_i(x) + (1-p)u_i(y)$$

ここに、先の(1)の結果である$u_i(x) = a_i t(x) + b_i$, $u_i(y) = a_i t(y) + b_i$を代入すると、

$$u_i(x, p, y) = a_i[pt(x) + (1-p)t(y)] + b_i$$

が得られ、混合スープに対しても、ドリトル先生の温度計の目盛と比例していることがわかるのである。

期待効用最大化の意味

さて、「ドリトル先生」の話がわたしたちの価値判断とどういう関係にあるのだろうか。実は、このネコジタ村の人々の「イツア」判断の構造が、わたしたちひとりひとりの価値判断と同じ順序づけ構造をしていると考えると、わたしたちの価値判断が「効用」の期待値を最大化するという原理に従っているというしだいなのである。

マーシャックの公理はすべて任意の対象物に対する順序づけ判断のいろいろな条件として示されていた。そのような順序づけ判断の条件が満足されているなら、その順序は対象物に対する評価関数で書きあらわしうるし、期待値の形式で評価関数を定義できるというのである。ネコジタ村の物語は、熱さの順序づけとスープの混合を扱ったのだが、これはそのまま「効用」の順序づけと確率混合の問題に対応しているのである。

効用の可測性

「ネコジタ村物語」の最後に、ドリトル先生が自分の持つ温度計をつかって、決定的な実験を行った。つまり、自分の温度計をもとにして適当な混合率を算出し、等温度のスープを作成し、それを相手に判断させて「ジナオ」と叫ぶことを確認したのである。これによってドリトル先生は、自分の温度計による温度表示そのものと、村人の「イツア」感覚とが正しく比例している確証を得た。

このことを別の例にあてはめてみよう。もしも世の中のすべての人が、「タバコを吸って肺ガンにかかる」確率が最低p%（pは一定）以上ならばタバコはやめるとし、このpの値が万人共通だとしよう。もしもそうだとすると、すべての人々の、「肺ガンにかかることの効用（苦痛）」、「肺ガンにかからずにタバコを吸いつづけることの効用（快楽）」、「タバコをやめる効用（つらさ）」は同じ比率の間隔になっているはずである。すなわち、

$$\frac{U(\text{肺ガンにかからずタバコを吸う})-U(\text{肺ガンにかかる})}{U(\text{タバコをやめる})-U(\text{肺ガンにかかる})}=\text{一定}$$

となっているはずである。したがって、ここで「肺ガンにかかる」効用を0とし、「肺ガンにかからずにタバコを吸う」効用を1とすると、「タバコをやめる」効用は期待効用原理から、

$$1\times(1-p)+0\times p=1-p$$

となり、$(1-p)$ の値をもつことがわかる。

今、p は万人共通としたけれども、もしも人々の間で「肺ガンの確率がどれだけならばタバコをやめる」という判断が異なるならば、$(1-p)$ の値が個人間で異なる。しかし、少なくとも、原点（何をゼロ点とみなすか）と単位（どれを一とみなすか）さえ先の例と共通に定めれば、すべての人々の「タバコをやめる効用」はすべて各人のもつ p_i（タバコをやめたくなる肺ガンの確率）を用いて、$(1-p_i)$ の値として定義できるし、測定もできるのである。

アレの反例

ところで、以上のように理論上は証明された期待効用最大化原理は、それを導く公理だ

けをながめると、一見、否定しがたい真実のように見えるかもしれないが、かなり古くからいくつかの反例があげられている。

最もよく知られているものとして、アレ（Allais〔1〕）のあげた反例がある。

今、二つの行為1と2がもたらす結果が表V－1に示したものであったとしよう。すなわち、行為1は一〇〇万ドルを確実に入手できるものとし、行為2は、一〇％の確率で五〇〇万ドル、八九％の確率で一〇〇万ドル、一％の確率で〇ドル（無）が入手されるものとする。

読者はここで、行為1と行為2のいずれの行為の方が好ましいかを判断しておいていただきたい。その上で、表V－2のような行為3と行為4を比較していただきたい。行為3は一〇〇万ドルを一一％の確率で得るものであり、行為4は五〇〇万ドルを一〇％の確率で得るものである。この場合、読者は行為3と行為4のうちいずれの方が好ましいと考えるだろうか。

表V－1

行為	獲得金額	確率
行為1	$ 1,000,000	100%
行為2	$ 5,000,000	10%
	$ 1,000,000	89%
	0	1%

表V－2

行為	獲得金額	確率
行為3	$ 1,000,000	11%
	$ 0	89%
行為4	$ 5,000,000	10%
	$ 0	90%

アレ教授の予想では、多くの人々が表V－1では行為1を選択し、表V－2では行為4を選択するだろうということである。ところが、もしも人々の行為選択が期待効用最大化原理にしたがうならば、次のことが要請される。すなわち、もしも表V－1で

行為1を選択したならば、表V－2では行為3を選択しなければならないはずであり、また、表V－2で行為4を選択しているならば、表V－1では行為2を選択していなければならないのである。

そのことは、行為1から4までを表V－3に示すような三つの事象を確率的に生ぜしめるものとみなして整理してみると明らかである。すなわち、一％の確率で生じる事象A、一〇％の確率で生じる事象B、八九％の確率で生じる事象Cを仮想し、それぞれの行為はA、B、Cの三つの事象に対して付与される賞金のちがいとして特徴づけるのである。

表V－3

	仮想事象（生起確率）		
行為	A（1%）	B（10%）	C（89%）
行為1	$ 1,000,000	$ 1,000,000	$ 1,000,000
行為2	$ 0	$ 5,000,000	$ 1,000,000
行為3	$ 1,000,000	$ 1,000,000	$ 0
行為4	$ 0	$ 5,000,000	$ 0

こう考えると、事象Cに対する結果は、先の表V－1での行為1と2の間で何のちがいもなく、また表V－2での行為3と4の間でもちがいがないので、独立性の公理から、これを考慮外に置くことができる。そうなると、問題はすべて、

$$u_1 = 0.01\times u(\$1,000,000) + 0.10\times u(\$1,000,000)$$

と

$$u_2 = 0.10 \times u(\$5{,}000{,}000)$$

の値のいずれが大きいかできまる。ここで、$u(\$1{,}000{,}000)$というのは、一〇〇万ドルの金額に対する効用である。当然$u(\$5{,}000{,}000)$は五〇〇万ドルに対する効用である。もし$u_1 > u_2$ならば、表V－1では行為1を選び表V－2では行為3を選ぶことになるし、$u_1 < u_2$ならば、表V－1では行為2を、表V－2では行為4を選ばねばならない。

アレの反例の実験

さて、スロビックとトヴェルスキー（Slovic & Tversky[15]）は、右のアレの反例を二九名の大学生に実際に判断させる実験をした。

まず大学生たちにナイーブな気持で表V－1と表V－2のような行為の選択問題を考えさせたところ、二九名中一七名がアレ教授の予想通りの選択を示し、期待効用原理に違反した選好を示した。

次に、スロビックらは、アレ流の反応を示した被験者には、表V－3を示して、期待効用原理による選択方式を説明し、他方、はじめから期待効用原理にしたがっていた者に対しては、アレ教授の論法を訴えて、アレ流の反応のもっともらしさを説明した。そのようにしたあと、もう一度選好をやり直させたのだが、二度目の選好で説得効果があらわれたのはきわめてわずかであった。つまり、はじめにアレ流の反応を示した者に期待効用原理を説明した効果は、一七名中わずか一名の意見変更をもたらしただけであった。当初期待効用原理に従っていた者にアレ流の説得をした結果、一二名中三名が説得に応じたというしだいである。その結果、一九名がアレ流、一〇名が期待効用流の反応をしたことになる。

スロビックらの実験結果は次のことを意味しているようである。つまり、かなり多くの人々は、アレの示したような例においては、期待効用原理に反する判断を示すだけでなく、期待効用原理そのものの説明をいくら聞いても、納得がいかないというしだいである。どこか、期待効用原理には説得性に欠ける点があるのではないかと考えてみる必要がありそうである。

全体は部分の和に非ず

アレの反例のタネ明しとなった表V-3を見たとき、おそらく多くの人々が「あれっ?」とおどろいたことだろう。それは表V-1での行為1を表V-3で三つの事象（*A*、*B*、*C*）の和として表現している点や、表V-2の行為3に対しても、一一%の事象を一〇%の事象と一%の事象に分解している点であろう。

理論上はたしかに一つの事象はいくらでも細かく分析できるし、何らかの根源的事象の和として考えることは自由であるかもしれないが、わたしたちの常識、わたしたちの直感はそのような「分析」をどこまでも行うことを拒否する。むしろ、一つの事象が生起するということは、それをもたらす固有の原因が不可分のまとまりとして存在していたのだと考える。しかも、そのようなまとまりは、そのようにまとまるべき必然性が一つの状況の中にあってのことと考え、そのような全体的状況と、わたしたち自身が総合的にかかわりあっていると考えるのである。そういう状況に対してはそういう状況に対処すべき腹を決め、覚悟を決めてとりくむのである。

アレの反例は、わたしたちの判断が常に状況全体に依存してかかわりあったものであることを示してはいないだろうか。状況が変われば「覚悟」が変わる。そして判断や決定は、その「覚悟」に依存しているのである。この場合の「覚悟」をエレメントに分解して、他の状況での「覚悟」のエレメントと比較したり、消去させたり、差し引いたり、加えたりするのはおかしいというしだいである。

スロビックらは、期待効用原理に対するもう一つ別の反例についても実験し、やはり多くの人々がこの原理に反する選好を示すことを確かめている。もう一つ別の反例というのは、「エルスバーグの反例」とよばれているものであるが、紙数の都合で省略する。(Ellsberg〔5〕を参照されたい。)

4　ミニマックス原理と均衡解の存在性

二人零和ゲーム

ゲーム理論が主に扱っている問題状況は、二人以上のプレーヤーが互いに競い合っている状況である。そのような状況の中で、最も単純なものは、二人零和ゲームとよばれているものである。「二人零和ゲーム」というのは、プレーヤーが二人いて、一方のプレーヤーが x なる値（ふつうは金額で表されたもの）を獲得した場合は、他方が同じ x を失うことになる、というゲームである。つまり、両者の獲得する値の合計が、プラス・マイナスでゼロとなる場合を意味している。

今、A 氏と B 氏が競っている場面を考えよう。A 氏のとりうる行為は a_1 と a_2、B 氏のとりうる行為は b_1 と b_2 であったとしよう。それぞれの行為選択の結果、両者に配分される損得の値が表V－4のように定められたゲームを考えてみよう。この表の見方は次のようなものである。各セル内の数値は、第一項を A 氏の取り分、第二項を B 氏の取り分と定めたものである。当然、マイナスの値は「取られる分」ということになる。それぞれの値は、金額（単位は円でもドルでも何でもよい）としておこう。各人のお金に対する主観的価値（効用）は、お金の額面に対して比例していると仮定する。すなわち、x 円に対する A 氏の効用は$u_A(x)=a_1x+a_2$（$a_1>0$）とし、同じx円に対するB氏の効用は$u_B(x)=b_1x+b_2$（$b_1>0$）となっているとする。ここで、お金に対する効用は、それぞれの個人にとっては相互に比較ができるが、ふたりの間では、相互比較はしないものと仮定する。したがって、表V－4の代りに表V－5のように書きかえても、ゲーム理論では同じゲームとみなしている。（表V－5では、表V－4におけるB氏の獲得または損失を二倍にして、さらに五だけ差し引いた結果が記されている。表V－5は、見かけ上は「零和」となっていないが、適当な線型変換で表V－4のような「零和」にすることができるので、やはり零和ゲームとされるのである。）

もちろん、現実の人間は、おそらく表V－4と表V－5とを同一とみなしたりはしないだろう。（このことは、あとで論じるつもりだが。）しかし一応ここでは両者のゲームは同一とみなすのである。

表V－4

A＼B	b_1	b_2
a_1	0,　0	2, −2
a_2	0,　0	−2,　2

表V－5

A＼B	b_1	b_2
a_1	0, −5	2, −9
a_2	0, −5	−2, −1

利己主義の原則と鞍点

さてここで表V－4をじっくりながめていただきたい。同じことだから、表V－5をながめていただいてもよい。もしもA氏が己れの取り分を少しでも多くしたいと願い、それだけを考えているとしたならば、当然a_1という行為を選択するにちがいない。なぜならば、B氏がb_1を選択した場合にはどっちみち〇円しか獲得できないが、もしもb_2を選択してくれれば、二円損するかわりに二円得するからである。したがって、行為a_1はA氏にとって無条件に優越している行為となる。

B氏にとってはどうだろうか。b_1を選ぶとA氏の行為選択が何であれ、〇円の獲得となっている。ところがb_2を選ぶと、うまく行けば二円（表V－4の場合）の獲得だが、へたをすると二円の損害となる。つまり、自分が損をするか得をするかは、相手しだいということになる。

そこで、「利己主義の原則」を導入しよう。すなわち、各プレーヤーは、常に、自分の取り分の最大化だけを願っているとし、また、相互に相手側も同じ利己主義にしたがって行為選択するものと仮定して自己の行為を選ぶものとする。

そうなると、B氏は、A氏が利己主義からa_1を選ぶものときめてかかってよいことになる。その場合は明らかにb_1を選ぶのがB氏の利己主義にもとづく選択である。その結果、A氏はa_1、B氏はb_1というところに落ち着くことになる。

このように、相互の利己主義の原則から、両者の行為選択が一意的に定まる場合を、このゲームには「鞍点」が存在するというのである。両者の利害がまさに均衡している点ともいえよう。

鞍点のない場合

二人零和ゲームは常に右で述べたような鞍点が存在するのかというと、必ずしもそうではない。たとえば、A氏とB氏の利害が表V－6のような場合を考えてみよう。明らかに、A氏もB氏も、いくら利己主義の原則を自分や相手に適用しても、二つの行為のうちいずれを選択すべきかが定まらず、常に相手しだいでどうにでも変わりうるものとなる。

ゲームの理論では、このような場合には、各プレーヤーは行為を確率的に選択すると考える。つまり、相手にこちらの行為選択が確定できないように、与えられた選択肢の行為を、ある特定の確率分布で選択するのである。その結果、どういう利得・損失が得られるかについても、一意的に確定できず、確率的にしか推測できないことになる。

表V－6

		B b_1	b_2
A	a_1	−3,　3	1, −1
	a_2	3, −3	−1,　1

ゲーム理論では、そのような場合、人はいくつかの行為をいかなる確率で選択するかについての行為計画を立てるものだと仮定している。いろいろな行為を何らかの確率分布で選択するという行為計画のことを、ゲーム理論では「混合戦略」とよんでいるが、本書では戦略という物騒な言葉は避け、「確率的行為」または「行為の確率化計画」とよぶことにする。

さて、確率的行為を選択するにあたって、ゲーム理論は前節で紹介した期待効用最大化原理を適用しようとするのである。

今ここで、表V－6におけるA氏は、a_1という行為を確率pで選択（したがってa_2を$1-p$の確率で選択）するという計画を立てていたとする。同様に、B氏はb_1という行為を確率qで（すなわち、b_2を$1-q$で）選択する計画を立てていると考える。これらの確率pやqは、双方にとっていずれは知られてしまうものと考えよう。

そこで今、A氏が自らの行為計画によって期待できる期待効用は、

$$
\begin{aligned}
U_A(p, q) &= -3pq + p(1-q) + 3(1-p)q - (1-p)(1-q) \\
&= -(2p-1)(4q-1)
\end{aligned}
$$

ここで、U_Aはpとqの関数になっているのだが、A氏自身がコントロールできるのは、pだけであることに注意していただきたい。

さて、A氏が自らa_1を選ぶ確率pを$1/2$以下にしたと仮定する（すなわち、$2p-1 \leqq 0$）。もしもそのことがB氏にわかってしまうと、B氏はqをなるべく小さくしてU_Aを最小化するべく手を打ってくるにちがいない。したがって、$q=0$とされることを予想しておくべきだろう。そのときは、

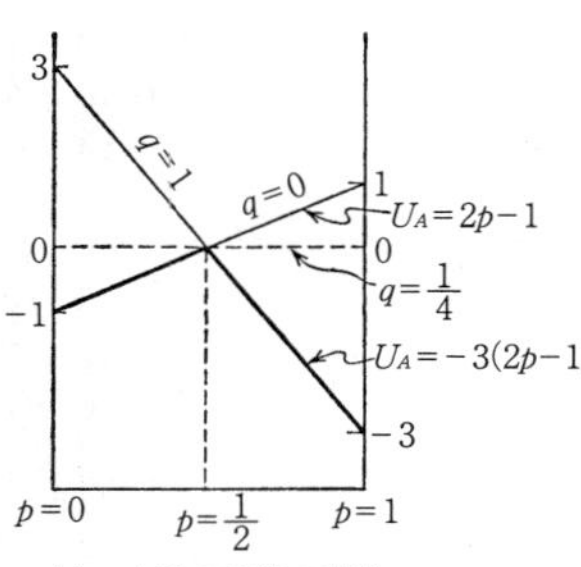

(a) A 氏の利得の変化
(p の関数としたとき)

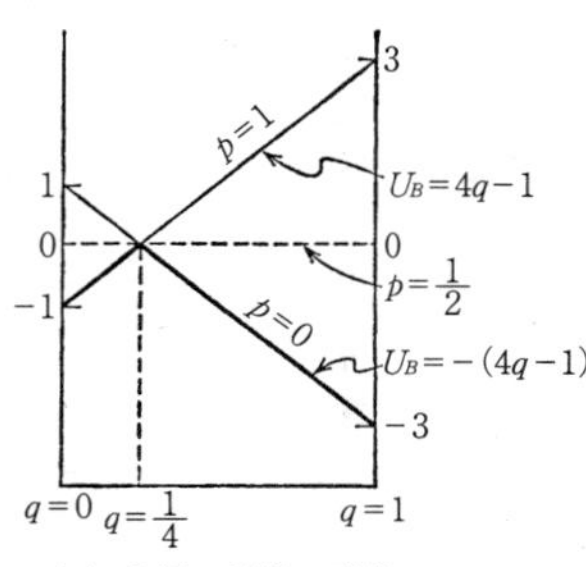

(b) B 氏の利得の変化
(q の関数としたとき)

図V−1

$$U_A(p, 0)=2p-1$$

となるので、この範囲でpをなるべく大きく、すなわち、$p=1/2$としておくのがよいだろう。

一方、pを$1/2$以上にした場合（$2p-1 \geqq 0$）は、B氏にそのことが知られると、B氏は$q=1$とすることによってA氏の利益を最小化してくるにちがいない。もしそうだとすると、

$$U_A(p, 1)=-3(2p-1)$$

となるので、A氏の立場としてはpをなるべく小さく、つまり$p=1/2$にしておくのが無難というものである。結局のところ、$p=1/2$とするのが最良の策ということになろう。

以上のことを図示すると図V−1(a)のようになる。図V−1(a)は、縦軸に$U_A(p, q)$の値をとり、横軸にpをとったグラフで、$q=0$のときと$q=1$のとき

のグラフを重ねてある。

同様にして、B氏の期待効用$U_B(p, q)$もグラフに描くことができる。表V－6から明らかなように、B氏の効用はすべてA氏の効用のプラス・マイナスの符号を逆転させたものであるから、

$$U_B(p, q) = -U_A(p, q) = (4q-1)(2p-1)$$

となる。しかし、B氏の場合、自らコントロールできるのはqであるから、$U_B(p, q)$をqの関数として（すなわち、qを横軸にとって）表さなければならない。その結果図V－1(b)に示したようになる。すなわち、$0 \leqq q \leqq 1/4$の範囲では、A氏が$p=1$とせまってくることを予想して$U_B=4q-1$を最大化するために$q=1/4$とすべきであり、$1/4 \leqq q \leqq 1$の場合には、A氏が$p=0$とせまってくる場合を想定し、$U_B=-(4q-1)$を最大化するためにやはり$q=1/4$とするのがよい。結局のところ$q=1/4$が最良ということになる。

イジケ策とイジワル策

ところで、以上のような論法で最良の策を求めたことをもう一度ふりかえって考えてみよう。

各プレーヤーは、自分の行為の確率化を計画するにあたって、常に相手が自分の弱みに

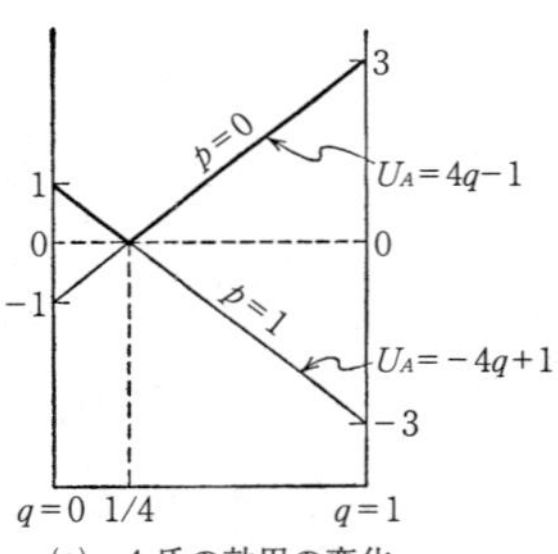

(a) A氏の効用の変化
(B氏にイジワルされたとき)

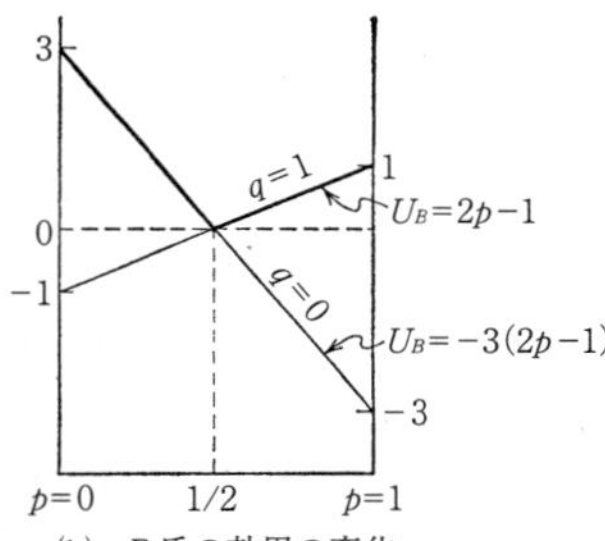

(b) B氏の効用の変化
(A氏にイジワルされたとき)

図V－2

つけ込んで、徹底的にイジワルをしてくるものと想定した。相手の最大限のイジワルを覚悟した上で、自らのこうむる損害を最小限にとどめようとして方策を練ったわけである。いわば、相手が徹底的にイジワルをしてくるものと思い込んでの、イジケた方策ということができよう。

二人零和ゲームでは、自己の利益と相手の利益は常に正反対になっているので、自分自身が最大限にイジケることと、相手に最大限のイジワルをすることとは同一になる。(「攻撃は最大の防御なり」とでも言うべきか。)

そのことは、図V－2をごらんいただくとよくわかるのではないだろうか。図V－2を描くにあたって、先の $U_A(p, q)=-(2p-1)(4q-1)$ を q の関数として表現しなおし、$U_B=(2p-1)(4q-1)$ は p の関数として表現しなおしてみたのである。つまり、A 氏の期待効用を B 氏の方策(q の決定)の関数とみて、B 氏の期待効用をA氏の方策（pの決定）の関数とみたわけである。

図Ⅴ－2(a)から明らかに、B氏は$q=1/4$とすることによって最大のイジワル（A氏の効用の極小化）ができるし、図Ⅴ－2(b)からは、A氏が$p=1/2$とすることによってB氏に最大限のイジワル（B氏の効用の極小化）ができる。ところで$p=1/2, q=1/4$は、図Ⅴ－1(a)および(b)から導かれた、A氏とB氏の最もイジケた方策と同一になっているしだいである。

ちなみに、標準的なゲーム理論の解説書では、イジケ策のことを「マックスミン戦略」とよび、イジワル策のことを「ミニマックス戦略」とよんでいるが、本書ではこれらの言葉は用いない。その理由は、マックスミン（maxmin）という言葉は maximization of the minimum security level の略であるが、英語にかなり堪能でないと意味がピンとこない。しかも、たとえ直ちに英語訳を想起できたとしても、「誰にとっての maximization（最大化）」だったのか、「誰にとっての minimum security level（最小保障限界）」だったのかがわからないのである。一方、イジケるとかイジワルとかいう言葉は大変品のわるい、悪趣味な言葉にちがいないが、少なくとも、イジケルは相手のイジワルに対しての自分の態度であり、イジワルするのも相手に対する自分の態度であることが直ちにわかって混乱の生じる可能性が小さいからである。

一般に、二人零和ゲームにかぎって言えば、いかなる場合でもイジケ策とイジワル策は同一となり、また、プレーヤー双方が互いにイジケ策（即イジワル策）をとると、ゲームは一種の均衡状態に到達することになる。すなわち、両プレーヤーともに、それ以外の方策をとることが自らの不利になることを覚悟しなければならなくなる、というしだいである。

言いかえると、二人零和ゲームでは常に一種の力のバランスが成立し、各プレーヤーの方策が（行為の確率化計画をふくめて）一意的に定まるというわけである。

5　非零和ゲームと囚人ディレンマ

二人非零和ゲーム

一般に人々の間で利害の対立が存在する場合に、利得和が常に0になるというのはきわめて稀なことであろう。一般形としては、むしろ「非零和」を前提にして理論を展開しておいて、「零和」をその特殊例として扱っておきたいところである。

ところがこれがなかなかそうはいかないのである。なぜなら、「非零和ゲーム」になったとたん、話が極端にむつかしくなり、スッキリした均衡点が導出できなくなってしまうのである。

たとえば表V－7をごらんいただきたい。この表から、プレーヤー

表V－7

		B	
		b_1	b_2
A	a_1	2,　2	−2, −1
	a_2	−1, −2	1,　3

AおよびBのイジケ策とイジワル策を求めると、図V－3から明らかなように、Aにとってのイジケ策とイジワル策は異なっているのである。つまり、Aはイジケたときは$p=1/3$とするが、Bにイジワルをしようと思ったときは$p=5/8$となるのである。他方、Bはイジケた場合もイジワルくなったときも、$q=1/2$ということになる。

そこでもしもBが$q=1/2$以外の方策がないと仮定できたとして、Aはイジケるべきか、イジワルをすべきかを考えてみると、表V－7の例にかぎって言えば、Bが$q=1/2$としているかぎりどの方策をとったところで期待効果は変わらず、常に0になっているのである。ただし、一般的なことを言えば、「イジケるべきか、イジワルすべきか」は、二人がそれぞれ二選択肢をもった非零和ゲームでは、双方ともイジワルする方が自分にとって効用が大きくなる傾向があるものである。ところがこのように双方がイジワルをすることは、もとの損得表（表V－7のような形）で双方が協力して（a_1, b_1）か（a_2, b_2）かを実現させた場合よりも低い期待値しか獲得できないのも常である。（このことは、$p=5/8$, $q=1/2$のときのAの期待値が0となり、Bの期待値が$1/2$になってしまっていることからもわかるであろう。）

ここにいたって、一種のディレンマに陥ることになる。すなわち、「イジケるべきか、イジワルすべきか」について悩んで、自らの期待効用を最大にすべく「イジワルすべきだ」という答えを出してみると、もともとの表から損得計算をして、（a_1, b_1）か（a_2, b_2）

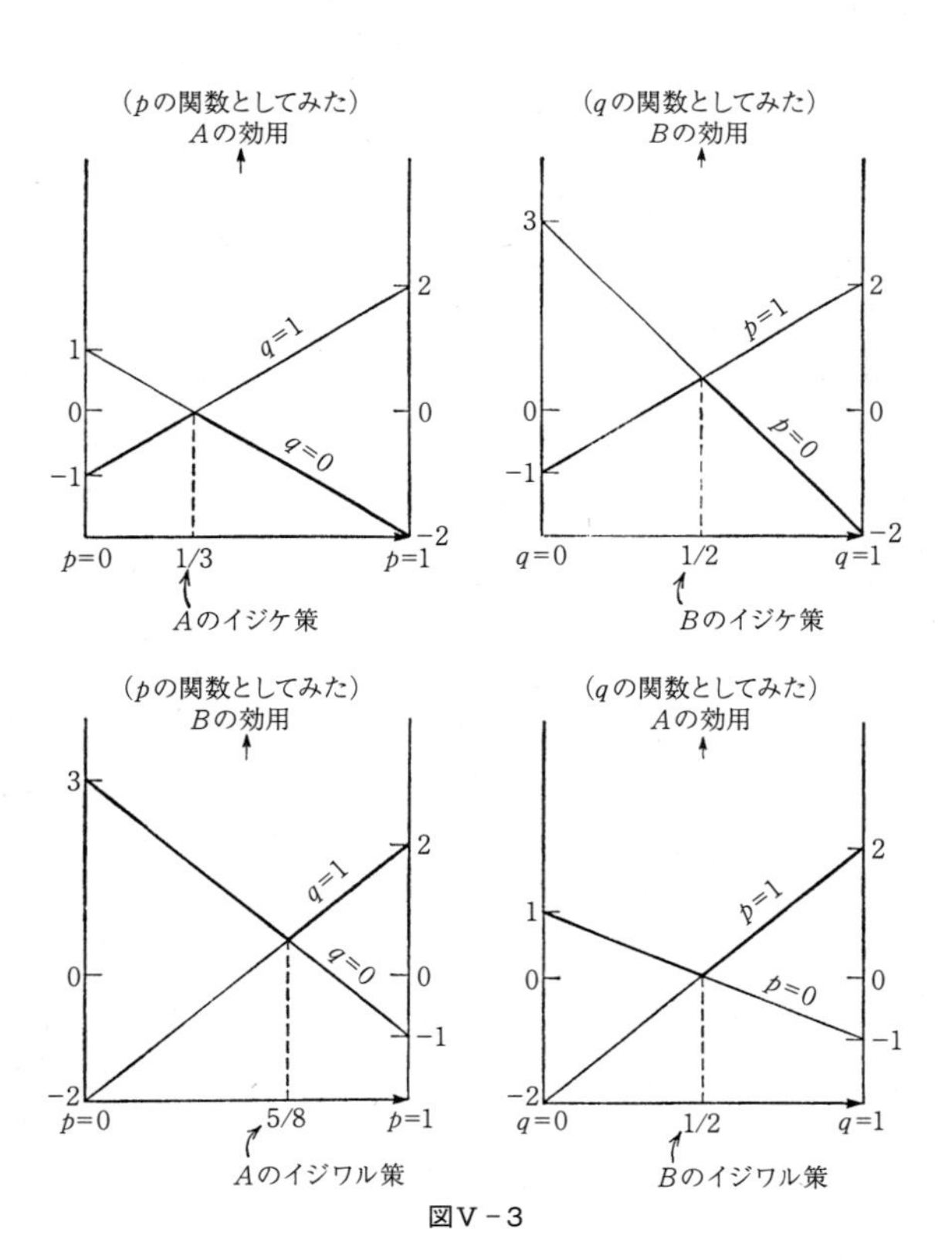
(pの関数としてみた)
Aの効用
1
0
−1
2
0
−2
q=1
q=0
p=0
1/3
p=1
Aのイジケ策
(qの関数としてみた)
Bの効用
3
0
−1
2
0
−2
p=1
p=0
q=0
1/2
q=1
Bのイジケ策
(pの関数としてみた)
Bの効用
3
0
−2
2
0
−1
q=1
q=0
p=0
5/8
p=1
Aのイジワル策
(qの関数としてみた)
Aの効用
1
0
−2
2
0
−1
p=1
p=0
q=0
1/2
q=1
Bのイジワル策

図V－3

かのいずれかを実現せしめることにきめた場合よりも、双方とも低い効用しか期待できなくなる。つまり、双方が相手をいじめ合ってお互いに損害をこうむり、その結果、社会全体にとってはマイナスになるというしだいである。

右のような事態をもっと明確に示したものが、いわゆる「囚人ディレンマ」とよばれるゲームである。

囚人ディレンマ

囚人ディレンマとよばれるゲームは、次のような物語を想定したもので、タッカー(A. W. Tucker)の発案であるといわれている。(本節ではもとの話をかなり脚色してあるので、ご注意いただきたい。ただし、本質的構造は変わらない。)

今、ふたりの男AとBが、有名宝石店における盗難事件の容疑者として別件逮捕された。ふたりはどうやら共犯らしいのだが、なかなか口を割らない。このまま両者が否認をつづけたならば、両者ともそれぞれの別件(実はスリの現行犯)で起訴するしかなく、せいぜい三年の懲役になる程度である。もしも両者が宝石店の件を自白すれば、両者は六年の刑に処せられることになっている。両者のうち一方が自白して、盗んだ宝石の在りかを明らかにし、共犯者を起訴するに足りる証拠を提供してくれたならば、捜査協力ということで、自白した方は不起訴処分となり、最後まで否認していた方は九年の刑に処せられるとする。服役年数をマイナスの効用とみなしてまとめたものが表V－8である。

さてここで表V－8をよくながめていただきたい。明らかに、Aにとっての最良策はa_1（自白）することである。なぜなら、Bが自白した場合でも、否認しつづけた場合でも、Aにとっての効用は自白する方が高い値を示しているからである。全く同じことがBについても言えるので、結局（a_1, b_1）というのが鞍点になるのである。

ところがここであらためて考えてみると、もしもふたりが否認しつづけたならば、ふ、た、り、に、と、っ、て、は、る、か、に、好、ま、し、い、結、果（a_2, b_2）をもたらすことができたはずである。つまり、ここでも、双方が自己の利益の最大化をめざす結果、結局は双方とも明らかに損をしてしまうのである。

表V－8

		B	
		自白(b_1)	否認(b_2)
A	自白(a_1)	−6, −6	0, −9
	否認(a_2)	−9, 0	−3, −3

共倒れの論理

囚人ディレンマの例では、ゲーム理論にもとづく解は「双方とも自白せよ」ということで、世の中のタメには結構な結論であった。しかし、双方にとって明らかにもっとよい解決が見えているのにそれが達成できないというディレンマが存在することは明らかであろう。このようなディレンマは、現実の社会ではいろいろな不合理を生み出している。

たとえば今A国とB国が両国の国境近辺で紛争を起こしはじめているとしよう。相手国が撤退しつつあるときこちらが進攻すると有利になれる。相手が攻撃してきているときは当然、撤退するより迎撃した方がよいにきまっている。その結果、両国が互いに国境を侵犯して相手国に進攻し、その結果、双方にとっての明らかな不利益をこうむるということはしばしば現実の国際問題で発生しやすいことであろう。(「国境進攻」をa_1、b_1とし、「無条件撤退」をa_2、b_2とせよ。)

あるいは新興住宅地に二つの大きなスーパー・ストアが進出し、互いに「出血サービス」をくりかえして共倒れになるのもこの囚人ディレンマである。(「出血サービス」をa_1とb_1、「適正価格」をa_2、b_2とせよ。)

もっと簡単な例で説明することもできる。近所のゴミ収集所の掃除など誰にとってもやりたくないにきまっている。しかし、だからといって、誰も掃除をしなかったらどうなるか。誰にとっても、明らかに不愉快な思いを強いられることになる。

こういう例は世の中にはいくらでもあるだろう。だからこそ、「お互いに助け合いが必要だ」とか、「自分の利益ばかりを考えるのは、長い眼でみると損だ」とか言って互いに利己主義をいましめあっているのである。しかし、ゲーム理論は個人が自己の利益を最大化しようとするという原理で出発した以上、このディレンマの解消はできない。

それではこの利己主義の原理のどこを修正すればよいのだろうか。「互いに話し合う」

とか「互いに助け合う」とは、一体どうすることなのだろうか。

このような囚人ディレンマの解消をさぐる前に、このようなディレンマを前にして人々はどのような行動をするかについての実験的研究を簡単に紹介しておこう。

6 囚人ディレンマの実験的研究

実験研究二〇年

囚人ディレンマ型のゲームは、人間行動を研究する新しい研究課題を提供し、多くの心理学者たちの研究意欲をかき立てた。囚人ディレンマに関する最初の実験（Scodel, Minas, Ratoosh, & Lipetz [14]）から、もう二〇年も経ており、その間、約一〇〇〇件の論文発表や著書公刊がなされた。しかし、最近発表されたレヴュー論文によれば、これほど多くの実験がなされたにもかかわらず、これほど理論的展開のとぼしかった領域も少ないという。

そういう批判もあるが、ここでは一応この二〇年間にわたる心理学実験でわかってきたことを、かいつまんで紹介し、読者の御判断に委ねる。

囚人ディレンマの実験というのは、たとえば先の表V－8のような損得表にしたがって二人のプレーヤーにゲームを何回もくりかえさせるものである。実際の損得は、損得表に示される数値に比例する少額の金銭が賭けられることもあれば、単に点数計算だけが行われ、ある程度試行回数が進行した後に、合計得点数に応じて賞品を与えるというのもある。そのような状況でプレーヤーが共倒れ的な結果に陥るか、共存共栄をとりもどすかなどについて観察しようとするのである。

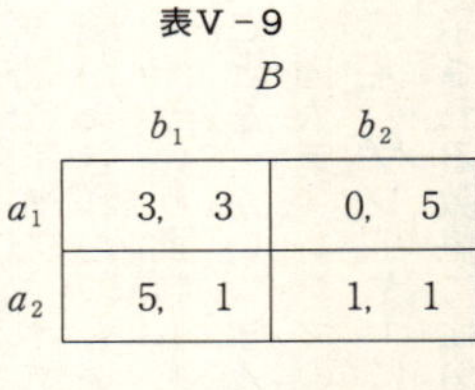

表V－9

		B	
		b_1	b_2
A	a_1	3, 3	0, 5
	a_2	5, 1	1, 1

最初の実験

最初の囚人ディレンマの実験では、表V－9のような損得表が用いられた（Scodel, Minas, Ratoosh, & Lipetz（14））。この表では、「共倒れ」になるのは（a_2, b_2）であり、「共栄」になれるのは、（a_1, b_1）であるが、ゲームの鞍点は「共倒れ」の状態に存在しているのである。

実験の結果は次のようなものであった。二二組のうち二〇組のプレーヤーたちが、共倒れ状態に陥る頻度の方が共栄状態になる頻度より多かったという。しかも、試行回数が増えるにつれて、相互不信がつのり、共倒れから脱出できなくなるケースが増えたという。その後の研究では、何百回も試行をつづけていくと、そのうちに共倒れ指向はさすがに五〇％以下になるという（Rapoport & Chammah（13））。

途中の二五試行目で一端休憩させ、そのときに「プレーヤー間で自由に話し合ってよい」とした場合でさえも、プレーヤーは相変わらず共倒れに陥ったという。

損をしても相手に勝つ

表V－9のような損得表では、各プレーヤーが自己の利益を最大化しようとする結果、共倒れに陥ったのであった。そうなると、人々が共倒れに陥りやすいという実験結果は、人々が本質的に利己主義者であることを示しているかのように見えるかもしれない。ところが次の例をみると、どうやら人間は利己主義者以上に干渉主義者であると言えそうである（Minas, Scodel, Marlowe, & Rawson〔9〕）。

まず表V－10を見ていただきたい。この表では、明らかに（a_1, b_1）が鞍点になっている。つまり、それぞれのプレーヤーが己れの利益を最大化しようとするなら、当然（a_1, b_1）に落ち着くはずであろう。同じことが表V－11についても言える。明らかに（a_1, b_1）が鞍点であり、各プレーヤーがa_1ないしb_1を採用することの有利さは、表V－10の場合よりも大きいと言える。

表V－10

		B: b_1	B: b_2
A	a_1	3, 3	1, 3
	a_2	3, 1	0, 0

表V－11

		B: b_1	B: b_2
A	a_1	4, 4	1, 3
	a_2	3, 1	0, 0

ところが実際にこれらの損得表にもとづいてゲームをやらせてみると、表V－10では五二％もの相対頻度で最悪事態の（a_2, b_2）が選択結果とな

り、表V－11でも四七%が同じように最悪事態（a_2, b_2）を生ぜしめているのである。どうしてこんなことになってしまうかといえば、人々の選択動機の中に「相手より低い利得になりたくない」という意識がはたらいているからであろう。その動機が「自らの利得を少しでも多くしたい」という動機よりも強くはたらいているため、最悪事態に陥ってしまうのである。

考えてみると、わたしたちはいつも「他人がどれだけ得をしたか」を気にしており、それとの比較で自分の損・得を評価しているように思える。万人が貧乏だった戦時中はとりたてて貧困感はなかったが、戦後になって、貧富の差がはげしくなると、痛切に貧困感を感じるようなものである。

しかし、自分の得る効用（幸福感）が相手の得る効用（相手の幸福感）に依存しているというのは、いわゆる利己主義の原理に違反するものである。己れの利以上に「相手より優る」という事態を望む場合も非利己的だが、「相手と同等でありたい」という非利己主義もあろう。これは、わたしたちの満足・不満足が根源から「社会的」なものであり「相互的」なものであるということを意味しており、ゲーム理論が当初前提にした「利己的人間像」が現実の人間像とかなり大きくかけ離れていることを示している。

目標・期待説

過去二〇年間のゲーム実験結果によると、人が囚人ディレンマのような状況で示す行動は、その人が心の中でいだくいろいろな目標や他人に対する期待（認知的変数）にもとづくものであることを示してきている。

このことは、プリットとキンメル（Pruitt & Kimmel〔11〕）が目標・期待説（Goal/expectation theory）としてまとめあげているので以下で紹介しておこう。

目標・期待説によると、人は常に短期目標と長期目標の二つの目標をもって生きているという。

囚人ディレンマ状況での短期目標は、一回一回の試行で少しでも自分の取り分を多くし、相手に負けまいとする目標である。一回一回の試行そのものを問題としており、長期的展望は一切ないと考えておこう。囚人ディレンマ・ゲームに直面すると、最初の五〇試行ぐらいは各プレーヤーはこの短期目標だけで行動していると考えられ、そのために、共倒れの事態が延々と続いているのである。

長期目標というのは、一時的な自己の損得は度外視して、長期的展望に立って、社会における相互信頼と協調関係を確立し、末永く生きのびて共存共栄を達成しようという目標である。

一般的にいえば、人は短期目標で行為選択を行いがちであるが、次のような認識が確立してくるにつれて、長期的展望に立った行為選択を行うようになるという。

(a)　他人から長期にわたって搾取しつづけることはできない。いつかは必ず「しっぺ返し」を食うことになる。

(b)　共存共栄を達成するには、自分だけではどうにもならず、どうしても相手の協力を必要とする。

(c)　自分が相手に協力的であることを示さなければ、相手が協力的になってくれる保証はない。

以上のような認識のもとで長期目標をもち、何とかして共存共栄を実現しようとしはじめると、囚人ディレンマ・ゲームでも、互いに「協力的」意図を少しずつ示し合い、相手がそれに応じてくれるかを互いに確かめ合うのである。

表V－12

共存共栄的目標（目標）＼（期待）相手の協力的態度	ある	ない
ある	A	B
ない	C	D

そこで、目標・期待説では、人が長期的（共存共栄的）目標をどれだけ強く自覚しているかということと、他人が協力的であることがどのぐらい期待できるかということの二つの認知による相乗的結果として、相手に対する行為が協力的であったり、利己的・排他的であったりするというわけである。

論理的に言えば、表V－12に示したような目標×期待の組み合わせがありうる。多くの実験の結果、Aのセルに相当する条件が満たされているとき、人々は相互に最も協力的になることがわかっている。ところが囚人ディレンマで非協力的選択が最も多く発生するのは、何と、Bの条件の下であるという。これは「裏切り」を最も強く感じる場合であることを考えれば了解できるであろう。共存共栄のために自己犠牲をして相手に協力を求めているのに、それを裏切られたときには、復讐の鬼と化す、というわけか。

また、いくつかの囚人ディレンマ・ゲームの実験から、共存共栄的な長期目標をもつためには、もう一つ重要な認識が先行するという。それは、社会的公平性が状況の中ですでに成立しているか、それとも、ゲームを通して達成可能である、という認識である。プレーヤー間に越えがたい差をつけた有利・不利の立場をはじめから設定しておいたり、ゲームの損得表をきわめて不公平なもの（一方にだけ有利に作用しがちなもの）にしておくと、人々は相互不信、非協力に陥り、共倒れも辞さないことになる。

表Ｖ－13

	b_1	b_2
a_1	5,　5	−3,　7
a_2	7, −3	0,　0

相手を協力的にするには

囚人ディレンマ・ゲームでは、双方が己れの利害得失を離れて協力しあわなければ共倒れになってしまうものであった。しかも、こちらが自己の利害を離れて共存共栄のための選択肢をとったとき、相手がそれに歩調をあわせてくれなければこちらは大きな被害をうけることになる。したがって、どうしても相手に協力してもらわねばならないのだが、一体どういう行動をすれば相手は協力的になってくれるだろうか。

たとえば表V－13のような損得表の場合、鞍点は（a_2, b_2）で、共倒れ結果（0, 0）が発生してしまう。両者が協力すれば（a_1, b_1）で（5, 5）の共栄関係が得られる。ところでAはBに何とかしてb_1を選択させたいのだがどうすればよいか、というのが当面の問題である。

　Aが一貫してa_1をとりつづけたらどうだろうか。そうすれば相手のBもいつかは協力的になってくれるかもしれない。

　残念ながら一〇〇％常にa_1をとりつづけると、Bは「つけ上って」、常にb_2をとるようになることが観察されている。

　効果的なのは、「お返し方略」とよばれるもので、相手がb_2を選んできたらa_2でシッペ返しするが、相手がb_1を選んだときはa_1で返礼するのである。

　ところでこの「お返し」はどの程度敏感に行うべきだろうか。ビキセンスタインとゲーベライン（Bixenstine & Gaebelein [3]）によると、あまりにも敏感にお返しをするのはかえって逆効果になるという。次のような「鈍感」さが最も効果的に相手を協力的にすることができるという。まず、相手がb_1を選んだ直後は六〇％の確率でa_1を選んであげる。相手がb_1を二度つづけて選んだときは、次に八〇％の確率でa_1を選んであげる。三回つづけてb_1を選んできたときにはじめて一〇〇％の確率でa_1を選んであげるのである。同様の鈍感さを、相手の非協力的な態度に対しても示すのである。つまり、相手がb_2を選んだからといって直ちにシッペ返しをしてa_2を選ぶのでなく、相手が三回連続して「図に乗る」場合のみ、確実にシッペ返しのa_2を選んでやる、というのである。そういう「にぶい応答」が相手を最も効果的に協力的にするというのである。

「改悛の罪人」効果ほか

囚人ディレンマ・ゲームの実験で判明したもう一つの人間味ある結果として次のようなものがあげられよう。

それは「改悛の罪人」効果（The effect of the "reformed sinner"）とよばれているものである（Harford & Solomon〔6〕）。表V－13を例にして説明すると、はじめのうち徹底して非協力的選択a_2をとりつづけ、相手がうんざりしたころから今度は協力的選択a_1をとりつづけるのである。こうなると相手はかなり一貫してb_1の協力的選択肢をとってくれるようになる。そのあとで、少しぐらい「過ち」としてのa_2を選択しても、大目に見てくれるという。つまり、はじめイジワルばかりしていた人が改悛して善人になると、人は寛大に受け入れるというのである。

これと全く逆なのが、「堕落した聖者」の効果（The effect of the "lapsed saint"）とよばれるもので、前半をずっと協力的選択a_1ばかりとりつづけて、後半急に相手につけ込む非協力的選択a_2をとりはじめると、今度はなかなか信用してもらえず、あらためて協力的態度に変えても時すでに遅しとなる。不信の目でながめられ、ひどいシッペ返しをくらうことになるという。

さらに、「恐縮効果」とでも名づけられる現象もある。それは、明らかに勢力に差があり、一方のプレーヤーが有利になっているゲームで、有利側が協力的選択をすると、不利側はかなり敏感にそれに応じるというのである。

そのほか、いろいろな駆引きや相互不信などの心理戦争が数多く観察されている。しかし、いずれの観測現象も、一つ一つは興味深いが、一般理論を展開していくには実験状況があまりにも限定されているため、何も明確な法則を定立できないままであるのが現状である。

ただ、きわめて明白な事実は、人はつねに他人の行動の意図をさぐり、動機の善意、悪意に対して敏感に反応しているということで、単純な利己心だけで行動しているのではないということである。

それは、ほかでもない、人間がはじめから社会的であるということである。そのことを無視して人の行う選択や決定を論議することはできないことを示しているのである。

7 談合と仲裁による紛争解決の論理

協定にもとづく決定

先の囚人ディレンマ型ゲームに関する考察で明らかな通り、個人の利益最大化原理は、ときに共倒れ現象を導き、社会全体としての破滅をもたらしかねない。共倒れを避けて共存共栄を保障するには、社会の構成員は互いに話し合い、自らの利益最大化ではなく、共同利益最大化のために必要な行為を選択しなければならないのである。そのためには、互いがどのような行為を選択すべきかを計画し、協定を結び、その協定に従って行動することを互いに約束し、その通り履行しなければならないのである。たとえ、「だまし打ち」が個人にとってはいかに魅力的であろうとも。

ところで、囚人ディレンマの場合には、互いに話し合って実現すべき共存共栄の状態は、ただ一つであり、両プレーヤーにとって自明のものであった。しかし、一般的に言えば、両者が共倒れにならないように避けたとしても、実現すべき「共存共栄」の内容は、必ずしも一意的に定まるものとはかぎらない。

表V－14

		B	
		b_1	b_2
A	a_1	8, 3	−1, 1
	a_2	1, −1	3, 8

たとえば表V－14の損得表を見ていただきたい。この場合、A、Bいずれのプレーヤーもa_1b_2やa_2b_1を実現させたくないという点での合意は得られるだろう。しかし、a_1b_1とa_2b_2のうちいずれを実現させるべきかとなると、両プレーヤー間の意見の一致はなかなか得られ

ないだろう。プレーヤーAはa_1b_1を実現させたいだろうし、プレーヤーBはa_2b_2を実現させたいにちがいない。

仲裁の必要性

このような場合には、適当な第三者が仲裁に入り、実現されるべき結果を定め、得られた結果の共同利益が公正に配分されるように、協定内容を決定するのが望ましいだろう。あるいは、当事者同士が互いに己れの利益を度外視して、第三者的立場に立ち、あたかも仲裁者が入ったかのように考えて、適切な協定を話し合いできめることもできるであろう。

このような第三者的立場が入る必要性までは万人が認めるとしても、その第三者的立場がどのような仲裁を行うべきかについては、いろいろな考え方もあり、社会的公正についての様々な考え方を反映し、それらによって、しかるべき仲裁方式も異なるものである。本節では、どのような仲裁方式が相互に満足のいく公正なものであろうかという点を考えてみることにする。

以下において、一つの仮想的な例をもとに、実現させたい社会状態に関してプレーヤー間の意見が異なる場合の仲裁方式がどのようなものであるべきかについて考察していく。とりあえず、次の例を考えていただきたい。

「勉強部屋のコンフリクト」

ふたりの兄弟、兄のA君と弟のB君が、兄弟で一つの部屋をつかって生活しているとしよう。兄のA君は目下のところ大学受験を目前にして日夜勉強に専念しているが、弟のB君は、今春高校一年生になったばかりで、大いに遊びたいところである。A君もB君も、趣味はレコード鑑賞であり、同じ部屋にあるステレオ・プレーヤーで聴くことである。

兄Aは弟Bがステレオを聴いているときに勉強するのは面白くない。弟も兄が勉強中にステレオを聴くことは心苦しい。兄は自分がステレオを聴いているとき、弟が勉強していても気にしない。（もちろん、弟はかなり迷惑するが。）……というようなわけで、両者の効用が表V－15のようであったとしよう。

表V－15

		弟B 勉強 b_1	弟B 遊び b_2
兄A	勉強 a_1	8,　3	0,　1
兄A	遊び a_2	2, −1	2,　6

表V－15から明らかなように、各人が全く自分の好き勝手な行動をするよりも、談合しあってふたりが同時に勉強するa_1b_1か、あるいは同時に遊ぶa_2b_2かが望ましいのである。しかし、一つの部屋でどのような時間配分で勉強と遊び（レコード鑑賞）を両立させるべきかわからない。

パレート解をさがす

ここで表V－15を図V－4に示すようなグラフにあらわしておく。各人の行為を確率的に選択する結果の各人の期待効用は、すべて図

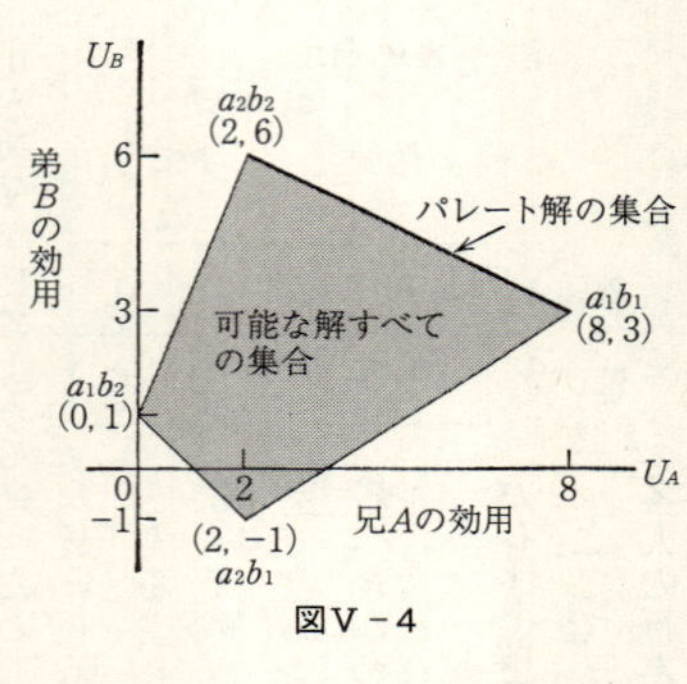

図V－4

の中の四辺形の内部および辺上にふくまれる。ここで行為選択の確率は、当面の部屋をそれぞれの使用目的で時間配分をする場合の時間の配分率と考えていただきたい。

もしも、人々が利己主義の原則にしたがって行為選択をするとしたならば、a_1b_1 と a_2b_2 を結ぶ線分よりも左下方の領域にある点が合意点となるとは考えられない。なぜならば、もしもそのような点があったとすると、その点の右上方の点はすべて両者にとって効用が大きくなるわけだから、利己的な立場からすれば、先の点よりも両者にとってより望ましい点が存在することになってしまうからである。

したがって、両者が合意すべき点は、図V－4のようなグラフで、右上方にある負の勾配をもった辺上に存在すると考えないわけにはいかないだろう。そのような点の集合は、当事者間での選好順序の完全一致を社会は実現するというパレート最適性による解の集合だから、「パレート解」とよばれる。

望ましい仲裁方式

ゲームの当事者が互いに自らの利得最大化のみを追求しているために、「共倒れ」になりそうな場合には、中立的立場に立つ第三者に仲裁してもらうわけである。もちろん、第三者に介入してもらう代りに、当事者が己れの利害得失を離れて、第三者的立場に立って話し合うと考えても同じことである。

いずれにせよ、当事者の利害得失を十分考慮した上で、中立的な、公正な立場から仲裁する場合に、どのような仲裁方式が望ましいかを考えてみなければならない。

まず第一に考えられることは、パレート解の中から妥結点をさがすべきだということである。

実をいうと、パレート性そのものは、ゲームの状況においても、必ずしも絶対必須の条件とみなしえないケースが存在するのだが、それに関しては後に詳しく論じることにして、ここでは一応パレート性を仲裁の第一条件としておこう。

第二の条件は、各当事者が主張する効用の強さに対しては、任意の正の線型変換を施しても、妥結点の意味が変わらないようにしたいという条件である。こうしておかないと、何でも主張を過大に表現しがちな人ばかりが得をすることになったり、いつわりの効用を表明した方がよいことになってしまうからである。言いかえると、表V-15の中の数字に絶対的な意味をもたせてはならず、たとえば、兄が自らの効用をすべて二倍にして申し述べたとしても、仲裁結果は変わらないようにしたいというわけである。

第三の条件としては、仲裁方式が何らかの意味で「公正な」論拠をもったものでなければならないということである。

どのような仲裁方式を採用する場合でも、各当事者のいろいろな主張を「仲裁」するためには、どうしても、効用の個人間比較を行わなければならないのである。もちろんここで、当人が申告している効用の値をそのまま受け入れて、それを当事者間で相互比較するなどという野暮なマネはできない。しかし、いやしくも「公正な」仲裁を行うためには、仲裁者は当事者に関して何らかの相互比較を行い、それぞれの主張を相互につきあわせてみなければならないのである。

そこで、仲裁方式の妥当性は、どのような論拠によって、当事者を相互にどのように「つきあわせ」するかにすべてがかかっているといえよう。以下で紹介する三つの仲裁方式は、いずれも、この最後の条件に関して内容のちがいをもっている。どのような「公正さ」の概念の下に、どのような「個人間比較」を行うか、そこにすべての問題が集約されているといっても過言ではあるまい。

原点をどこに置くか

仲裁者の立場に立って、プレーヤー間の効用を相互比較する場合、まずはじめにきめなければならないことは、各プレーヤー共通の「原点」をどこに置くかということである。

つまり、すべてのプレーヤーの効用が、仲裁者の目から見て、ゼロ値と定義できる状態を定めなければならないのである。

理論的な要請からすれば、この際必要なのはゼロ値とすべき原点でなくともよい。逆に、すべてのプレーヤーが至福の状態に至ることを想定し、「オメガ点」と定めてもよい。要は話の出発点を共通に定めようというわけだから、万人至福の状態を話の出発点にして、そこへいくにはどうすればよいかを話し合ってもよいし、万人にとっての最悪状態を想定し、そこから脱出することにして話をはじめてもよいだろう。

したがって、本当の意味からすれば、原点とかオメガ点とかいわず、「参照点（referential point）」というべきだろう。しかし、本節では、通例にしたがって、原点とよぶが、読者はこれを「話し合いの出発点」というように解釈していただきたい。

最も一般的な原点は現状（status quo）である。談合や交渉のはじまる前の状態で、漁業交渉ならば「昨年度の漁獲高」に相当する。

もう一つの考え方は、話し合いがまとまらず、決裂した場合を想定し、そこを原点とする考え方である。労使交渉で「ストライキ決行」を話の出発点とし、それを避ける方向で交渉を進める場合がそれに当る。

第三の考え方は、社会の構成員の全員にとって、最悪の事態を想定し、それを共通の原点とする考え方である。たとえば、核戦争で人類が滅亡する状態を想定したり、石油が完全になくなった状態を想定したり、あるいは、世界中の海からクジラがいなくなった状態を想定することもあろう。

いずれの場合でも、原点というのは、あくまで話し合いの出発点であるから、交渉の結果得られるべきものとしての妥協点ではない。ある種の空想上の事態であり、現実には起こってはならないか、起こりえないという前提で話を進めようとするものである。(もちろん、可能性としては「ありうる」事態であり、人々にとって想像することができる事態でなければならないが。)

平たい言葉でいうと、次のようになる。わたしたちが利害の異なる人と話し合いを進めるときには、両者にとって「そんなことになったら元も子もない」といえる状態か、「そうなってくれれば全員何もいうことがないほど最高だ」といえる状態かを明確にしなければならない。そして、「現実にはそんな事態だけは避けよう」とか、「現実にはそのような理想に一歩でも近づこう」という点で合意した上で、話し合いを開始すべきだというわけである。

本節では、A・B兄弟の交渉問題で、兄も弟も「自分のしたいことをする」という事態を共通の原点として話を進めてゆき、一応の話が済んだ段階で、原点を別のところにするとどうなるかについても、若干の考察をしてみるつもりである。

効用尺度の単位をどう定めるか

仲裁者の立場に立って、プレーヤーの効用を相互比較するためには、共通の原点を定めるだけでは足りない。効用尺度上の「単位」を定めなければならないのである。「単位」というのは、効用の「差」ないし「間隔」に関する標準である。どのような差が両者にとって同程度の差とみなしうるかをきめるのである。この場合の差の相互比較において、必ずしも原点からの差を考える必要はない。「同じ程度のちがい」という意味がはっきりするかぎり、何と何の差をとるかについては、各プレーヤーごとに異なっていてもよいのである。

実際、以下で紹介するナッシュ解、ライファ解、ブレイスウェイト解のちがいは、それぞれ、効用の単位をどう定義するかに関するちがいだけである。それぞれ、「何と何の差」を「同程度の差」とみなすか、という点での見解の相違が、これらの解のちがいを生み出しているにすぎないのである。

ナッシュ解

ナッシュ（Nash〔10〕）が提案したのは、プレーヤーの効用の単位を次のように定めることである。それは図V-5に示す通り、交渉原点（先に説明した話し合いの出発点）を通る縦横の直線を引き、それらの直線とパレート解の直線を延長した直線との交点を求め、これらの交点の原点からの距離を同じ程度の効用差として一単位とみなすのである。（図Ⅴ－5では$O'X'$と$O'Y'$をそれぞれ一単位とみなすのである。）

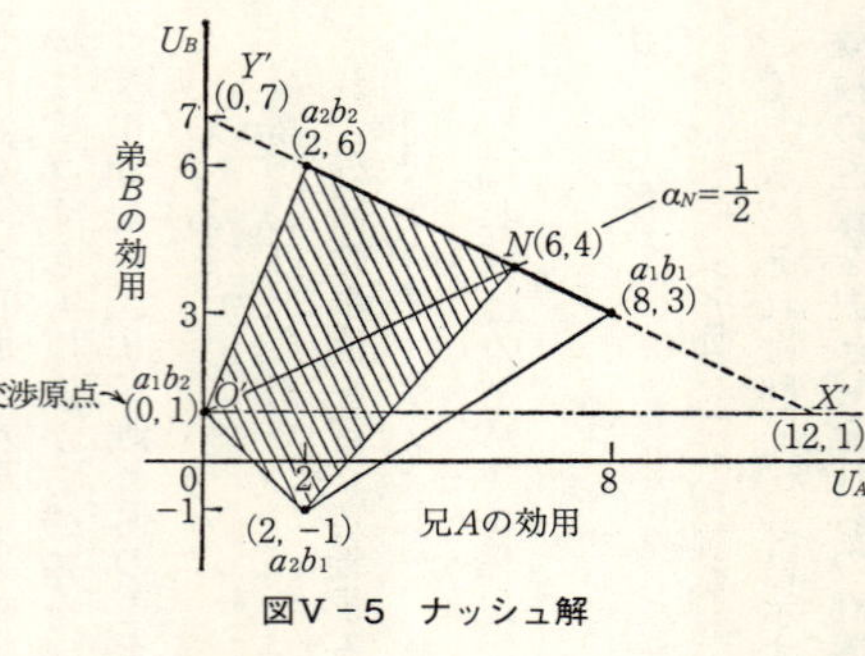

図Ⅴ－5　ナッシュ解

　このような一単位の定義は、次のような考え方にもとづいているのではないだろうか。

　まず、両者の話し合いにおける交渉原点をa_1b_2(0, 1)に定めたということは、Aにとっての最低を0、Bにとっての最低を1とした範囲で解決策を考えようとしたことになる。（実際には、たとえばBの効用は−1にまでなりうるのだが、両者の話し合いで、Bが−1となる事態a_2b_1は出現させないこととされているのである。）

　次に兄Aは自らの希望するa_1b_1(8, 3)を主張する代りに、相手にとっての最低である1にまで引き下げる仮想事態X'(12, 1)を主張するのである。弟Bも同じように、相手（兄）にとっての最低0にまで引き下げる仮想事態Y'(0, 7)を主張し、この両方のつっぱりあいを「オアイコ」とみなし、同等のつっぱりとみなすのである。

　そこで、兄Aの効用はすべて$O'X'$の距離である12で割って、尺度を$\frac{1}{12}$に縮小し、弟

Bの効用はすべて$O'Y'$の距離の6で割って、尺度を$1/6$に縮小し、その上で、パレート解の直線a_1b_1とa_2b_2との間の点で同じ効用となるところをさがすのである。これは図V－5において、尺度変換を施し、その上でO'から四五度の勾配の直線を引いてパレート解直線と交わらせてもよいが、次のように考えてもよい。尺度を変換して四五度の勾配の直線をO'から延長する代りに、尺度はもとのままにしておいて、O'から引く直線の勾配を、さきの縮小率の逆数比に等しくしておくのである。つまり、O'から勾配αが

$$\alpha_N=\frac{O'Y'}{O'X'}=\frac{6}{12}=\frac{1}{2}$$

となるように定めて、$U_B=\alpha_N U_A+1$なる直線を引き、それがa_1b_1とa_2b_2とを結ぶパレート解直線と交わる点Nを求めると、その点の座標が両者に対する効用の公平な分配点となっている。Nの座標は（6, 4）となるのだが、これはa_1b_1を確率$2/3$で選択し、a_2b_2を確率$1/3$で選択したことと同じである。

この場合の選択確率は次のようにして求めることができる。

今a_1b_1を確率pで選択し、a_2b_2を確率（$1-p$）で選択したとき、A、Bの期待効用は

$$U_A=8p+2(1-p)=6p+2$$
$$U_B=3p+6(1-p)=6-3p$$

となる。この期待効用の値がNの座標（6, 4）に一致するはずだから、$6p+2=6$, $6-3p=4$か

ら$p=2/3$が得られる。

この解の意味は次の通りである。兄A君と弟B君は、三日間のうち二日はふたりそろって勉強し、あとの一日はふたりそろって遊ぶのが最良の策ということになる。

以上が「ナッシュ解」とよばれる解決策の概要である。

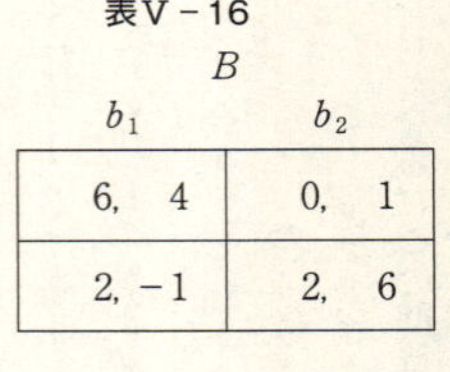
表V－16

		B	
		b_1	b_2
A	a_1	6,　4	0,　1
	a_2	2, −1	2,　6

ナッシュ解の問題点

右で見た通り、ナッシュ解において決定的に重要な役割を果たしたものは、パレート解をあらわす線分の勾配だけである。したがって、たとえばa_2b_1に対する両者の効用がどう変わっても、解には何の影響も与えない。

このことは、ナッシュ解が無関係対象からの独立性を満足しているということで、好ましい特徴ということもできる。つまり、a_1b_1とa_2b_2の間の交渉問題に集約されている場合にはa_2b_1の状態に対する評価は何の影響も与えないのである。（a_1b_2の評価は重要な意味をもっている。なぜなら、ここが交渉の原点と定めたのだから。）

そこで、ナッシュ解を出すために用いたa_1b_1とa_2b_2を結ぶパレート解直線自体は変えずに、この直線に沿ってa_1b_1とa_2b_2の点を自由に移動させてみよう。たとえば、a_1b_1の点を（8, 3）から（6, 4）へ移動させ、a_2b_2の点はもとのままにしておくとしよう。（図

V－5の斜線部分を見ていただきたい。）そのときの損得表は表V－16のようになっているはずである。

図V－5の斜線部分から明らかな通り、この場合でもナッシュ解は先と同様（6, 4）となり、それはa_1b_1を常に（確率1で）選択することが望ましいという「解」を与えるのである。

ところで表V－16をじっくりとながめていただきたい。本当にa_1b_1が常に選択されることが最良の策だろうか。これではB君がかわいそうな気がしないでもない。

しかも、ひとたびa_1b_1が（6, 4）という点であれば、a_2b_2の点はパレート直線上のどこに移動しようが何の影響もなく、常に、a_1b_1だけが選択されるのである。極端な話が、a_2b_2（兄弟がともに遊ぶこと）に対する効用が（0, 7）だろうが（4, 5）だろうが（8, 3）だろうが（12, 1）だろうが、全く関係なく、決して選ばれないのである。これはおかしいといわねばならないのではないだろうか。

ライファ解

そこで、ライファ（Raiffa[12]）は次のような提案によって、ナッシュ解のもつ右のような問題点を克服しようとした。ライファ解では、各プレーヤーの効用の最大と最小の差を仲裁者の立場から同等とみなして調整するのである。

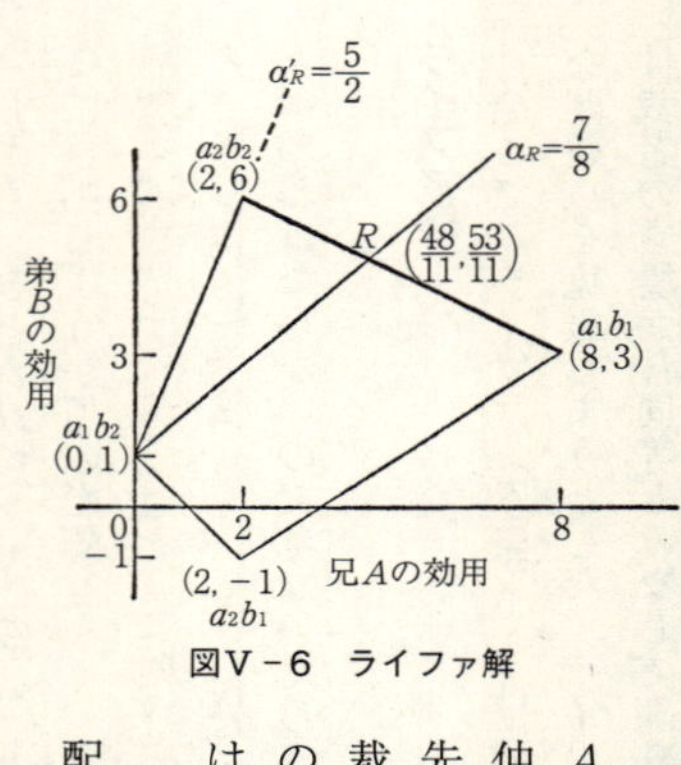

図V－6　ライファ解

当面の兄弟の部屋利用に関する表V－15の問題では、A君の効用差8－0＝8とB君の効用差6－(－1)＝7を、仲裁者から見たとき同等とするのである。その上で、先のナッシュ解のときと同じように、両者の効用が仲裁者の目から見たときに平等になるような点を求めるのである。ここで、交渉の原点（話し合いの出発点）は先と同じa_1b_2 (0, 1) と考える。

ナッシュ解のときと同様に、原点a_1b_2から次の勾配α_Rの直線を引く。

$$\alpha_R=\frac{B\text{の最大効用差}}{A\text{の最大効用差}}=\frac{6-(-1)}{8-0}=\frac{7}{8}$$

この直線がパレート解直線と交わる点Rを求めると、簡単な計算からRの座標が(48/11, 53/11) であることがわかる。この座標の値が期待値となるようなa_1b_1の選択確率pを求めると、$p=13/33 \fallingdotseq 0.4$となる。すなわち、兄弟がそろって勉強するのは、五日間に二日という割合で、あとの三日はふたりそろって遊ぶのがよい、ということになる。

ライファ解の問題点

ライファ解は、両プレーヤーにとっての最大効用差を同等とみなすのであるから、ナッシュ解のときのようなパレート直線の勾配だけできめることから来る矛盾は解消するだろう。しかし、そのために「無関係な対象からの独立性」が著しく侵害される。むしろ、無関係対象への評価に大きく影響を受けすぎるキライがあるほどである。

たとえば、当面の例で、もしもB君がa_2b_1に対する効用を−14にまで下げて意見表明したとすると、そのために、a_1b_1を選択する確率は0となり、a_2b_2を確率1で選ぶのが最良の策とされるのである。なぜなら、B君の効用差が6−(−14)=20となり、そのため勾配が

$$a_R{}' = \frac{20}{8} = \frac{5}{2}$$

となる。この直線とパレート解との交点は(2, 6)となり、a_2b_2と一致するのである。

以上のことを損得表にあらわすと、表V−17のようになっている。この表でのライファ解がa_2b_2 (2, 6)を常に(確率1で)選択せよというしだいである。この結論はやはり承服しかねるのではないだろうか。弟B君が兄A君の遊んでいるときには勉強したくないという程度が、表V−15の−1から表V−17の−14にまで変わったと

表V−17

		B: b_1	B: b_2
A	a_1	8, 3	0, 1
	a_2	2, −14	2, 6

いうだけで、兄Aは全く勉強してはいけないことになり、ふたりは年がら年中、遊びほうけるのがよい、というのは妙な話ではなかろうか。しかも、ふたりの話し合いの中では、弟B君が極端に嫌がっている「兄が遊んでいるときに弟が勉強する」という事態は生じないように、はじめから話がついているはずのときにこうなるのである。

表V－18

		B	
		イジケ策 ($q'=5/9$)	イジワル策 ($q^*=1/4$)
A	イジケ策 ($p'=0$)	2.00,　2.11	2.00,　4.25
	イジワル策 ($p^*=7/9$)	3.90,　2.11	2.00,　2.11

ブレイスウェイト解

ブレイスウェイト（Braithwaite〔4〕）は、プレーヤー間で効用を比較する際は、各プレーヤーの相手に対するイジワル策による効用と自らのイジケ策による効用の差を同等とみなして尺度化すべきだと提案したのである。

そこで、表V－15から、A君とB君のイジワル策やイジケ策を求めてみよう。図V－7から明らかなように、A君のイジケ策は行為a_1を確率$p'=0$で選択することであり、B君のイジケ策は行為b_1を確率$q'=5/9$で選択することとなる。A君のB君に対するイジワル策は、$p^*=7/9$なる確率でa_1を選択することであり、B君のA君に対するイジワル策は$q^*=1/4$でb_1を選択することになる。そこで、各プレーヤーがイジワル策、イジケ策をと

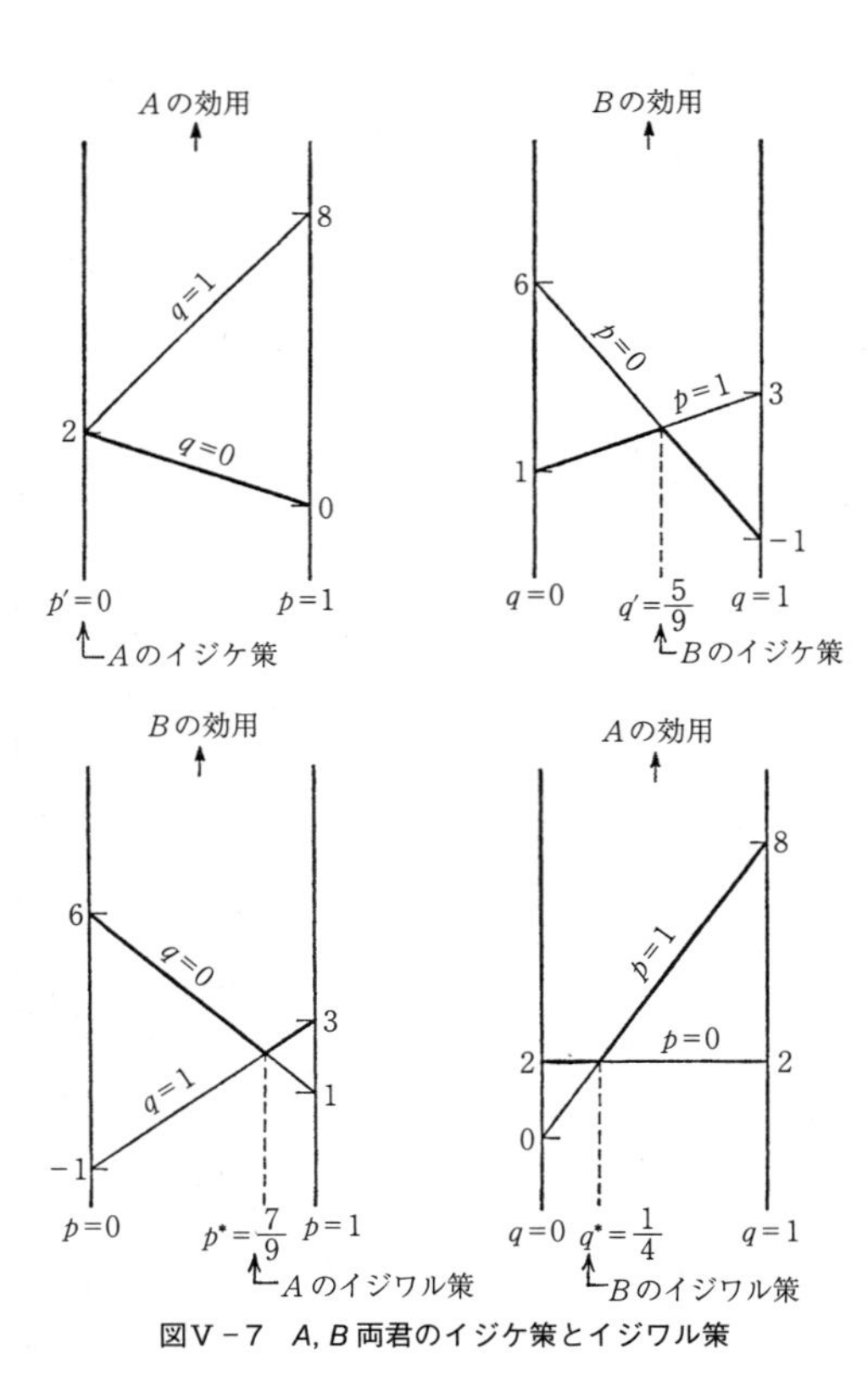

図V－7　A, B 両君のイジケ策とイジワル策

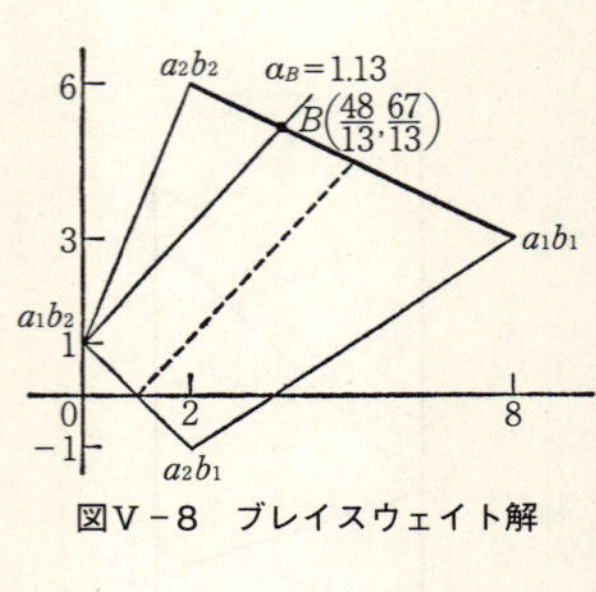

図V－8　ブレイスウェイト解

ったときの期待効用をまとめると、表V－18のようになる。

そこで、まずA君がイジケ策からイジワル策に転じた場合、どのぐらい効用が増加するかを見よう。（ただし、B君はいずれの場合もイジケているとする。）

$$D_A=U_A(p^*,q')-U_A(p',q')=3.90-2.00=1.90$$

他方、B君がイジケ策からイジワル策へ転じたときに、効用がどれだけ増加するかを見よう。（この場合はA君が常にイジケているとする。）

$$D_B=U_B(p',q^*)-U_B(p',q')=4.25-2.11=2.14$$

ブレイスウェイトの提案によると、この二つの値$D_A=1.90$と$D_B=2.14$が等しい値となるように、各プレーヤーの効用を変換せよというのである。そのためには、A君の効用はすべて1.90で割り、B君の効用はすべて2.14で割ればよい。

そのような尺度変換をした上で、交渉原点（つまりa_1b_2の点）からの効用差が両プレーヤーにとって等しくなる点をパレート解の中からさがせばよいのである。そのためには、前と同様に、交渉原点を通る勾配α_Bが

$$\alpha_B = D_B/D_A = 2.14/1.90 = 1.13$$

となる直線とパレート直線の交点を求めればよいのである。

一見、ブレイスウェイト解は計算がきわめて煩雑に見うけられるが、実は、きわめて簡単に求める方法がある。それは、パレート解の線分（a_1b_1とa_2b_2を結ぶ線分）の中点と、その線分のちょうど反対側に面している線分（a_1b_2とa_2b_1を結ぶ線分）の中点を結ぶ直線の勾配がα_Bと等しくなっているのである（図V－8参照）。

このことは、次のように簡単に証明することができる。今、与えられた損得表の値が表V－19のようであったとしよう。このとき、Aのイジケ策は

$$p' = (x_{22} - x_{21})/\alpha, \quad ただし \quad \alpha = x_{11} + x_{22} - x_{12} - x_{21}$$

となり、Aのイジワル策は

$$p^* = (y_{22} - y_{21})/\beta, \quad ただし \quad \beta = y_{11} + y_{22} - y_{12} - y_{21}$$

となっている。同様に、Bのイジケ策q'とイジワル策q^*は

$$q' = (y_{22} - y_{12})/\beta, \quad q^* = (x_{22} - x_{12})/\alpha$$

表V－19

		B	
		b_1	b_2
A	a_1	x_{11}, y_{11}	x_{12}, y_{12}
	a_2	x_{21}, y_{21}	x_{22}, y_{22}

そこで、Aがイジケ策からイジワル策へ転じたときの効用差D_Aを求めると、

$$
\begin{aligned}
D_A &= U_A(p^*, q') - U_A(p', q') \\
&= q'[(x_{11} - x_{21})p^* + x_{21}] + (1-q')[(x_{12} - x_{22})p^* + x_{22}] \\
&\quad - q'[(x_{11} - x_{21})p' + x_{21}] - (1-q')[(x_{12} - x_{22})p' + x_{22}] \\
&= q'(p^* - p')(x_{11} - x_{21}) + (1-q')(p^* - p')(x_{12} - x_{22}) \\
&= (p^* - p')[q'(x_{11} + x_{22} - x_{12} - x_{21}) + x_{12} - x_{22}] \\
&= \alpha(p^* - p')(q' - q^*)
\end{aligned}
$$

同様に、Bがイジケ策からイジワル策に転じたときの効用差D_Bは

$$D_B = U_B(p', q^*) - U_B(p', q') = \beta(p^* - p')(q' - q^*)$$

となっているので、次の関係が得られる。

$$\alpha_B = D_A/D_B = \alpha/\beta = \left(\frac{x_{11} + x_{22}}{2} - \frac{x_{12} + x_{21}}{2}\right) \Big/ \left(\frac{y_{11} + y_{22}}{2} - \frac{y_{12} + y_{21}}{2}\right)$$

したがって、求める勾配α_Bはa_1b_1とa_2b_2を結ぶ線分の中点M

$$M\left(\frac{x_{11} + x_{22}}{2}, \frac{y_{11} + y_{22}}{2}\right)$$

と、a_1b_2とa_2b_1を結ぶ線分の中点M'

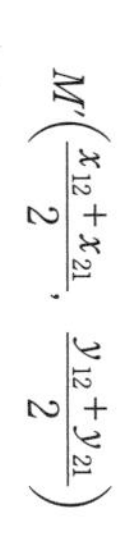

を結ぶ直線の勾配と等しいことになる。

交渉原点（0, 1）から勾配 $\alpha_B=1.13$ の直線がパレート解の線分と交わる点の座標は $\left(\frac{48}{13}, \frac{67}{13}\right)$ である。これを a_1b_1 の選択確率であらわすと $p=11/39 \fallingdotseq 0.28$ となる。

ブレイスウェイト解の問題点

ところで、ブレイスウェイト解は先のライファ解がもっていた矛盾を解消しているだろうか。残念ながら、ブレイスウェイト解はライファ解よりももっと強く無関係対象の評価に影響をうけやすい。

たとえば、先にライファ解の矛盾として、交渉に「無関係」ともいえる a_2b_1 に対する B 君の効用が－14になると、a_2b_2 を確率1で選択しなければなら

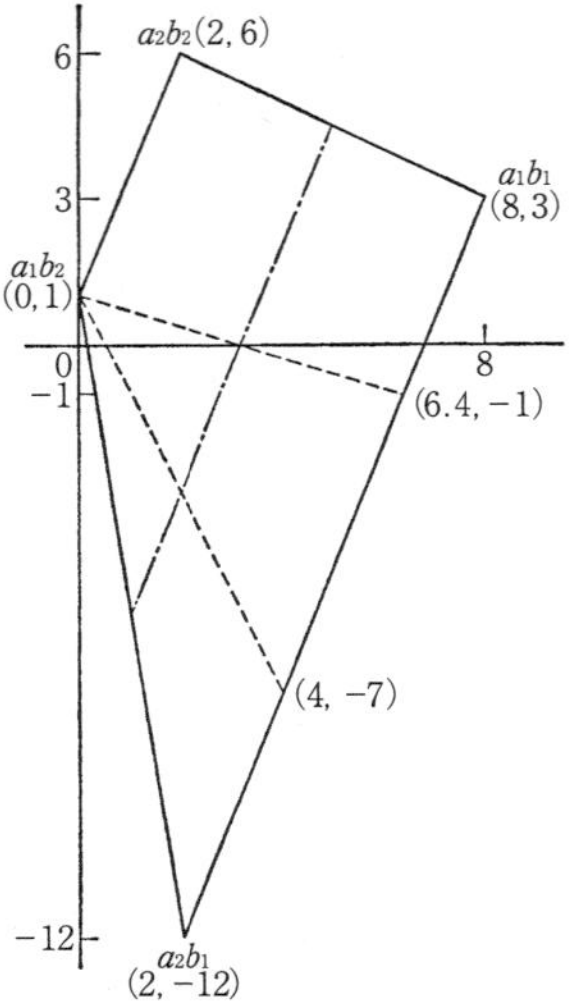

図V－9　ブレイスウェイト解で a_2b_2 が $p=1$ で選択されるゲーム

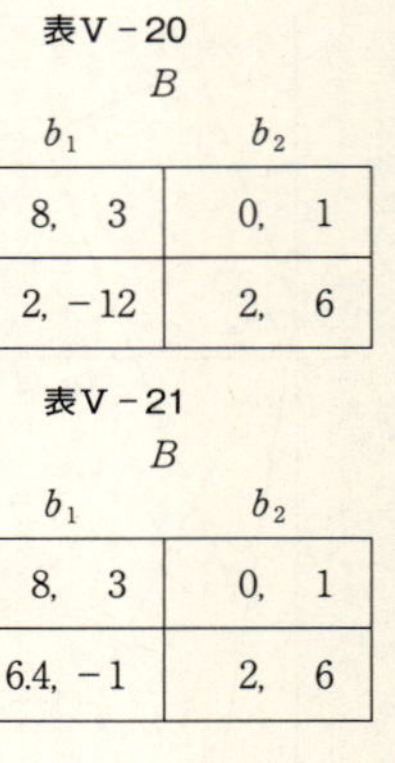

表V－20

		B	
		b_1	b_2
A	a_1	8, 3	0, 1
	a_2	2, －12	2, 6

表V－21

		B	
		b_1	b_2
A	a_1	8, 3	0, 1
	a_2	6.4, －1	2, 6

ないことになるということを指摘した。しかし、ブレイスウェイト解では、B君の効用が－12になれば、a_2b_2を確率1で選択することになるのである。

　そればかりではない。図V－9で見られる通り、「無関係」事態ともいえるa_2b_1の座標が（2, －12), (4, －7), (6.4, －1)……などのとき、すべて、ブレイスウェイト解ではa_2b_2を確率1で選択することになるのである。（図V－9では、パレート解の線分の中点と、a_1b_2とa_2b_1を結ぶ線分の中点を通る直線の勾配が、交渉原点とa_2b_2を結ぶ直線の勾配と等しくなっているのである。）

　さらに注意すべきことは、a_2b_1の座標が（6.4, －1）のときには、ライファ解では図V－6の場合と同じで、$p≒0.4$でa_1b_1を選択するのが解ということになる。それがブレイスウェイト解だと$p=0$となってしまうのである。a_2b_1の座標が（2, －12）のときと(6.4, －1）のときの損得表を表V－20と表V－21に示しておいた。あらためてブレイスウェイト解（いずれの場合も、常にa_2b_2を確率1で選択し、a_1b_1は一切選択しないこと）の不合理さを味わっていただきたい。

8 「取っ組み合い」の土俵としての社会道徳

紛争解決の基本構造

わたしたちは、囚人ディレンマの考察から、個人が己れの利益のみを最大化しようと試みることによる共倒れの論理構造を見た。次に、このような共倒れをふせぐための協定や仲裁の方式として、両者が談合すると仮定し、ナッシュ解、ライファ解、ブレイスウェイト解を考察の対象にしてきた。その結果、わたしたちが得た結論はおよそ次のようなものではないだろうか。

利害が「非零和」として対立している場合には、本人にとっての利益を最大にするという原則は、共倒れを覚悟しないかぎり成り立ちえないことは明らかであるということである。つまり、「本人にとって得だ」とか、「本人にとって損だ」という言明だけをたよりに、社会道徳を構成することはできないということである。社会の構成員が自己の利益計算をいかに合理的に行い、無駄なく、無理なく、誤ることなく行為選択をしても、社会全体が破滅にむかって「総共倒れ」になることから脱出することはできない、ということである。以上が囚人ディレンマから得た明々白々の論理的結論である。

そこで、この共倒れを予見し、それを避けるということに双方が同意した上で、互いに十分談合し、協定を結ぶなり、仲裁を仰ぐとしたらどうだろうかという点を次に考えてきた。

提案されてきた三つの代表的仲裁方式（ナッシュ解、ライファ解、ブレイスウェイト解）を検討してみたところ、仲裁案の算出過程はいずれも大同小異で、およそ次のようなステップをふむことがわかったのである。

まず、利害の対立する当事者間で、話し合いの出発点ともいうべき原点を定めなければならない。それが双方にとって元も子もないという最悪事態をさすのか、単に「現状」をさすのか、いずれにせよ、話の出発点をきめなければどうにもならない。（もちろん、出発点が異なれば、どの方式にせよ、結論は異なったものとなる。）

次に、双方がともに「少なくともこれ以外の事態は避けたい」という点で合意の得られるものに対象をしぼる——これがパレート解となる。しかし、通常はこれだけで唯一の解が定まるものではないことは明らかであろう。ただ、このパレート解の中から真の解をさがし出すということで、少なくとも共倒れは避けられる。

次に、このパレート解の中から、双方にとっての公平な仲裁案を出すのだが、何をもって公平とみなすかが問題となるのである。そのために、両者にとっての効用を共通尺度で測定しなければならなくなる。

効用の共通尺度は、原点と単位が定まればよいのだが、原点は先の話し合いの出発点でよい。単位の定め方について、ナッシュ解、ライファ解、ブレイスウェイト解はそれぞれの提案をしているのである。

ナッシュ解では、先のパレート解の中にふくまれる事態に対する双方の効用のちがいだけに注目し、両者のつっぱり合いを効用差の比であらわし、そこから平等なつっぱり合いとなるべく単位を定めて解を求めた。ライファ解では、パレート解以外の事態にも目を向け、考慮対象となっている事態全体の中で、双方のそれぞれが最良ならびに最悪と考える事態の効用差を等しいものと定めて単位を定義し、公正な解を出そうとした。ブレイスウェイト解では、双方のイジケ策とイジワル策のちがいを等しいものとみなして単位を算出し、それによる公正な効用配分を仲裁案と定めた。

しかし、いずれの仲裁方式も、機械的ルールで「つっぱり合い」を調整しようというものので、結局は己れの利益追求を根底にして、双方の力の均衡を求める方式に変わりはない。したがって、損得表の構成をわずかに変えてみることにより、力のバランスをくずし、どうみても正当とは言いがたいところに結着がつくような作為的操作が可能となる。さらに、仲裁方式の論理構造が明らかとなれば、一見何の影響もないような事態を導入したり、さりげなく効用の値を変更させて主張することにより、結果的にはどう見ても不公平な解をつくり出すことさえできるのである。

これは機械的に適用されるルールというもののもつ宿命かもしれない。しかし、それにしても、あまりにもヌケ穴の多すぎるルールではないだろうか。どこか、根本的に考え直してみる必要はないのだろうか。

「取っ組み合い」の論理の限界

あらためて考えてみよう。囚人ディレンマで「己れの利益を最大化する」という原理のゆきづまりをイヤというほど悟ったはずなのに、談合や仲裁過程の考え方をながめてみると、相変わらず「つっぱり合いの力学」が根底にある。変わった点は「共倒れを避ける」というだけであり、無制限のケンカを土俵内での取っ組み合いに変えた程度の意味しかなかったのではないだろうか。

「己れにとって損か得か」という基本的主張の行きつく先は、囚人ディレンマのような共倒れか、もしくは、土俵を定めた範囲内での取っ組み合いである。こういう土俵が社会道徳というものだ、というのなら、ナッシュ解やライファ解、ブレイスウェイト解はまさに「社会道徳」の名にふさわしい。しかし、残念ながら、ゲーム理論の枠内では、土俵をどう定めてみても、きたない手はいくらでも打てるように思える。

ところで、わたしたちは本当に「取っ組み合い」をするために生きているのだろうか。

もちろん、戦争や経済闘争、外交交渉の多くの側面は、結局は「土俵を定めた取っ組み合いだ」と言ってしまえそうに思えるかもしれない。

しかし、人間生活のかなりの部分は、「取っ組み合い」以外の規範にしたがっているように思えてならない。

VI 「公正な立場」からみた社会的決定の論理

前章で考察したゲーム理論の枠組みでは、利害の対立している当事者が自らの損得計算にしたがってつっぱり合っていく場合のルールが定められた。その際、当事者同士のつっぱり合いにまかせると共倒れが発生しかねないので、それを避けて共存共栄に至るための談合・仲裁の必要性が示され、そのためのいくつかの仲裁方式が導入されたのである。

しかし、談合や仲裁の方式がいかに公正なものであったとしても、所詮利害対立におけるつっぱり合いの本質が変わるわけではない。結局は、力の強いもの（相手に、より大きな苦痛を与える方策を持っている側）に有利な結果が生み出されることに変わりはない。ナッシュ解、ライファ解、ブレイスウェイト解などのいろいろな紛争解決策をながめてみたが、それぞれの当事者の力をどのように評価するか——つまり、効用の原点と単位をどのように定めるか——に関する考え方のちがいが見られるだけで、あとはやはりつっぱり合った結果を待つのみということであった。

ところで、ここでもう一つ別の見方で社会的決定をながめることができることに注意していただきたい。社会的決定を当事者同士の交渉の成り行きにまかせるのでなく、全く第三者の、公正な立場から、「かくかくしかじかの結果が本来社会的に望ましいのだ」と判定する考え方である。当事者に己れの利益を最大限に追求することを認めて相互につっぱり合わせるというのではなく、場合によっては「強きをくじき、弱きを助ける」ことさえ行って、当事者の利害を離れた、公正な決定を下そうという考え方である。

ところで、当事者の利害を離れた公正な立場というのはどのようなものなのだろうか。誰の立場にも偏さず、しかも、すべての人々の立場を理解した立場に立って最も望ましい決定を考えるということは、まさに、言うは易しく行い難いことにちがいない。

本章では、まずこの「公正な立場に立つ」ということについて、どのように考えたらよいかを検討し、次に、公正な結果をもたらす社会的決定とはどのようなものかについて検討してみることにする。

1 アダム・スミスにおける「同感」の概念と公正さ

アダム・スミス（Adam Smith, 1723–90）は、一方では利己心にもとづく人間行動を基礎にした経済理論の創始者として知られているけれども、もう一方では、人間の社会的行為の倫理性の根源に、「公正な観察者による同感（sympathy）」を置いた道徳哲学者としても知られている。（アダム・スミス著、水田洋訳『道徳感情論』(20)、原著は一七五九年発刊、古い訳に、米林富男訳『道徳情操論』日光書院、一九四八年もある。本書の引用はすべて水田訳による。）

利己心を基礎にする経済理論と、同感を基礎にする道徳哲学は一見すると相反しているように見うけられる。それが理由なのかよくわからないが、一般には、アダム・スミスといえば『国富論』の著者としてよく知られており、自由貿易の推進者、市民の利己心にもとづく利潤追求の肯定者として理解されている。万人がそれぞれの利己心にしたがって行動すれば、「神の見えざる手」がはたらいて、社会は自然に繁栄し調和を保つという楽観的な資本主義理論の提唱者と考えられている。その同じ著者が、『道徳感情論』なる書物で、人間の本性の中にある同情、慈悲、あわれみなどを論じているというのは、へんな話として受けとられやすい。事実、この『道徳感情論』の翻訳は、一九四八年に米林訳が出て以来、あまり多くの人々に読まれた気配もなく、長い間絶版のままであった。世界の古典名著を集めた数ある全集のたぐいにも、『国富論』からの抜粋は多いが『道徳感情論』からのものは皆無である。

『道徳感情論』は次のような文ではじまる。

「人間がどんなに利己的なものと想定されうるとしても、あきらかにかれの本性のなかには、いくつかの原理があって、それらは、かれに他の人びとの運不運に関心をもたせ、かれらの幸福を、それを見る喜びのほかにはなにも、かれはそれからひきださないのに、かれにとって必要なものたらしめるのである。この種類に属するのは、哀れみまたは同情であって、それはわれわれが、他の人びとの悲惨を見るか、たいへんいきいきとしたやり方でそれを考えさせられるかするときに、それにたいして感じる情動（エモーション）である。われわれがしばしば、他の人びとの悲しみから、悲しみをひきだすということは、それを証明するのになんの例も必要としないほど、明白である。すなわち、この感情は、人間本性の他のすべての本源的情念と同様に、けっして有徳で人道的な人にかぎられているのではなく、ただそういう人びとは、おそらく、もっとするどい感受性をもって、それを感じるであろう。最大の悪人、社会の諸法のもっとも無情な侵犯者でさえも、まったくそれをもたないことはない」（水田訳、五頁）。

同感はあわれみか

以上のような、『道徳感情論』の冒頭の一節を読むと、すべての人には慈愛心、利他心がその本性としてもともとあって、それによって社会行動は自然に統制されることをスミスが想定していたように思われるかもしれない。

事実、スミスがグラスゴー大学で教えを受けたハチスンの初期の思想は、人が本性としてもつ慈愛心（benevolence）が社会を統制する力をもつものとしていた。また、同様にスミスに強い影響を与えたルソーも、『政治経済論』において、個人の利己心を統制するメカニズムとして「あわれみ」を想定しており、スミスの「同感」の概念も、これらと変わりないかのように見うけられよう。

しかし、実際に『道徳感情論』を読んでみると、スミスの考えていた「同感」というのは、苦しむ人へのあわれみや慈愛心のようなものでなく、きわめて冷静な、クールなものであることがわかる。

認知的同感論

道徳感情とか道徳情操という呼び方でつかわれているが、スミスの「同感」の概念は、情緒的（emotive）であるよりは、むしろ、認知的（cognitive）といってよいようなものである。同情とか慈愛のようなものでなく、むしろ、「理解（understanding）」ということの本質を指しているように読みとれるものである。

そのことは、まずスミスの「同感」の概念が（第一部第二篇で）「相互的同感」として規定されていることからもうかがえるであろう。そこでは、スミスは、同感される側の視点に立って考察する。すなわち、「われわれの胸のすべての情動について、他の人びとのなかに同胞感情を観察すること以上にわれわれを喜ばせるものはない」（一四頁）といい、人は自分がどう見るかよりも、他人にとってどう見えるかを考え、自分を観察する他人の同感を立場を交換して想像した上で、かれの感じるであろう楽しみへ同感し、想像されたかれの楽しみが自らの行為のはげみになるというのである。

さらに見逃すことのできない点は、スミスが、同感の成立条件として、他人の困苦の原因の認識をあげている点である。「不運な人びとに対して与えうるかぎりの、もっとも残酷な侮辱は、かれの（置かれた状況の）災厄を軽視するような外観である」（一七頁）という。幼い子どもが危険に直面しているのを見る母親は、当の子ども自身よりも明確に、置かれた状況の危険を見ることができ、たとえ当の赤ん坊は笑っていても、赤ん坊の立場に立って危険を感じとり、なんとか助けようと我が身を棄ててとびこむ。また、理由が納得できないのに人が怒っているのを見ると、わたしたちはまずその理由を知りたいと思うし、それができないときは、かえって不快になることも指摘する。

したがって、スミスの同感の概念は、人間の苦しみや喜びの情念の発生原因、理由、あるいは根拠をつきとめるための、知的操作の一種として提起されたものと考えられよう。

中立的第三者への同感

スミスの同感論は、人が他人に対して同感をいだく点に注目する以上に、人が（誰か）

他人に同感してもらえるように努める点に注目する。しかも、先に見た通り、その場合の同感はいわゆる同情というたぐいのものではなく、人々の喜び、かなしみ、怒りの原因や根拠への理解を意味しているのである。そして、このような情動の原因や根拠の適宜性(propriety)の判断は、きわめてクールな、第三者的なものであることをスミスは強調するのである。

スミスは、そこで「見しらぬ人びと(an assembly of strangers)」を想定し、そういう人々からの同感が得られるかを人は考えながら行動することを指摘する。当事者を全く知らないいたって冷淡な第三者が見ても、正当な理由とみとめてもらえるような根拠を人はさがしていると考え、また、人はそのように自らの情感をクールに抑制すべきであると説く。

このように、当事者は自らの情動を冷静に吟味して、観察者の眼で自らをながめるし、他方、観察者は、当事者の立場に立って状況をながめ、その情動の発生の正当性を認識しようと努める。その結果、両方の立場に同じ同感が成立したとき、その感情が社会的に正当なものとなるわけである。

スミスは、人間の良心というのは、このような見ず知らずの第三者による観察を自らのうちにもち、その観察者の観察を意識して行為したり、自らも、よりよき観察者たらんとしていくうちに自己の中につくられる規則であると言うのである。そのようにして内面化された観察者は、ときには現実の世の中の観察者と対立することもあるとさえ言うのである。

利己心の原則との関係

スミスの同感の概念は、このように、全くの見ず知らずの人でも他人の喜びや悲しみ、苦しみに対して、「もっともだ」と判断する能力をもっていることを認めた上で、そのような見ず知らずの第三者にも「もっともだ」と判定してもらえるように、人は自らの行動を統制していくと考えるのである。

したがって、スミスにとって「正義」というものはこのような見ず知らずの第三者の立場からの判定にほかならない。現実社会でこのような公正な観察者が常に支配的であるとはかぎらないので、もしも、現実の社会でこれに反する事態が発生しているならば、万人の同感に訴えて、これに猛然と反対すべきだとするのである。

このように考えてみると、スミスの同感の概念は、ハチスンやルソーの考えていた慈愛やあわれみのようなものとはかなり異なっていることがわかる。慈愛やあわれみの心は、人間のもっている徳性の高さを示しているのだが、スミスの同感概念は、人が自らの認識に、誰の目から見ても正当化されうるような、一種の社会性を要求することに注目していると言えよう。

さてここであらためて、スミスが後年『国富論』で展開した「利己主義の原則」をながめてみよう。スミスは利己心にもとづく行為が、他人の利己心を著しく侵害するものでないかぎり、これを最大限に認めるべきだとした。わたしたちがパン屋へ行ってパンを買うのは、パン屋の慈愛をうけるためではなく、パン屋の利己心とわたしたちの利己心が、パンとそれへの正当な代金を交換することで、双方とも満足させられるからだとするのである。しかし、『道徳感情論』をふまえて解釈しなおすと、この場合は次のように解釈できよう。

すなわち、市民社会において、パン屋が正当な値段でパンを売って日々の糧を得ようというのは、見ず知らずの人でも同感できる利己心であり、人がパンを得るために、なるべく安く良いパンを得ようというのも、見ず知らずの観察者から見て同感できる利己心なのである。

スミスが自らの経済理論の基礎に人々の利己心を置いたのは、人が常に利己心にもとづいて行動していると考えたからではなかった。そうではなく、互いが相手の利己心を認めるということが、誰でもできることだし、また、誰の目からも「もっともだ」とされる同感をひき出す最低限の礼儀であり、行為の適宜性（propriety）の基準だと定めたのである。そのような、第三者の眼からの適宜性の評価をくぐりぬけた利己心は、近代市民社会成立の条件であり、正当な交換経済が国民の繁栄につながるための必要条件でもあるとしたのである。

このように、スミスの同感の概念は、後の『国富論』における利己心の原則と矛盾するものではなく、むしろ、そのための理論的基礎となっているものと言えるであろう。

スミスの道徳哲学の限界

このように、スミスは市民社会の倫理を、見ず知らずの観察者へ向かって想像上の立場の交換（imaginary change of situation）を行うことによって自己統制するというはたらきから説明しようとしたのである。

このことは、道徳性の根源を、全くの外部からのア・プリオリな規制と考えることへの批判をふくんでおり、道徳律を神からいきなり与えられたものとして考えるのでなく、市民社会の相互性から生まれるものとみなしていた点で、きわめて「近代的」な発想だったと言えよう。

また、スミスの道徳哲学が、道徳を全くの個人の内面に潜む徳性としては考えていなかった点にも注意したい。あくまで他人との交渉を通して、他人を自らの心の中にとりこむことによって道徳性が生まれると考えていたのである。

しかし、スミスの道徳哲学には、非常に危険な綱渡り的側面があり、その綱渡りに、スミス自身がうまく渡り切れていないようにも思われるのである。

たしかに、スミスの同感論には、ある種の規範性がふくまれてはいる。それは、「他人の立場に身をおくように人は努力すべきだ」という要請として表現されていることからもわかる。それがうまく行かないと、道徳感情の腐敗が発生するとして、警告もしている。しかし、この要請の内容は、先に指摘した通り、認知的要請であり、人々の喜びや苦しみの情動の発生原因の理解に対する要請である。したがって、ある意味では、G・E・ムーアが近代倫理思想の批判としてあげた有名な「自然主義的誤謬（naturalistic fallacy）」に、スミスがすでに陥っていたという批判もできるであろう。すなわち、スミスは、「人びとが望んでいる」という認識から「望ましい行為」の基準を導出しようとしているのである。

したがって、スミスの同感的道徳論においては、社会が一種の流行や慣習にしたがって評価する全くの自然的な偏向に対するハドメが全くない。また、人が経験したことのない他人の苦しみへの同感が困難であるということや、「歓喜に同感する方が悲哀に同感するより愉快だ」という自然の性向をもっていることに対して、何らさからうべき根拠も与えない。また、道徳的行為の意図よりは、むしろ、結果によって善悪を判定してしまうことへの警戒もなく、むしろ、見ず知らずの人から見た判断を強調することは、意図や動機への理由づけを抑制し、無視することの方を強調するきらいがある。

このような点が、スミスの後年の『国富論』における楽観的な見えざる手への信仰に変わっていった原因ともいえる。（このような『道徳感情論』から『国富論』への思想的変化については、田中(22)によく指摘されている。)

スミスの公正な立場の意義

このように、スミスの道徳哲学は自然主義的道徳理論のもつ限界をふくんでいたけれども、少なくとも次の点を明らかにしたことは十分評価されるべきであろう。すなわち、市民社会における最低限の道徳性を、たとえ単なる適宜性(propriety)や礼節のレベルでとらえるとしても、いやしくも、道徳的判断とよべるものが発生するためには、「想像上の立場の交換」によって、他人に対する同感を自らの中にもたなければならないということを明らかにした点である。

このことは、その後の功利主義的倫理観の発展の中で、しだいに人々の心から忘れ去られていったことである。最近までの効用理論では、人々の効用判断を全くの個人的な利己心のあらわれとしてしか配慮しなくなってきていることを思い起こしてみると、むしろ、スミスの知見の方がすぐれて本質を見抜いていたとも言えよう。

もしも、人々の「公正さ」の判断の背後にこのような同感が不可欠であることをもっと徹底して認めていたならば、近代効用理論がいつの間にか当然の前提としてきた、効用判断の個人間独立性、効用の個人間比較の不可能性、無関係対象からの独立性などの条件設定が全くのナンセンスであることに、もっと早く気づいていたにちがいないのである。

もう一つの注目すべきことは、スミスが公正な立場の判断を見知らぬ第三者の立場に置いたことである。このことは、先に指摘した通り、道徳判断に自然的制約を与えてしまう結果となったのであるが、しかし、公正な判断というもののもつ公正さに対する一つの解釈を与えたことにはなっている。そして、この点については、次節で紹介するロールズの正義論で、さらに深められるのである。

2 ロールズの『正義論』をめぐって

今日の倫理学における諸理論のうち、かつてのアダム・スミスの『道徳感情論』のように、経済政策や政治体制の倫理的基盤を本格的にあつかっている理論としては、ジョン・ロールズ（John Rawls）の『正義論』〔13〕があげられる。ただ、ロールズの『正義論』は大変難解な著書であり、いろいろな人々の指摘するように（たとえばArrow〔1〕、Barry〔2〕）、表現のあいまいなところも多く、随所に矛盾さえふくんでいる。したがって、ロールズの真意がどこにあるのかは、本人しかわからないと言わざるを得ないところもあろう。

しかし、かなりはっきりと言えることとして、ロールズが「正義」の判定の原点に、「公正さ」を置いたこと（"Justice as Fairness"）があげられる。このことは、考え方によっては、アダム・スミスが見知らぬ人の観察を道徳感情の原点に置いたことと対応していると言えよう。ただし、ロールズの場合には、アダム・スミスのように、街頭にいる見知らぬ人への想像上の立場交換ではなく、きわめて抽象化されたレベルでの公正な判断者を想定しているのである。ロールズはこの公正な判断者の立場を「原始点（original position）」とよぶのである。正義に関する諸原理（後に紹介するが）は、すべてこの原始点に立った人が判断するものとして規定されるのである。

ロールズの原始点とは

ロールズは、あるべき社会制度に関して公正な判断を下すためには、人は自らを原始点に置くべきであるという。ここでいう「原始点」とは、社会における特定の立場に身を置くことを拒否し、自分が社会のどの立場に立つかについては全くの無知の状態（"veil of ignorance"）にあると考えるものである。しかし、少なくとも次のような認識は十分もっているとする。すなわち、社会のどの立場の人であっても、何らかの（未知の）要求はもっているということ。また、世界のいろいろな立場がどのような状況で存在しているかについては十分な知識をもっていること。

ところで、この原始点の概念の中には、アダム・スミスのいうような同感（sympathy）の概念は入っているのだろうか。おそらく、ロールズの原始点には、アダム・スミスが想定したような、個別的な快楽や苦痛への同感はなく、むしろ、そのような個別的同感を積極的に抑制した、きわめてクールな中立性だけが維持されているように思える。個別的立場への同感を極限までおさえて、それぞれの立場での個別の快苦をすべて「無知」であるという想定に自らを押し込んだ状態といえよう。

そのような冷ややかな中立の立場から、どのような道徳原理がひき出せるのであろうか。

これについて、次に説明しよう。

正義の第一原理

ロールズは、人が原始点に身を置いた場合には、正義に関して次に示す原則を第一に考慮するという。この第一原理は、以下で述べる第二原理とは明白に区別され、なにはともあれ、真っ先に満たされるべき条件であるという。第一原理とは次のようなものである。

ロールズの第一原理——すべての人は、同様の自由を万人に保障することが社会制度としてありうる範囲で、基本的な自由の権利を平等に、最も広範囲に認められる社会制度に対して同等の権利を保有していなければならない。

"Each person is to have an equal right to the most extensive total system of equal basic liberties compatible with a similar system of liberty for all." (Rawls 〔13〕 p. 302)

つまり、ひとりの人間にある種の自由を認めたならば、それは万人に平等に認められるべきであり、また、そのように認めても、社会制度として存続しうる範囲の自由を当初の個人に認めるべきであるというしだいである。そして、そのような範囲の自由は、可能なかぎり広範囲に、すべての人々に同じ権利を認める形で、社会制度として保障されるものでなければならないとするのである。

たしかに、個々の立場での個別的要求内容に対して目をつぶる原始点に立った上で、それでも各人各様の要求が存在することを認め、そこで全くの公平な観点で正義を考えるならば、ロールズの第一原理は誠にもっともな原理のように思える。

アロー（Arrow〔1〕）も指摘しているが、このような自由の公正配分という観点は、従来の厚生経済学ではほとんど考慮の対象とならなかったと言えよう。厚生経済学では、伝統的に所得や財の公正配分問題を重要なテーマとして扱ってきたけれども、自由とか権利そのものは財ではなく、消費者が選択したり購入したりする対象でもない。自由や権利は、まさにそういう選択行動の対象の範囲や、選択そのものの意味づけにかかわる問題である。「人が何を選択したか」を問題にするのでなく、どのような制度的保障の下で、どのようなプロセスで、どのような対象の範囲に対して、かれは選択することができるに至ったかが問題となるしだいである。

しかし、第Ⅳ章で見た通り、センの自由主義のパラドックス以来、自由という概念を従来の決定理論の枠を拡張してある程度形式的な整合性の下に吟味する手だてが生まれはじめている。ただし、自由主義のパラドックスの研究は、権利や自由の概念を選択行動と社会的決定との関連でとらえようとするときの、さまざまな理論的諸問題を明らかにしてくれたけれども、このパラドックスの解決のために提案されたいずれの研究にも、自由や権利の公正な配分問題は全く扱われていなかった。センの理論でも、ギバードの理論でも、特定の自由はあらかじめ相互に矛盾のないように制度として与えられているものという仮定の下に論議されており、何らかの自由を万人に認めても制度的矛盾をもたないかどうかの吟味や、平等な自由をできるかぎり広範囲に保障することの条件を明確な公準として設定した場合に、社会的決定方式にどのような制約が加わるかについての理論的展開などは何も研究されていないというのが現状であろう。

これらの問題は、今後の社会的決定理論が取り組むべき重要な課題であるといえよう。

無知は正義を行いうるか

ロールズの第一原理をもう少し詳しく吟味してみると、実は大変重要な問題をふくんでいることに気づく。それは、ロールズが自由の尊重を、社会における個々の立場の内情に目をつぶった全く無知のヴェールにつつまれた視点から説くことが、ある種の論理的矛盾をはらんでいるように思えることである。

つまり、ロールズの原始点に立つ場合には、個々の立場から出される自由への要請の理由づけやその個別的・具体的意味内容について、全く無知であり、何の干渉もしてはならないはずのことなのである。しかるに、一つの自由を万人に同様に認めた場合に、それが制度として矛盾のないように統合できるかどうかについて知るためには、個別の立場の内情に立ち入って検討しないわけにはいくまい。ある立場からの自由は、別の立場にとって重要な別の自由との間にコンフリクトを発生させるかもしれない。そういう場合に、制度として相互矛盾の生じないようなものが存在しうるか否かを考えるためには、個々の立場の内情に立ち入ることが必要であるのみならず、自由や権利についての類別、優先順序の設定などを必要とするはずである。しかし、個々の立場の内情に立ち入ることや、権利や自由の優先順序などをあらかじめ設定することは、まさに、無知のヴェールにつつまれるべき原始点の立場を離れることを意味するわけである。

非指示的正義論

この問題を考える鍵は、次の点にあるように思える。それは、ロールズの原始点による正義論は、実は、心理カウンセリングにおける、非指示的カウンセリング技法（C. R. Rogers〔15〕〔16〕）にきわめて類似しているという点である。（この両者の類似性については、筆者の全くの思いつきであり、もちろんロールズ自身の説明によるものではない。）

ロジャーズのカウンセリング理論では、内的葛藤をかかえたクライエントに対し、特定の価値観にもとづく指示を一切ひかえて、カウンセラーは全く何の予見や価値観も持たぬ

「無知」の状態に身を置き、ひたすら良き聴き役に徹するべきだというのである。クライエントは次々と自分の内面の諸問題を話すうちに、いろいろな欲求の相互矛盾に気づき、外界に対する認識の偏狭さや歪曲に自ら気づくようになる。カウンセラーは何の指示も与えずにただ聴いてあげるのだが、クライエントは安心して話せるという状況の中で、自己のかくれた欲求に気づき、矛盾に気づき、解決の方向づけを自ら発見するのである。

ロールズの第一原理もこれに似た点がある。社会におけるいろいろな立場から出される自由の要請を、全くのシロウトとして、何の予見も価値判断も下さずに聴き取るのである。ただ一つ、「同じような自由を万人に平等に認めても、社会は成り立つか」という問いを相手に考えさせるだけである。(無知のヴェールにつつまれた原始点の人には、無知なるが故に、自らこの問いに答えることは不可能である。)もう一つなしうることは、どんな些細に見える自由の主張も、「些細なことだ」とかいう差別を一切せずに、できるかぎり広範囲に聴き取るべきだということである。

こう考えると、ロールズの正義論がめざしているものが何であったかがわかる。それは、現代の多価値社会で、人々がいろいろな価値観をそれぞれかざして相互にぶつかりあっているときに、社会の多価値性(value-pluralism)を最大限に容認しながら、社会の調和を維持していこうという場合の正義が、一体どのようなものであるべきかについて答えようとした点である。

つまり、ロールズは、どのような社会の指導原理が普遍的正義かについて答えようとしたのではない。いろいろな正義の主張を公正にさばく指導原理を確立しようとしたのである。

しかし、非指示的カウンセリングの提唱者のロジャーズ自身が、後年に至って「非指示的」という言葉を避けて、「来談者中心療法（client-centered therapy）」という名に変えた点に注目したい。つまり、完全に中立的で非指示的であるということが現実の実践場面で必ずしも最良ではないことに気づいていったのである。ロールズの原始点にもとづく正義の公正なさばき方が、文字通りの無知の立場をどこまで維持していけるものなのかについては、若干の危惧をいだかないではいられない。

その点については、ロールズの第二の原理を検討したあとで、もう一度ふりかえって考えてみることにしよう。

正義の第二原理

ロールズが正義の第二原理としてあげた条件は次のようなものである。

ロールズの第二原理――社会的な、もしくは経済的な不平等が存在するとしても、次の二つの条件に合致するものでなければならない。

(a)　社会で最も不利な立場に置かれている者が最も多く受益することが期待できること。

ただし、将来の世代に公正な配分を残せるような政策原理と矛盾してはならない。

(b) 社会の役職や地位は、公平な機会均等の条件の下に、万人に開かれたものでなければならない。

"Social and economic inequalities are to meet two conditions : They must be (*a*) to the greatest expected benefit to the least advantaged members of society, consistent with the just saving principle ; and (*b*) attached to offices and positions open to all under conditions of fair equality of opportunity." (p. 302)

ロールズは、第一原理において自由についての基本的権利は平等であるべきだとしたが、社会・経済的諸条件が平等であることをはじめから要求することはしない。しかし、第二原理において、社会・経済的政策の恩恵が不平等に行きわたる場合には、従来、最も恩恵に浴することのなかった人々に最大の恩典が行きわたるようになされるべきだとする。また、社会・経済的恩典の異なる社会的地位や役職は、機会均等の原則で万人に開かれたものであるべきだというのである。

この第二原理のはじめの部分（条件(a)）は、ロールズが「最も底辺にあるものを最優先する」という考え方を政策決定の基本とみなしたものであり、ロールズのマックスミン原理（Rawls' maxmin principle）とよばれ、いろいろな議論をよびおこしたものである。

マックスミン原理の導出問題

ロールズのマックスミン原理について、異論を唱える多くの人が問題にしたことは、(1)この原理がロールズの原始点における判断から導出されうるものか、という点と、(2)マックスミン原理は本当に公正なものか、という問題にわけられよう。

ところで(1)のマックスミン原理の導出に関しては、はっきり言って、ロールズの論理的展開はかなり怪しげなものである。たとえば、原始点にある者は一種の不確実性(uncertainty)に直面しているわけだから、自分が将来どのような立場に立つか、どのような地位に就くか全くわからぬために、当然、保守的な考え方に立って、マックスミン原理を採用するにちがいない、というような論法である。

たしかにロールズが依りどころとしているように、不確実性下の決定理論には、フォン・ノイマンとモルゲンシュテルンのゲーム理論以来、伝統的に最悪事態を最小限度にとどめるというマックスミン原理が採用されてきている。しかし、それは前章で見た通り、相手(自然界にしろ、交渉場面での交渉相手にしろ)が、できうるかぎりのイジワルをしてくると想定した、最もイジケた方策であり、ゲーム理論においてたまたま採用された一つの方策に過ぎないもので、そのようなイジケ策こそ最良であるという論証がどこかにあるというわけではない。

したがって、ロールズが自らの「原始点」仮説からマックスミン原理を理論的に導出できるとする議論に、文字通りの形でとりあうことは避けた方がよさそうである。そこで以下においては、マックスミン原理を一つの提案として受けとり、これを社会政策の指導原理とすることの意義を、ロールズが『正義論』全体でめざしていることとの関連の下に検討してみることにしよう。

人々の幸福度の順位づけ

マックスミン原理を社会政策決定の指導原理とするためには、特定の社会体制の下で、現在誰が一番不幸な状態にいるかが、誰の目から見ても明らかな形で同定されなければならない。なぜなら、マックスミン原理では、そのような最も不幸な人が受けるべき恩恵を最優先に考慮した社会政策を実施すべきだというのであるから。ノーベル平和賞を受賞したインドのマザー・テレサは、文字通り最底辺にいる死を待つ人々に対しての奉仕であり、ロールズのマックスミン原理の実践例といってよいであろう。

しかし、伝統的な厚生経済学の枠組みでは、ロビンズ（Robbins〔14〕）の提言以来、効用の個人間比較はできないとされており、「世の中で誰が一番不幸か」とか、「政策xが実施されたときのA氏の幸福度は別の政策yが実施されたときの同氏の幸福度より大きい」という判断は、社会政策を実施する者が勝手にきめてはいけないとされてきた。ロールズがマックスミン原理を社会政策の指導原理として提唱するとき、そこには、「倫理にかなった政策決定を行う者は、効用（人々の幸福度）の個人間比較を避けることができない」という主張をふくんでいるのである。

ただし、ロールズのマックスミン原理の場合は、「社会の最底辺の人は誰か」についての選択に関して、異論のない判断を下す必要があるのみで、他の人の幸福度はどうだとか、その最底辺の人の幸福度の量的計測値はあるか、というような問題は全く無視してよいのである。

ただ、最底辺の人にのみ注目しても、その人に対しては文字通り全く手の施しようもないということがあろう。ロールズ自身はそのような場合にどうするべきか明言していないけれども、マックスミン原理の精神から言えば、最底辺から二番目の人をさがし、その人に対する恩恵を最優先すべきだとするだろう。それも手の施しようもないとしたならば、最底辺から三番目……というふうにさかのぼっていくべきだろう。このような決定原理は、レキシミン原理（leximin principle）とよばれている（Sen〔18〕）。レキシミン原理の場合には、社会のすべての人に対し、あらゆる可能な政策の一つ一つを実施した場合の幸福度について、常に完全に順序づけることが必要となるわけで、効用の個人間比較はかなり広範囲に要求されることになろう。

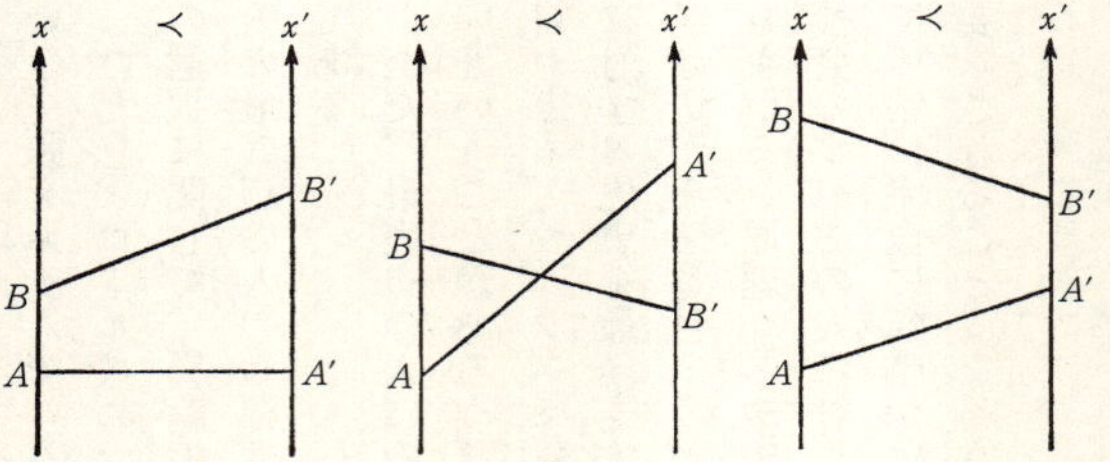

(a) (b) (c)

図Ⅵ－1

マックスミン原理の成立条件

さてここで、世界にたったふたりの人、A氏とB氏しかいなかったと仮定しよう。そこで今、任意に想定した二つの社会政策xとx'について、いずれを採るのが公正であるかについて考えることにする。

(1) ここで、ロールズのマックスミン原理（厳密にはレキシミン原理）にしたがって決定するとすれば、図Ⅵ－1(a)に示すような場合には、当然政策x'は政策xよりも良いことになる。（政策xの下でのA氏の効用はAで、B氏の効用はBで示し、政策x'の下ではA氏の効用はA'、B氏の効用はB'で示してある。）つまり、この場合、最底辺の人A氏は政策xでもx'でも不幸の度合に変化なく、B氏は政策x'の下で不幸度の減少（幸福度の増加）がみられるので、当然x'の方が良いというしだいである。このことを一般化して言えば、マックスミン原理が「パレート最適性」を満たしていることを意味している。

(2) 次に、図Ⅵ－1(b)を見ていただきたい。この場合は

A氏が政策x'の下でB氏よりも幸福になり（ちなみに、政策xの下でのB氏よりも幸福になる）、B氏は同じ政策x'の下ではA氏より不幸になるが、政策xの下でのA氏の不幸度ほどにはひどい状態にはならないとする。

この場合、マックスミン原理では政策x'の方が政策xより優先されるべきだという。

ちなみに、図の(a)と(b)の場合に、ともにx'を採用することを推める原理は、スッピーズ(Suppes〔21〕)が「正義の順序づけ原理（Grading principle of justice）」として提唱したものであり、様々な道徳律が矛盾する指令をもたらした場合の調整原理としてきわめて妥当性の高い原理と考えられているものである。たとえば、A氏は男性でB子は女性とし、道徳律xでは「電車の中では女性に席をゆずれ」というもので、A氏がB子に席をゆずるという状態を示している。ところが実はA氏はその日は足に怪我をしていて、もしも座ることができれば道徳律xの下でのB子よりも喜びが大きいし、B子はたとえ電車の中で立っていてもA氏ほどの苦痛はないとする。道徳律x'は「身体障害者には席をゆずれ」というものだとする。この場合、当然、道徳律x'の方を優先すべきであろう。

(3) 最後に図Ⅵ－1(c)を見ていただきたい。ここでは、政策xの下でもx'の下でもA氏は常にB氏よりも不幸な状態にあるわけである。この場合、ロールズはためらうことなくA氏の福祉を最優先すべきだと説く。すなわち、たとえB氏がそのためにある程度犠牲になったとしても、最底辺にいるA氏の不幸度が減少するならば、A氏の不幸を減少させる政策を採るべきだというしだいである。

この図(c)の場合にx'を採るべきだとする原理は「公正の弱公理（weak equity axiom）」とよばれるもので、セン（Sen [17]）が提唱したものである。

さて、以上の図(a)、(b)、(c)のそれぞれについて、政策x'を政策xより望ましいとする三つの条件（パレート最適性、スッピーズの「正義の順序づけ原理」、センの「公正の弱公理」）は、実はロールズのマックスミン原理の成立のための必要十分条件であることが証明されている（Hammond [4]、Sen [18]）。（厳密に言うと、これ以外に、領域の無制約性 unrestricted domain や無関係対象からの独立性 independence from irrelevant alternatives が条件に加えられるべきだし、スッピーズの正義の順序づけ原理——図(b)の場合——も社会の構成員が二人以上の場合に拡張しなければならないが、詳しくは紹介した原論文を参照されたい。）

このような、マックスミン原理の必要十分条件が明らかとなったことは、最近の決定理論のもたらした重要な功績といえよう。つまり、図(a)、(b)、(c)の三つの場合にx'を採るというだけで、あらゆる場合に常に「最底辺の人の福祉を最優先する」という方策が導出されるし、また、この最底辺の最優先原理は、常に、図(a)、(b)、(c)の場合にx'を採らしめるものだというのである。

マックスミン原理は公正か

以下において、図Ⅵ－1の(a)、(b)、(c)で示されるような条件の一つ一つに対し、それが公正さという観点から見て妥当なものかについて検討してみることにしよう。

(1) パレート最適性は公正か

パレート最適性という条件は、従来の厚生経済学ではまず疑う余地なき真理のように扱われてきたものである。社会のすべての人が「*A*は少なくとも*B*よりも悪くはない」とし、そのうちの誰かははっきりと「*A*は*B*よりも良い」と断言するとしたなら、*A*と*B*のうちいずれを採るべきかと聞かれれば誰だって*A*を採るべきだと答えるだろう。ところが最近、このパレート最適性に対する疑問がいろいろな観点から指摘されてきている。

第一は、すでに見たセンの自由主義のパラドックスにおいてであった（第Ⅳ章）。しかし、センがそこで否定したパレート最適性の否定は、個人の選好順序の判断が他人の自由への侵害となっている場合にのみ、その場合の選好を社会的にはカウントしない、というきわめて消極的な主張であった。他人の自由を侵害することのない公的訴えについて、もしもパレート最適性の条件を満たすならば、これは社会的決定に採り入れても異論はなかろうというものである。

しかし、もっと根本的な点から、パレート最適性を批判することができる。たとえば、ある貧困な社会では、すべての人が週給一万円で働いているとする。しかしそこでは、人

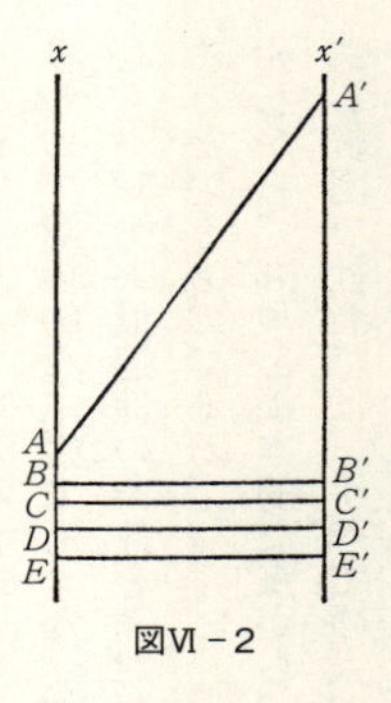

図Ⅵ－2

種差別も学歴による差もなく、全く同じ条件で仕事をしているとする。ところでそこに新しい給与体系が提案され、その中の誰かひとりだけが、たまたま週給一〇万円にアップされ、他の人々はすべて一万一千円の週給になるとしよう。ところでここで、新しい給与体系は万人にとって「前よりもまし」であるにはちがいないが、これは果たして公正な給与体系といえるだろうか。

つまり、たとえすべての人が「前よりもましだ」としても、社会全体としてながめたときに、「前よりも公正でない」といわざるを得ない場合があるのである。

実際、後でも触れるがマックレランドとロールバウ（McClelland & Rohrbaugh〔8〕）の実験によると、利潤の配分方式に対する選好順序の心理実験で、一〇名の被験者（大学生）の全員が、二人の当事者間で「一八対一四」の配分よりも「一四対一四」の配分を好むか、もしくは「一八対一四」の配分よりも「一〇対一〇」の配分を好むかであった。（つまり、全員がパレート最適性を否定したのである。）しかも、このようなことはパレート最適性の説明を十分聴かせて、そのよさを納得させようとした場合ですら起こることなのである（Messick & McClintock〔10〕、McClintock〔9〕）。

図Ⅵ－2を見れば、パレート最適性がときに公正さに反することが明らかであろう。ところでロールズのマックスミン原理はパレート最適性を常に満たすべき必要条件としていることを思い起こしていただきたい。

(2) スッピーズの条件は公正か

次に、図Ⅵ－1(b)で示した条件（スッピーズの正義の順序づけ原理）について考えてみよう。この条件も、当事者が二人しかいない場合にはいかにももっともな条件のように見えるが、当事者が数多くなってくると、先のパレート最適性の問題と同種の問題が起こってくる。

(a)　(b)

図Ⅵ－3

その点を指摘する前に、スッピーズの条件を n 人の当事者に拡張するとどうなるかについて説明しよう。（ロールズのマックスミン原理を n 人に適用する場合の必要条件になるのだが。）n 人に拡張した条件は、図Ⅵ－3(a)に示されるように、政策 x の下での人々の効用レベルと政策 x' の下での人々の効用レベルをそれぞれ点で示したときに、「誰の効用がどう変化するか」という点を全く無視して、すべての人の効用レベルを各政策の下で全く無名のものにした上で、政策 x の下での点と政策 x' の下での点を任意に結ん

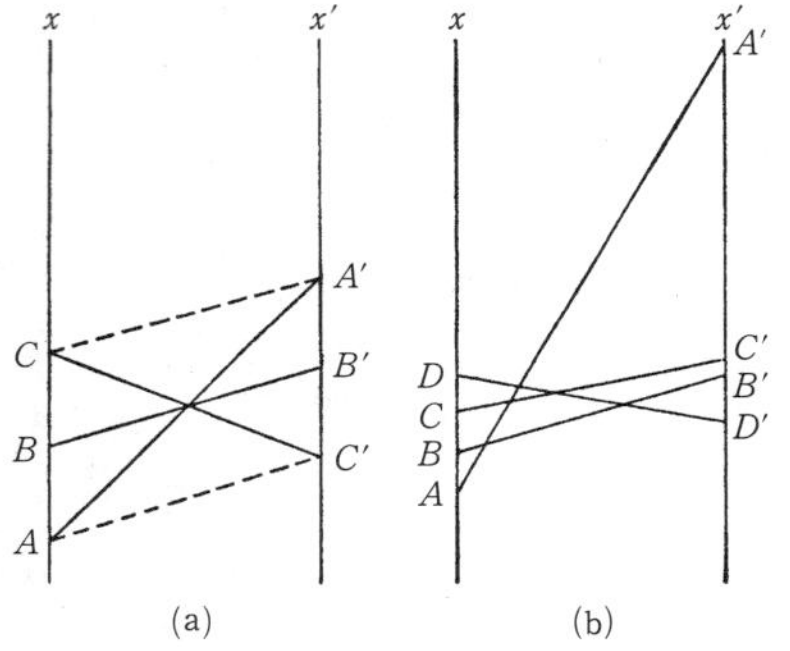

でみて、すべてが右あがり（政策x'の下での方が上位）となるような線で結ぶことができる、という条件の下で、政策x'を採用するものである。

さてここで次に図VI－3(b)をながめていただきたい。A子、B子、C子、D子の四人の社員が同じ職場で働いていた（xの下で）のだが、たまたま「お茶くみ」のA子が社長のお気に入りになって高給取りになり、かわりにベテランのD子が「お茶くみ」を命じられたようなものである。そのような場合が果たして公正な処置といえるかどうか。スッピーズの条件ではもちろん、ロールズの原理でも、このような「えこひいき」も常に正当化されてしまうのである。

(3) 公正の弱公理は公正か

図VI－1(c)の条件（公正の弱公理）が多数の当事者の場合に拡張されると、きわめて不合理な結論を導くことは、この公理の提唱者セン自身も認めるところである（Sen〔18〕）。そのことは図VI－4をごらんいただけば直ちにおわかりのことであろう。図では、最底辺の人A氏だけが政策x'の下で若干の恩恵の増分がみられるが、他のすべての人々は、政策x'の下ではかえって以前より状況が悪化するのである。このような場合にx'が望ましいとするのが公正の弱公理だが、このような政策は果たして本当に公正だろうか。

マックスミン原理に欠けているもの

マックスミン原理では、社会における最底辺の人に対して注目するのだが、最底辺以外の人に対しては全く考慮しないために、本来の公正さの概念からは首をかしげたくなるようなケースも起こりうるのである。

ひとりひとりの人は、自分が一体どれだけ幸福か（不幸か）という点だけでなく、他の人々の幸福や不幸とどういう関係になっているかに注目する。

言いかえると、マックスミン原理には、富の配分に関する理由づけや平等化の問題は考慮されていない。ある人が何の理由もなくとびぬけて多くの配分を受けるということは、少なくとも公正さに反することのように思えるが、いかがだろうか。

マックスミン原理において考慮されていないもう一つの側面は、幸福度や不幸度の強さ(intensity)である。考慮されているのは、各政策の下での最底辺の人の不幸度レベルに関する順序だけである。社会における最底辺といっても、ここでいう社会にはいろいろな種類がある。たとえば、ロータリー・クラブやライオンズ・クラブが、会員の福祉厚生に関する決定をするとき、会員の中での最底辺の人を最優先すべきだろうか。

あるいは、マックスミン原理で考慮外とされる「最高の幸福」がどのようなものでありうるかを考えてみることもできる。ヒマラヤ登山隊がK２峰をアタック

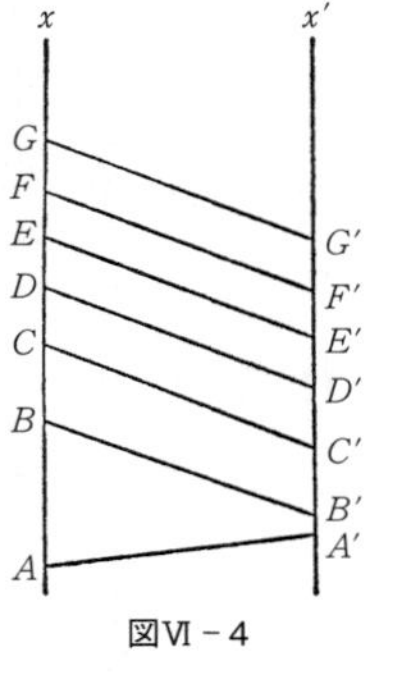

図Ⅵ－４

するとき、隊員一〇〇名はすべて縁の下の力持ちになっても、達成できるかもしれぬ最高をめざす最後のアタック隊に選ばれるのがほんの数名でも、わたしたちはそれを不当な処置とは考えない。このような場合、人々はマックスミン原理ではなく、むしろマクシマックス原理（maximax principle）を受け入れているのである。

そのほか、ロールズのマックスミン原理では、幸福や不幸の質的ちがいを考慮していないとか、幸福や不幸の達成手段、プロセスの正当性や不当性が考えられていないとか、文句をつければキリがないであろう。

しかし、この際必要なことは、そのような揚げ足取り的な批判ではなく、本来ロールズは何をめざしてマックスミン原理を提唱したのか、また、ロールズが意図した本来の意味での公正さから見て、本当に重大な点が見落とされているものか否か、という点の検討であろう。

ロールズがめざしたこと

ロールズがマックスミン原理の提唱によってめざしたことの一つは、功利主義的社会倫理に対する批判であろう。功利主義的社会倫理というのは、J・ベンサム、J・S・ミルを経て、現代のJ・C・ハーサニにいたる多くの人々によって受け継がれてきた倫理観で、人々の受益する効用の総和を最大にする政策が最も良いとする考え方である。ところがこの効用の総和最大化の原理には、ともすると、社会ですでに恩恵を受けている人々に多くの恩恵が行き、社会の底辺の人々に対しては、しだいに恩恵が行かなくなるという傾向がある。ロールズは、そのような社会的不公平をなくすために、政策決定の指導原理として、最底辺最優先の原則を提唱したのである。

現実には、最底辺最優先のマックスミン原理をとことんまで採用することは不可能でもあり、また、妥当でないケースもいくつかあるだろう。しかし、政策決定者が常に念頭に置くべきこととして、最底辺最優先の原則はある程度必要なことかもしれない。

3　功利主義による社会倫理の諸問題

ベンサム主義の問題

J・ベンサム(Jeremy Bentham, 1748-1832)が一七八九年に発表した『道徳および立法の諸原理序説』(山下重一訳[3])は、人々の快楽や苦痛の量の単純総和をもって、行為の善悪判断のよりどころとすることを提案したもので、世に言う功利主義的倫理のはじまりの書である。

ベンサムの幸福計算では、人々の苦痛や快楽が、強度、持続性、確実性、範囲などによって客観的な量として表しうるものとされ、それらをすべての人々について算出して、総和をとり、最大多数の最大幸福を実現しようというものである。

このような単純で穴だらけの主張は、少し検討を加えればいくらでも矛盾の出てくるものである。

たとえばG・E・ムーア（Moore〔11〕）が指摘したように、「人々が〝望んでいる〟という事実命題から、特定の行為が〝望ましい〟という価値命題を導くのは誤りだ」という批判もできるし、ロビンズ〔14〕のように、「人々の快楽や苦痛の量的計測は客観的にできないし、ひとりの人の快楽の度合いを他の人の快楽の度合いと比較することは意味をもたない」という批判もできる。

そのほか、J・S・ミルのように、同じような功利主義倫理を説きながらも、快楽の質的ちがいを問題にすべきだとしてベンサムを批判することもできるし、ハロッド（Harrod〔5〕）が「規則・功利主義（rule-utilitarianism）」を提唱したように、「行為のルールの善し悪しは、特定場面での行為の結果の善し悪しで判定してはならない」として批判することもできる。

しかし、何といっても、ベンサム自身や彼の後継者たちが「功利主義」を標榜して行った社会改革の数々を見ると、「功利主義」がどのような論理的矛盾をふくんでいるかなどと机上で議論しているのが気恥ずかしくなる。清水〔19〕の『倫理学ノート』によると、「監獄の改革、婦人参政権をふくむ普通選挙、自由貿易、植民地制度の改革、労働組合の合法化、公費による国民教育、言論出版の自由、秘密投票制度、官吏任命および業績主義、高利禁止法の廃止、地方政府の改革、海運の安全規定、衛生上の改革、公費による予防医療、統計の組織的蒐集、貧困者のための無料裁判、産児制限、煙害……。リストは幾らでも長くすることができる」（六五頁）というしだいである。

そうなると、わたしたちは功利主義的社会倫理が厳密にはいろいろな矛盾をもっているが、何かしら人々に訴えるところのある倫理観であり、良き社会政策の実施や社会改革のための重要なスローガンとなりうるものを持っていることを認めないわけにはいかないであろう。

そこで、以下においては、いろいろな批判にもかかわらず何とか生きのびてきた今日の功利主義的社会倫理の考え方の代表として、ハーサニ（Harsanyi〔6〕〔7〕）をとりあげて、現代の社会倫理としてどこまで妥当なものかを検討してみたい。

ハーサニの倫理的効用

ハーサニ〔6〕はロールズが原始点の概念を発表（Rawls〔12〕）するより数年前に、全く同じような観点からの社会倫理を発表していた。（ロールズはおそらくハーサニを全く知らなかったと思われる。）

ハーサニは、何らかの行為の社会的影響に関する倫理性を人が判断するときは、本人の現在置かれている立場を離れて、社会のすべての人々の立場に立って考え、その上で、自分が社会のどの人の立場になるかについて全くの未知の、不確実性の時点に身を置いて判断するものであるとした。ただ、ロールズと異なるのは、その時点（「中立点」とでもよぼうか）における価値判断はハーサニの場合はマックスミン原理を採用するのではなく、社会のすべての人々の価値判断（効用として計量されるもの）の総和を最大にすることを提唱するのである。

ハーサニは人のそのような中立点での評価を「倫理的効用（ethical utility）」とよび、個人が自らの利益を中心に考える価値判断「個人的効用（individual utility）」と区別する。言いかえると、ハーサニは、人が二重の価値判断機構をもっていて、「個人的には……が好きだが、倫理的には……が望ましい」という判断をするものだとする。もちろん、社会政策を定めるような場合は、倫理的判断にもとづいて行うべきであり、そこでは個人の好みを最優先する考えは捨てなければならないであろうが、日常生活ではむしろ個人的効用にもとづいて行動しているであろうと考えるのである。

倫理的効用の導出

ハーサニは倫理的判断というものを個人的効用判断と本質的に異なるものとは考えなかった。彼のいう倫理的効用というのは、各個人の効用を「中立点」からながめたときの期待値にすぎないのである。すなわち、ハーサニによれば、先の中立点に立って人が倫理的判断をするというのは、人が社会のすべての人のいずれの立場にも等しい確率で立場の交換を行うと想定して、その場合の期待効用を最大化する行為を選ぶことだというのである。

このことを導くために、ハーサニ〔6〕は次のことを仮定した。まず、ハーサニは与えられた選択肢に対して、人は社会の構成員すべて（本人もふくめて）の個々の立場に立ってみた上での選好順序（個人的選好順序）をもつと仮定し、他方、それらとは独立に、社会的立場に立って、何がその社会に必要かを順位づける社会的順序ももっていると仮定する。そして、すべての個人的順序づけも社会的順序づけも、順序づけ行動の基本構造は変わりなく、フォン・ノイマンとモルゲンシュテルンのゲーム理論における公理を満足すると仮定する。（本書の第V章三節で紹介したマーシャックの公理でもよい。）最後に、社会的選好と個人的選好を結びつけるために、「すべての個人的選好順序において〃無差別〃と判断される選択肢の対は、社会的選好順序においても〃無差別〃とされる」という仮定を設ける。

以上の仮定から、(1)任意の人iの立場に立って判断する場合の効用関数u_iが存在し、(2)それらの人々の立場を考慮した社会的選好の効用関数Wが存在し、(3)Wはu_iの線型結合、すなわち$W=\alpha_1u_1+\alpha_2u_2+\cdots+\alpha_nu_n$であらわしうる、という結論が得られる。倫理的判断というのは、ハーサニによれば、社会的選好判断の特殊例で、すべての人の立場に等確率で立つと想定した場合、すなわち、すべての重みα_iが等しい場合にすぎないというのである。

効用の個人間比較の問題

ハーサニの理論の中では、効用の個人間比較の問題はどう考えられているのだろうか。

この問題に答えるためには、ハーサニの理論における倫理的選好なるものの意味を考えてみる必要がある。先に見た通り、ハーサニのいう「倫理的選好」というのは、何らかの判定者Xにとっての一種の期待効用にすぎない。そのXなる人物が、ただいろいろな人々の身になってみて、他人の選好順序を想定し、その結果、そのX氏が主観的に推測した各個人の効用u_iの和を得たにすぎない。倫理的判断は、同じX氏が、世界のどの人とおのが身を入れかえることになるか不確定で、しかもどの人と入れかわるかは等確率で選ぶと空想した際の、X氏の空想上の期待値であり、そのような意味での倫理的効用が存在するというのである。

このようなしだいだから、すべての判断がXという無名の個人の中での想像上のものであり、個人の立場の想像上の効用u_iは、当然X氏の頭の中では、すべて比較可能といってよいだろう。

問題は、この無名の判定者X氏が何者かということである。ハーサニはそれについて全く何も触れていないが、人々が相互に苦痛を訴えあって、快楽を表情にあらわしあっていく中で、自然に形成される共通理解としての公正な判定者とみなすこともできるであろう。しかし、その場合には、各個人の立場での効用関数u_iのそれぞれに対し、万人共通の認識としてその値が確定できなければならない。（数学的には、効用の差の個人間の比率が一定となるような任意の線型変換をほどこして得られるu_iの変更はWの一意性を変えない。）

いやしくも倫理的な判断を下そうとするならば、他人がどのように感じ、どのようにものごとを知覚するかについての推測を除外するわけにはいかないだろう。ロールズでさえも、マックスミン原理の提唱において、個人の効用のレベルについて、少なくとも順序尺度で順序づけられる程度の効用推測を認めた。ところで、ハーサニの理論では、世界のどの人が一番苦しんでいるか、とか、世界で一番喜んでいる人は誰かというような、ゼロ点からの距離で測定できるような効用は前提にしていないことに注意していただきたい。どのような理論によろうとも、

$$W = u_1 + u_2 + \cdots + u_n$$

という形で社会の全体効用を定義するかぎり、各人の効用u_iが何をゼロ点にした値かは、全く自由に変えてよいことになる。（つまり、誰の効用が最も低いかは、数学的に区別できない仕組みになっているのである。）問題になるのは、対象aに対する効用と対象bに対する効用の差だけであり、この差の個人間相互の比率

$$\frac{u_i(a_i) - u_i(b)}{u_j(a) - u_j(b)}$$

だけが一意性をもつのである。

このことは、功利主義的観点から言えば、問題になるのは限界効用 (marginal utility) (財の一単位の変化に対する効用の変化分) だけであり、限界効用の個人間の比較だけが有意味であることを示しているのである。

そこで有名な「限界効用逓減の法則」が導入される。すなわち、「財の一単位増分に対する効用の増分は財の現保有高が大きくなるにつれて減少する傾向がある」というものである。いくらおいしいお菓子でも、本当においしいのは最初の一口で、「おいしさ」の増分は満腹になっていくにつれてだんだんと減少するというものである。

この限界効用逓減の法則は、一定の総量が与えられたときにそれを人々に配分する際に適用すると、貧しい者ほど多くの配分を受けるべきことが導かれるのである。つまり、貧しい者ほど、少量でも財が増加すると効用の増分は大きいので、全体の効用和を最大化するには、効用増分の大きい貧しい者に配分を多くするのがよい、と。二〇個のまんじゅうをもらったとき、自分ひとりで全部食べてしまっても、あとは胸ヤケが残るだけだが、他の多くの腹を空かせた兄弟姉妹にも分けてあげれば、すべての人々の快楽の総和は最大になる、というのである。ハーサニが自らの理論を社会倫理の基礎として提唱する根拠はこの点であり、また、これ以外にないとさえいえよう。
このような考え方を、ここでは「おすそ分け式分配論」と呼んでおこう。

おすそ分け式分配は公正か

一見、このおすそ分け式分配論は社会の公正化に役立つように見える。財の余っている人へはもはや配分しても仕方あるまいから、不足している人に多く配分することになり、結果的には社会の均等化が進行する、と。

しかし、少しでも注意深く検討してみれば、この論法が全くのペテンであることがわかる。

たとえば、まんじゅう二〇個を入手した人の場合でいえば、自分で「今日は一〇個、明日も一〇個」食べることと「今日、自分が一〇個、弟が一〇個」食べることと比べれば、効用の総和は変わらないと考え、それなら自分だけで二日間で食べてもよいと考えるかもしれない。すなわち、総和を考えるかぎり、誰がどういう配分を受けるべきかについては全くどうでもよいのである。

もっと意地悪く解釈すると、効用の総和最大化原理からは次のような論法も生まれる。まんじゅう二〇個をひとりで食べるのは確かに効用の総和は少ない。それでは、まず自分が一〇個食べて、残り一〇個を弟にあげ、その代償として弟のプラモデルを一個自分にもらえるように交渉してみよう。そうすると自分ははじめに食べた一〇個のまんじゅうの効用に加えて新しくプラモデルを得る効用が加わる。弟はほとんど遊ばなくなったプラモデルの効用の減少分をまんじゅう一〇個の効用で補っても少しの余得はある。結果的には「効用の総和」は最大となる、と。しかし、この推論の結末は不平等の拡大以外の何ものでもないだろう。

あるいは、自分はまんじゅう五個だけ食べて、あとの一五個をいろいろな弟や妹に分配し、その代償としてプラモデルや人形をかき集め、おもちゃの町でもつくれば、はじめの二〇個のまんじゅうの効用は一〇倍、一〇〇倍の効用を生むことになるから、みんなわたしに自分のもっているおもちゃを提供せよ、という搾取の論理も出てくるかもしれない。

限界効用逓減の法則というのは、同種の財をただひたすら増加させていったときに、効用の増分がだんだん減っていくというだけのことで、それを異種類の財へ転化させたり、時間的に長期で消費する計画などを立てれば、いくらでも話は変わってくる。

能力の問題

功利主義の倫理観におけるもう一つの重要な問題は、効用の享受能力と効用財の生産能力という二つの「能力」を人々が考慮したときに生じる。

まず、「効用の享受能力」について述べる。それは次のような論法に見られる。

「貧乏人に少しぐらい金を与えても、一夜の焼酎代の足しになる程度で、たいして大きな効用をそこからひき出すことはできない。豚に真珠を投げ与えるようなものである。しかし、ある程度の教養のある人に与えるならば、高尚な文学書の購入にでも当ててくれて、〝ありがたみ〟をよく味わってくれる。」

「効用財の生産能力」については、効用の享受能力についての考慮と似ているが、たとえば次のような考え方である。

「金を与えるならば、〝喜んでもらえる人〟に与えるよりは、〝喜びを生み出せる人〟に与えるべきだ。〝有能な〟人は、もとの効用の一〇倍、一〇〇倍の効用を生み出すことができる。〝有能な〟人には、多くの財を投入すればするほど、財の生産能力は増加する。つまり生産力逓増の法則が成り立つ。それならば、一〇〇人の凡人に平等に富を分配してしまうのでなく、ひとりの天才にすべてを投資して、その結果、何十倍、何百倍にでもしてもらった方が得策だ。」

「精神障害者、知恵遅れ、身体障害者、不治の難病患者、老人……などは、気の毒にはちがいないが、どのみち効用をそれほどは享受できないし、新しい効用財を生み出す能力もない。したがって、財の配分は最小限にとどめるべきだ。それに対し、一流大学を出たエリートは才能あふれる重要な人財だから、カネをかければかけるほど、才能を伸ばし、新しいものを生み出してくれる。したがって、よい教育環境で幼いときから育った者を大切にし、才能の芽が出たら、田畑山林を売り払い、母親はパートに出て、兄は土方になってでも、才能ある弟を大成させねばならない。」

こうなると、限界効用逓減の法則など何の意味もない。限界生産力逓増の法則を中心とし、能力もカネで買えるものとされ、能力開発信仰も生まれ、GNP至上主義、秀才貴族が横行するようになる。

もちろん、世の中には、前にも述べた通り一〇〇人の編成による登山隊でも山頂をアタックするのは数名で、あとはすべて縁の下の力持ちになるというケースもあるので、ロールズのように最底辺だけを常に最優先するというのも問題があろう。ある程度は、才能ある者に大いに才能を伸ばしてもらい、生産力のあるところに投資を集中することもやむをえないだろう。しかし、功利主義倫理のおとし穴は、総和至上主義に陥り、「総効用が増加する」との名目で、おそろしいほどの不平等に耐えることを人々に強いる傾向をもつという点である。

誰がどういう効用をもっているか、どれだけの効用を他に及ぼす能力をもっているかは、本来はわからないはずである。しかし、功利主義を適用するためには、この本来わからないはずのことをわかっていることのようにみなさなければどうにもならないのである。その結果、世の中の誰か（ハーサニの中立的判定者X氏）がすべての個人の効用を勝手に解釈した上で行う富の不平等な配分は、いつの間にか正当化され、速効薬的な投資効果のあるところに集中投資されていくのをやむをえないと考えるようになってしまう。

しかし、本来、公正な社会政策というものは、知られざるところを知られざるものとして、可能性に賭けるところがあってよいはずであろう。くだらないと思えることの中にも、もしかしたらすばらしいものがかくれているかもしれない。長期的にじっくりと育てていけば、いつか、予想もしないすばらしいものが出てくるかもしれない。従来だれも知らなかった異質の喜びがどこかにあるのかもしれない……。絶望の中にも希望をつなぎ、未知であっても可能性にかける。これが公正な政策ではなかろうか。

こう考えると、あらためて、他人の効用関数の勝手な推測をいましめ、あえて無知のヴェールをかぶって、他人に対して判断停止を行う原始点を強調するロールズの思想（たとえマックスミン原理にいくつかの矛盾があったとしても）の背後にある「倫理性」の深さに気づかないではいられない。

VII 平等な社会と個人の倫理性

1 利己心仮説の崩壊

利己心仮説

社会的決定理論は長い間「人間は本来利己的である」という仮説からぬけ出せなかった。ひとりひとりの人が己れの利己心にしたがって行動するのが当然であり、他方、社会はそれぞれの人が欲するところのものを最大限に実現するのが、最も正しい決定となるのだとわたしたちは思い込んで、人々が望んでいることをできるだけ正確に、社会的決定の結果に反映させる手だてを研究してきたのである。

しかし、わたしたちの日常生活をふりかえってみたとき、わたしたちは常にそれほどまでに利己的なのだろうかと疑ってみたくなることが多いことに気づく。むしろ、わたしたち自身、本当に利己心にしたがって行動することがあるのだろうかとさえ思えてくる。

たとえば、わたしが一本のネクタイを買おうと思ったとき、わたしの頭の中をかすめることは、「このネクタイをつけると人はどう思うか」であり、鏡を前にしてあれこれ試してみるとき、そこに見ようとするのは他人の眼に映るであろう自分の姿である。

わたしたちが苦しいと感じるのも、「ほかの人はもっと楽をしている」と思うときに最も強く感じるものだし、逆に「みんながともに苦しんでいる」と感じるときは、大きな苦痛に耐えられるものである。

反対に、もしもわたしたちが本当に利己心だけで行動していたらどうだろうか。わたしたちは心の安まることなく常にだましだまされ、毎日眼を血走らせて餓鬼道をかけずり回ることになる。

「しかし、……」と従来の経済学者たちは反論した。「日常のふつうの生活は確かに利己心とはあまり結びつかないかもしれないが、商業活動や外交関係における人々の行動は、やはりそれぞれの利潤追求を動機としていると考えてよいだろう。現実の世界はやはり〝食うか食われるか〟の弱肉強食が支配原理なのだろう」と。

利潤追求より公正化要求

ところが現実の経済活動や社会的な住民運動などをながめてみると、人々は己れの利益を追求しているのでなく、むしろ、「己れを公正に扱ってもらうこと」を強く要求していると考えた方があてはまっているのではないだろうか。

一見なりふり構わぬ儲け主義のような商業活動も、「儲けること」を主眼としているよりは、「取り残されること」への恐怖にかり立てられていると考えた方が当っているようである。公正な社会など誰かがつくってくれるものとぼんやり待っているわけにはいかないし、限界生産力逓増の法則や能力開発主義の原則がある以上、ほっておけば不平等はどこまでも深まる一方だ。それならば、少しでも競争力を身につけて、他人をうち負かし、一歩でも先んじておかねばなるまい、と。

世をあげて、人々は自分より上の人たちをながめ、不平等だと信じ、負けそうと考え、負けないためには打ち負かす以外にないと信じて生きているように見うけられる。

このような人間の性向は、過去二〇年のゲーム行動に関する実験的研究（第V章六節）で明らかとなったことでもあり、世の中に数かぎりなく観察される共倒れ現象の背後にあることでもある。商業活動だけでなく、外国との交渉問題においても、自国がどうであるということよりも、相手国が不当に利益をあげることへの牽制の方が強い主張として表明される。開発途上国の問題にしろ、石油問題にしろ、人々の公正化への要求を無視して論じるわけにはいかない。

ゆがめられた公正化概念

ところが、人々の公正化要求の内容を想いうかべてみると、人々の不平等感覚は自分より若干上の人たちと自分との差に向けられているように思われる。わたしたちはアラブ諸国の王様がミンクの毛布で寝ているとか、純金のベッドで寝ているという話を聞いてもどうということもないが、同年輩の人々のボーナス高や年収の統計には目を血走らせる。このような性向は、人々の競争意識や闘争本能によるというよりも、むしろ、ゆがめられた公正化志向によると考えるべきではないだろうか。

つまり、わたしたちひとりひとりは、もともとは社会の公正化を望んでいるのであるが、ある種の考えちがいから、いつのまにか自分より若干上の人たちとの差だけに目が行ってしまい、それとの格差是正だけを要求するのが正当な権利主張であると思い込むようになってしまったのではあるまいか。

それではこの「ある種の〝考えちがい〟」というのは何だろうか。わたくしは、人々が自らの公正化志向をゆがめてしまった最大の原因が経済理論における利己心仮説の欺瞞性にあると思うしだいである。

ではこの利己心仮説がどのようにして人々の公正化志向をゆがめていったかについて、わたしなりの推論を進めてみよう。

他者に適用される利己心

人々はつねに「他人というのは勝手に生きていて、それぞれみな己れの利己心にしたがっているのだ」と言い聞かされてきた。つまり、利己心仮説は他人の行動の説明原理として採用されてきたのである。これは心理学や社会学でも、人間行動の説明として一番広く用いられてきた仮説でもあり、他人の行動の動機といえば、本人の利己心を指摘するのが一番簡単であると教えられているのである。

カーター大統領が省エネルギーを国民に訴えたことに対するある一流のテレビの報道でさえも、「次期大統領選挙へ向けての人気挽回策とも考えられています」と言っていた。一体どうしてカーター演説の内容の真偽を問題にしないのだろう。どうしてわが国ではそのような省エネルギーのキャンペーンをしないでよいのだろうかと考えて不思議に思った。その他、いろいろなケースで痛感するのは、政治家の行動は国内国外を問わず、すべて利己心にもとづくものとのうがった説明をする傾向が日本の報道にはしばしば見られることである。

さて、他人がすべて利己心にしたがって行動していると思い込んだとしたら次はどうなるか。それは明らかに、自分がほっておかれること、取り残されることへの恐怖の発生である。つまり、「ヨソの人というのは、他人のことなど知ったことではない、このわたしなどどうなっても構わないと思っているはずだ。わたしが明日にでも路頭に迷うことになったって、別にへとも思わないはずだ」と考えるだろう。

さらに、他人は利己的だという仮説は、自分が自分より苦しんでいる人たちに対して無関心でいることの正当化にも用いられる。「わたしだって、ヨソの人が明日から路頭に迷うことになっても、いちいち気にしていられない。人はみな利己心にしたがって動くのが世の常なのだから、しかたないことだ。」

したがって、自己の生活に関しては、他人から目をかけてもらうことを絶望しており、自分自身も、自分より困っている人に目をかけないのは当然だと考えるようになる。

そこで第三の推論が導入される。「しかし、わたしがあの人たち（自分より若干上の人たち）よりも不利な立場に置かれていることは、不当なことだ。わたしたちと大して変わらぬあの人たちが、わたしたちよりラクをしているのはがまんできない。社会が公正化をはかってくれるのを待っていたら、こっちが先に参ってしまうから、この不平等是正はわたしたちの手で、機会をのがさず、力尽くででも実現させねばなるまい。」

わたしたちはこのようにして、利己心仮説という亡霊におびえ、自らの公正化志向をゆがめにゆがめて、不平等是正を世間で一番通用する利己的主張という体裁で取りつくろって、実現しようとする。その結果、欲望の増大、地域エゴ、羨望の合理化へと社会がつっ走ることになる。もしも、世の中の各階層が自分より下の層との格差に目をつぶり、自分より上位の層との格差是正のみを要求し、社会がすべての要求を最大限に実現しようとしたらどうなるか。結果は火を見るよりも明らかであろう。

考えちがいの是正

そこで、今日のわたしたちにとって、もっとも必要なことは、この破滅に向かってつっ走る社会の根元にあった利己心仮説からまず脱皮することであろう。

奇妙なことに、わたしたちの日常生活におけるわたしたち自身の行動をふりかえって見れば、利己心仮説の欺瞞性は明らかなのである。冒頭にあげたネクタイ一本を買うときの例でも、利己心などどこをさがしてもないといってよい。それにもかかわらず、わたしたちが他人の行動の説明にだけ利己心仮説を適用するのは、実はこの利己心仮説が、科学の名の下にいろいろな形で変形を加えられ、かくれみのを着て、いたるところに蔓延しているからである。

そこで、わたしたちはいろいろなかくれみのを着ている利己心仮説をあばき、その変形された利己心仮説がどんな変形であっても、実は全く事実に反するということを証明していかねばならないのである。

表明された選好のかくれみの

経済学における利己心仮説が諸悪の根源だというと、近代経済学者は一笑に付すだろう。

一九世紀の経済学者たちは利己心仮説を信条としていたかもしれないが、いやしくも近代経済学では「表明された選好（revealed preference）」を問題にしているのだ。つまり、選択肢 x と y のうちいずれをとるかという行動だけである。近代経済学はあくまで科学的であろうとし、この選好の背後に想定される価値観とは無縁である。選好動機が利己心だろうと、利他心だろうと、宗教的信念だろうと、何の関係もない。近代経済学はこれらの選好の一貫性だけを科学的に解明し、一貫性に関する価値中立的な公理から、合理的判断を導くのだ、と。

このような議論は一見もっとものように聞こえる。経済学が利己心仮説にもとづくという断罪は、こちらの勝手な思いすごしにもとづくぬれぎぬだというしだいである。

しかし、少し厳密に検討してみると、実はこのような表明された選好の概念は、利己心仮説のかくれみのにすぎず、基本構造は、アダム・スミスの『国富論』以来の利己心仮説と変わるところがないのである。

なぜならば、表明された選好に対して、近代経済理論のほとんどすべてが、無関係対象からの独立性を仮定し、政策決定原理としてパレート最適性を規準にしているのである。ところが、すでに第Ⅳ章におけるセンの自由主義のパラドックスで見てきた通り、この二つの前提を認めると、人が他人の自由を侵害したり、みなが一人の人の自由を完全に剝奪してしまうことを是認する結果を導くのである。

従来の経済学が人々を利己的なものとする仮説にしたがって理論展開をしてきたことは、パレート最適性の概念の中に集約されているといってよい。この点を次節で十分検討してみることにしよう。

2　パレート性神話の崩壊

選択の意味

ニコラス・レッシャー(Rescher(5))は、経済学における「望ましいもの」の選択が、道徳哲学の観点からの「望ましいもの」の選択と根本的に異なっていると主張して、その最もよい例としてパレート最適性に対する経済学者の見方と道徳哲学者の見方を比較して論じている。

たとえば今、社会の構成員に対し、二つの政策xとyのうち、いずれが好ましいかと問うたとき、その人は「xがyより好ましい」と答えたとする。ところでレッシャーは、この「xはyより好ましい」という答えは、その回答者が答えようとした問いの種類によって、まるで別の意味に解釈すべきであると指摘する。

回答者が答えようとした問いは次の二種類のうちいずれかであるという。

〔問1〕 あなたにx_iをもたらしてくれる政策xとあなたにy_iをもたらしてくれる政策yと比べて、あなたにとっては、いずれの方が好ましいですか（他の人たちが何を受けるかは全く無視して考えること）。

〔問2〕 社会の人々に（$x_1, x_2, \cdots, x_i, \cdots, x_n$）をもたらす政策$x$（あなたは当然$x_i$を受けるが）と、同じ社会に（$y_1, y_2, \cdots, y_i, \cdots, y_n$）をもたらす政策$y$（あなたは$y_i$を受けるが）とを比べたとき、あなたはどちらの方があなたの社会にとって好ましいと考えますか。

レッシャーの言うには、問1のような問いかけは、投票という場面で典型的に用いられる人々への問いかけで、わたしたちの目を否応なしに自分に対する利害得失にのみ向けさせるものだということである。他者へ目を向けようとしても、「あなたは自分がx_iを得る方が良いかy_iを得る方が良いか」と問われれば、自分の利益が増加するものを良いと言うしか他に言いようがない。

経済学者が「選好」というときは、暗黙のうちに人々に問1をなげかけ、問1への答えだけを表明された選好として採用してきたのである。背後に投票を想定しているため、「全員一致でxはyより選好された」という結論が出れば、社会はその結論にしたがうことを余儀なくされているように思えるのである。

しかし、同じ「xとyとのいずれが良いか」という問いに対し、わたしたちは問2で示されたような枠組みで考えることができるのである。問2というのは、「良い社会とはどういう状態のことか」と問うているのであり、根本的には倫理性を問題にしているのである。

つぎに、この問1と問2のちがいを十分ふまえて、あらためて、パレート最適性の原理を吟味してみよう。

パレート最適性の原理

パレート最適性の原理は次のような論理構成になっている。

(1) **パレート改善**――ある社会政策xと別の社会政策yを比べたとき、社会の構成員の全員がyをxよりも少なくとも悪くはないものと判断し、その中の誰かはyの方がxよりも良いと判断しているならば、yはxよりパレート的に改善されたものだという。

(2) **パレート最適性**――すべての可能な政策の中で、特定の一つの政策が他のすべてのものよりもパレート的に改善されているとき、その政策は「パレート最適」であるという。

(3) **社会的選択の合理性**――ある社会に対する可能な政策の中でパレート最適なものが一つだけ定まるならば、社会としてはその政策を採用するのが最も合理的である。

ところで今、一〇〇名の人々による社会を考えて、すべての人が1だけの効用を得る政策x^1と、九九名が1で最後の人が2だけの効用を得る政策x^2を比較しよう。

つまり、

$$x^1 = (1, 1, 1, \cdots\cdots, 1, 1)$$
$$x^2 = (1, 1, 1, \cdots\cdots, 1, 2)$$

そこで、各人に先の問1のような枠組みでいずれの方が良いかと問えば、当然のことながら、はじめの九九人は「わたしにとってはどっちでも差がない」と言い、最後の人は「x^2の方が良い」と答えるだろう。そこでパレート最適性の原理にしたがって、「x^2はx^1より良い」ということになる。

同様に、

$$x^2 = (1, 1, 1, \cdots\cdots, 1, 2)$$
$$x^3 = (1, 1, 1, \cdots\cdots, 1, 3)$$

の二つを比較されれば、やはり九九人の人が「x^3とx^2は差がない」と言い、最後の人が「x^3はx^2より良い」と言うので、社会としてはパレート最適性の原理にしたがって「x^3はx^2より良い」となる。

このようなことをくりかえし、最後に、

$$x^{99} = (1, 1, 1, \cdots\cdots, 1, 99)$$

$$x^{100} = (1, 1, 1, \cdots\cdots, 1, 100)$$

なる政策まで来ても、やはり、結論は「x^{100}はx^{99}より良い」となる。結果的にx^{100}が最良となるしだいである。

ところがここで、わたしたちが問2のような枠組で問うてみると、どうなるだろうか。$x^{100} = (1, 1, 1, \cdots\cdots, 1, 100)$のように、最後のひとりにものすごい効用が極在化することが「最適」といえるだろうか。

人々は問1のような枠組みで問われるから、正直に自らの利益だけに注目して選好を表明していたところ、気がついたら、問2に対する直接的問いかけを問われずに、勝手に問2に対する社会全体の総意が一致したかのように扱われて驚くのである。これはまさにペテンという以外にない。

パレート最適性の原理は、このようなペテンの論理であり、問1のような問いかけで人々の「利己心」だけを抽出し、それによって「全員の意見が一致した」という根拠をもとに、社会が勝手に問2への答えをでっちあげてしまうのである。

それでは、もしもはじめから人々に問2のような問いかけをしていけばどうなるだろうか。その点に関しては、マックレランドとロールバウの「誰が〝パレート性〟など受け入れるか?」("Who Accepts the Pareto Axiom?: The Role of Utility and Equity in Arbitration Decisions") と題する論文を見れば明らかである (McClelland & Rohrbaugh〔4〕)。

パレート性仮説の反証例

それでは、先にも触れたが、マックレランドとロールバウ (McClelland & Rohrbaugh〔4〕) の実験結果をあらためて紹介しておこう。彼らは大学生を被験者にして、いろいろな利益総額を二人の仮想的当事者に配分したいろいろな配分方式を比較させ、どのような配分がこの仮想的当事者たちにとって望ましいかを判断させた。たとえば (20, 40) というのは、第一の当事者に二〇ドル、第二の当事者に四〇ドルの配分 (合計は六〇ドル) を意味する。ところで、彼らの実験では、すべての被験者 (一〇名) が

(a) $(14, 14) \succ (18, 14)$

(b) $(10, 10) \succ (14, 10)$

という二つの選好のうちの少なくともいずれかの選好判断を望ましい選好として表明した。しかるに、この(a)、(b)はいずれもパレート最適性に反することは明らかであろう。被験者らはこれらの判断については、何度考え直す機会を与えられても変えようとしなかったという。つまりパレート最適性よりは、富の配分における平等性を重要とみなしていたのである。

近代経済学では、パレート最適性の名の下に、このように人々が直観的にいだいている他者との平等性感覚を考慮することを拒否し、理論的対象から除外してきたのであった。

3 不平等感覚の是正

非倫理的公正概念の除去

わたしたちが自らの選好を表明する際に、レッシャーの問1に対する答えとしてでなく、レッシャーの問2に対する答えを出すものとしても、その選好動機が十分な倫理性をそなえるものとはかぎらない。この点に関しては、レッシャーの分析は若干もの足りない感じである。つまり、たとえ問2のように「あなたは社会全体としてはいずれの方が望ましいと思うか」と問われているとしても、人々はまだ上の人たちへの羨望感だけにもとづいて選好を表明するかもしれないのである。もちろん、そのようなゆがめられた公正化志向は、もともとは、利己心仮説の他者への適用から発したものであるから、利己心仮説が否定されれば、自然に消滅するかもしれないが、人々の発想がそう簡単に変わるとも思えない。社会としては、むしろ積極的に、正しい公正化概念を助長し、誤った（ゆがめられた）公正概念を除去する方策を考えねばならないだろう。

羨望は公認されるか

ゆがめられた公正概念というものが、自分より若干上位の人たちへの羨望に支えられたものであると述べた。ところがもしもわたしが人々の上位への羨望のすべてをゆがめられたものと断罪するものだとしたら、それはおかしいと多くの人々が反論するだろう。もしも世の中から羨望がなくなったならば、人々の向上心はなくなり、すべての人は労働意欲を失うにちがいない、と。

しかし、わたしはあえて、右のような「労働意欲説」に反論したい。

今日の社会心理学で一種のブームとなっている帰属理論（attribution theory）によると、人々の労働意欲の根元にあるのは利益の獲得でもなければ羨望でもない、外界の意味ある変化に対する自己の原因性感覚であることを証拠立てている。人々が報酬を得ることを喜びとするのは、その報酬が、自らの外界の意味ある変化に対する貢献度の指標となっている場合であり、そのような報酬は次の労働意欲をかき立てるけれども、そうでない報酬はかえって意欲を喪失させるのである。

たとえば、パズル解きのような作業に報酬を与えたりすると、パズルへの興味を失い、「カネをくれなければやらない」態度を形成するし、本人の実質的貢献と無関係に、法外な報酬を与えられたりしても、以後の労働意欲はなくなってしまう（Harvey, Ickes, & Kidd〔3〕、Deci〔1〕）。

人々はベルトコンベアーで無意味な作業をして歩合給をもらうより、給与に反映しないけれども作業の意味がわかり、自己の作業の重要性や全体の中での位置づけを知ることや、自分たちの工夫で他の人々に貢献できることを無上のよろこびとする。

したがって、今日の多くの企業では、「カネをやるから働け」的印象を与えることを極力避け、人々が自らの作業そのものに自己原因性感覚をいだくようにという配慮をするようになってきている。わが国の品質管理は世界一とも言える水準にあるが、それを支えているのは、各職場におけるQCサークルの活動によるものである。QCサークル活動というのは、文字通りの現場の人々が、それぞれの職場で自分たちの作業改善を工夫し、試行し、他の職場との関連や貢献を検討する自主的サークル活動である。また、多くの企業が歩合給を廃止し、残業手当を廃止し、タイム・カードを廃止してかえって効率を高めているが、これは人々が「カネをくれるから働く」という錯覚をなくし、むしろ、それぞれの人が自己原因性感覚にもとづいて、自主的に活動することを助けた結果であろう。

したがって、わたしはあえて羨望を労働意欲の唯一の源泉として社会的に認定することを否定しておきたい。羨望動機説はまず事実に反するし、また、それにもとづく動機づけは、意欲喪失に導くからである。

羨望によらない不平等感覚

羨望にもとづく不平等性の感覚を少なくとも社会としては考慮しないとしたら、社会の不平等性は一体何によってはかられるべきだろうか。

ところで、元来、不平等という概念の背後には、一種の義侠心があるのではないだろうか。すなわち、自分よりも困っている人たちに対して、何とかしてあげたいという感情である。「なぜこれらの人たちは不当に低い報酬しか与えられていないのか?」という考えにもとづいて、社会の不平等性を糾弾しようというのが本来の不平等感覚であろう。もちろん、自分よりも不当に高い報酬を得ている人たちに向けて糾弾の声を発することもあるが、それはあくまで、はじめに不当に低い報酬を得ている人たちに対する義侠心があった上でのことで、その点を欠いて、報酬の高い人たちへの自分自身の羨望によるものだとしたら、はなはだ鼻持ちならないものと言えよう。

したがって、不平等性の認識の最も基本となっているものは、自分より低い報酬を受ける人たちへの格差是正の道義的責務感であり、その道義的格差是正責務感の強さに応じて、自分をふくめたより高い報酬を受けている人たちに対する不平等の糾弾の訴えが発生するものと考えられよう。

このような、義侠心にもとづく格差是正の責務感覚は、さきに紹介したロールズのマックスミン原理にも通じるものであるが、マックスミン原理の場合は、最底辺の人だけに向けられた義侠心であった。しかるに、ここで提案しているものは、自分より低い報酬を得ている人たちすべてに対する義侠心である。このような義侠心にもとづく不平等認識を、ここでは「(義侠的)格差是正責務」と名づけておこう。

不平等の個人的責任と社会的責任

ここで注意したいことは、以上のように定義された格差是正責務は、社会におけるひとりひとりに負わされる道義的責務のようなものだということである。高い報酬を得ている人には大きな責務が、低い報酬の人にも身分相応の責務が課せられるという考え方である。

しかし、このように不平等についての責務がひとりひとりの個人に負わされるというのはおかしいという人も多いだろう。従来、社会の不平等性は社会全体のもつ固有の性質と考えられてきた。人が「この社会は不平等が蔓延している」と言うとき、その不平等の責任の一端をほかならぬ自分も負っているとはふつう考えない。自分はあたかも第三者か社会評論家のような立場にあると錯覚してしまう。しかし、社会という抽象化されたものに不平等の責任をすべて転嫁してしまい、「要するに社会が悪い」と言って逃げてしまうのは、やはり何らかのごまかしがあるように思えるが、どうだろうか。

もちろん、わたしたちが全くの第三者の立場から、一つの社会全体をながめる場合もありうる。たとえば、不平等性の異なる二つの国のいずれに亡命しようかと迷っている場合や、あるいは、一国の政策決定にたずさわる者として、社会全体の不平等性をどのように減少させるべきかを考えている場合である。そのような場合には、やはり社会全体の不平等性を第三者的立場で問題にすべきであろう。

そこで次に問題となるのは、不平等に対する個人の格差是正責務と、社会の不平等是正責務の関係はどうなっているか、という点である。以下においては、まずはじめに個人の格差是正責務としての不平等指標をとりあげ、そのあと、社会の不平等是正責務を遂行するための方策を検討してみることにする。

個人の格差是正責務の指標

さて、ひとりひとりの人が自らの立場に応じて、自分より低い報酬を得ている人々に対し、義俠心からの格差是正責務感をいだくものと仮定した場合、そのような責務感覚はどのようにして計測されうるだろうか。

今、N人で構成される社会で、各人の所得が、さしたる根拠もなく、次のような大小関係で並べられるものとしよう。（注意。正当な根拠の下での所得格差問題は一応除外する。）

$$x_1 \leqq x_2 \leqq \cdots\cdots \leqq x_i \leqq \cdots\cdots \leqq x_N$$

ここで、x_iというのは、下からi番目の人の得る所得高である。

そこで、このi番目の人が「自分より低い所得の人々」に対していだくべき義俠的な格差是正責務感の指標として、次の二つの考え方を検討してみることにする。

(1) 自分の所得x_kと、自分よりも低い所得$x_{k-1}, x_{k-2}, \ldots\ldots, x_2, x_1$との格差の合計をとる。

すなわち、

$$g_k \equiv (x_k - x_k) + (x_k - x_{k-1}) + \cdots\cdots + (x_k - x_1)$$

(2) 自分の所得x_kと、自分よりも低い所得との格差の平均値をとる。すなわち、

$$r_k \equiv \frac{g_k}{k} = \frac{1}{k}\left[(x_k - x_k) + (x_k - x_{k-1}) + \cdots\cdots + (x_k - x_1)\right]$$

ここで、$T_k = x_k + x_{k-1} + \cdots\cdots + x_1$と定義すると、(1)の指標$g_k$と、(2)の指標$r_k$は次のようにあらわすことができる。

$$g_k = k \cdot x_k - T_k, \qquad r_k = x_k - \frac{T_k}{k}$$

租税負担率の算出基礎

さてここで一つの試論として、右で定義したg_kやr_kをもとにして租税負担率を算出してみるとどうなるかについて考えてみよう。

結論から言うと、r_kに比例して税額を算定することはあまりおすすめできない。なぜな

らば、まず第一に、所得の大きい者ほど多くの租税負担を課せられるべきだという一般通念が、r_kに比例した税額では保証できないし、第二に、r_kをもとにしたときは、課税後の所得順位が課税前の所得順位を保ちえないからである。(以上の二点は簡単な代数問題として証明できるので、興味ある読者は試みられたい。)

しかるに、g_kに比例して税額を算出することは、十分考慮に値すると考えられる。これは右で指摘したr_kの二つの欠点がg_kではまぬがれているだけでなく、これにもとづく税率が現行の税制にかなり近い値を出すことからも言える。(ただし課税によって所得順位の逆転が発生しないためには、税額を$\alpha \cdot g_k$としたとき、$0<\alpha\leqq 1/(N-1)$でなければならない。)

ちなみに、総理府統計局編の昭和五二年度の日本統計年鑑による所得分布をもとにして、g_kに比例して所得税(控除後)を算出してみたところ、次のような結果を得た。(総税収は現行と一致させた。)すなわち、昭和五二年度においては、年収三百万円未満の人々には現行よりかなりの減税を、年収三百万円以上で二千万円未満の人々には現行よりも若干の増税を、年収二千万円以上の人々にはわずかながら現行より減税を行うことが示唆された。年収三百万円から二千万円未満までの人々への増税の示唆は、若干納得しがたいと思われるかもしれないが、働き盛りの年代の世帯主や就学子弟のいる世帯には、後に説明する「未知性開拓のための減免措置」を講じることによって、租税負担は軽減できるであろう。

租税負担の配分原理に関しては、従来から利益説、能力説、必要説などがあるが、各人の社会に対する格差是正責務を根拠とする考え方を、ここで提案し、一考を促したい。

ジニ係数とロス係数

さて次に、ひとりひとりの個人ではなく、社会全体が負うべき不平等是正責務の尺度として、g_kやr_kの総和というものを考えてみることにする。本来全くの個人的道義心にうったえるべき個人的な格差是正責務を、なぜ簡単に足し合わせてよいのかという点に疑問をいだかれるかもしれない。もしも、そのような疑問をもたれたならば、それは全く正当な疑問といわねばならない。しかし、とりあえずここでは、個人的な格差是正責務の和を社会全体の責務と考えてみて、それが何を意味するかについて十分検討し、そのあとで、総和をとることの可否を考えてみることで、ご勘弁いただきたい。

すべての構成員について先のg_kなる指標の和をとると、実は、社会の所得分布の不平等性を示す指標として古くから知られているジニ係数(Gini coefficient)に対応するものとなる。正確にいうと、ジニ係数Gは、

$$G=\frac{1}{NT}\sum_{k=1}^{N}g_k, \qquad T=x_1+x_2+\cdots\cdots+x_N$$

で与えられるものである(Gini〔2〕)。ジニ係数については、数学的には同値関係にある他のいろいろな表現式でもあらわされており、それぞれに異なる解釈が施されてきた。本書

では一貫して「g_kの和」という表現を用い、そのような解釈で通してみたが、他の考え方についてはセン（Sen〔7〕）を参照されたい。（ちなみに、まことに皮肉なことだが、Gは義侠的格差是正責務の正反対である「羨望的格差是正要求」とよぶべきものの総和とみることもできる。）

他方、r_kの総和は、最近、ロス（Ross〔6〕）によって提案されたもので、ここでは「ロス係数（Ross coefficient）」とよぶことにする。すなわち、ロス係数Rは、

$$R=\frac{N}{(N-1)T}\sum_{k=1}^{N}r_k$$

で与えられるものである。（ロスの原著〔6〕では$N/(N-1)T$なる係数はかかっていないが、ここではジニ係数と同様に、最大を1、最小を0となるように規準化してある。）

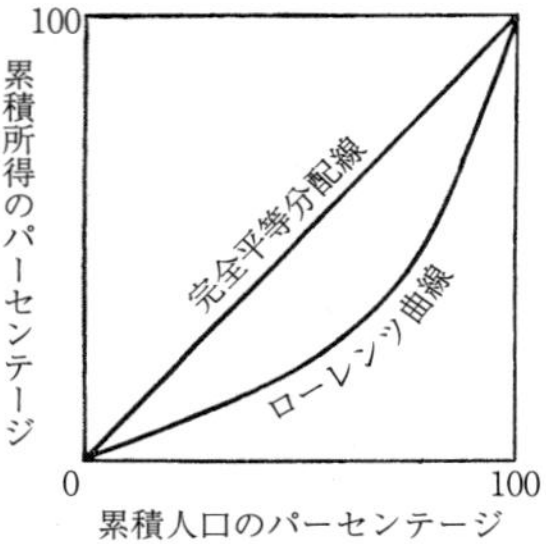

100
累積所得のパーセンテージ
完全平等分配線
ローレンツ曲線
0
100
累積人口のパーセンテージ

図VII－1

ローレンツ曲線

ジニ係数やロス係数の意味づけは、所得分布をグラフであらわしたローレンツ曲線（Lorenz' curve）で分析すると一層明らかとなる。ローレンツ曲線というのは、図VII－1に示すように、所得の最も低い人から最も高い人

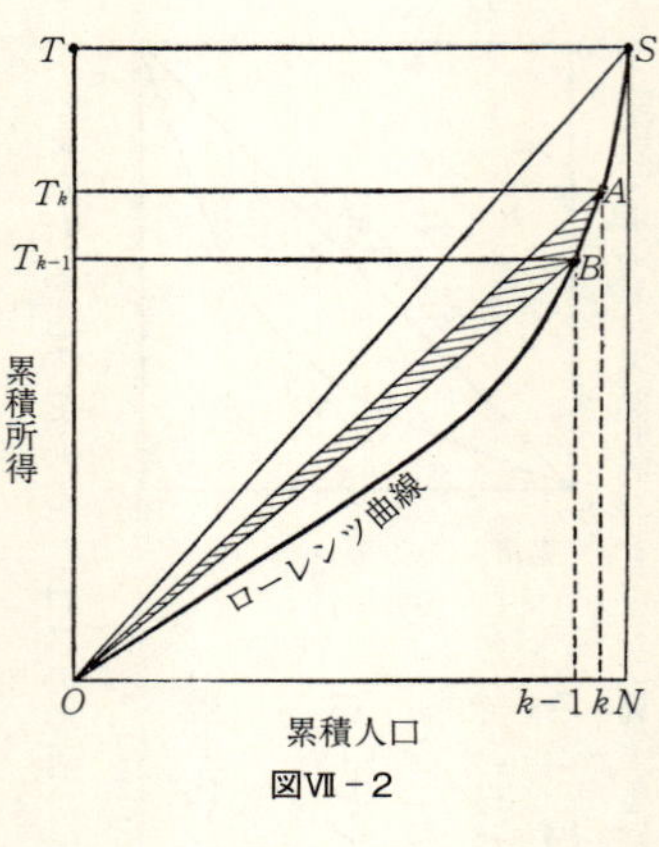

図Ⅶ－2

にむかって人口のパーセンテージを横軸にとって、人口の下からx％に当る人々の所得合計のパーセンテージを縦軸に示したものである。

明らかに、人口の0％の人は総所得の0％を得ているので、ローレンツ曲線は原点0から出発し、人口の一〇〇％が総所得の一〇〇％を得るので右上の先端に達するはずである。

もしも、すべての人々の所得が等しい（完全平等）ならば、原点0から右上の先端に至る対角線がローレンツ曲線となる。完全な平等が達成されていないときは、低所得層は平均以下の所得を得るので対角線の勾配よりも小さい勾配（曲率）ではじまり、平均所得を上まわる層に移行するにつれて、対角線の勾配よりも大きな勾配（曲率）の曲線になっていく。したがって、ローレンツ曲線は常に下に凸であり、対角線よりも下側に位置づくはずであることがわかるであろう。

ここでは、ジニ係数やロス係数のローレンツ曲線上の意味を分析する都合で、ローレンツ曲線の座標を、とりあえずパーセンテージではなく、累積人口、累積所得にしておくことにする。すなわち、横軸は0からNまで変化するとし、縦軸は0からT（$=x_1+x_2+\cdots$

$+x_N$）まで変化するものとする。

ローレンツ曲線とジニ係数

今、横軸には下からk番目の人までの累積人口をとり、縦軸にやはりk番目の人までの累積所得をとったローレンツ曲線が図Ⅶ－2のようであったとしよう。さて、このローレンツ曲線上のk番目の点Aと（k－1）番目の点Bと原点Oを結ぶ三角形AOBに注目してみよう。実をいうとこの三角形AOBの面積が、個人kの義俠的格差是正責務の一つとして提案されたg_kの$\frac{1}{2}$になっているのである。したがってこのことから、ジニ係数Gというのは、ローレンツ曲線と、完全平等分配の対角線OSとの間にかこまれた部分の面積の二倍で表されるのである。

このことは、次のようにして簡単に証明できる。まず三角形AOBの部分だけとり出した図Ⅶ－3に注目していただきたい。図において、（k－1）を通る縦軸に平行な直線がOAと交わる点をCとし、Cを通る横軸に平行な直線がAkと交わる点をB′とする。点Bから横軸に平行な直線を引いてAkと交わる点をC′とする。点BからCAと平行に引いた直線がAB′と交わる点をDとする。ローレンツ曲線の性質から、

$$\overline{AB'}=x_k, \qquad \overline{AC'}=\frac{1}{k}\overline{Ak}=\frac{T_k}{k}$$

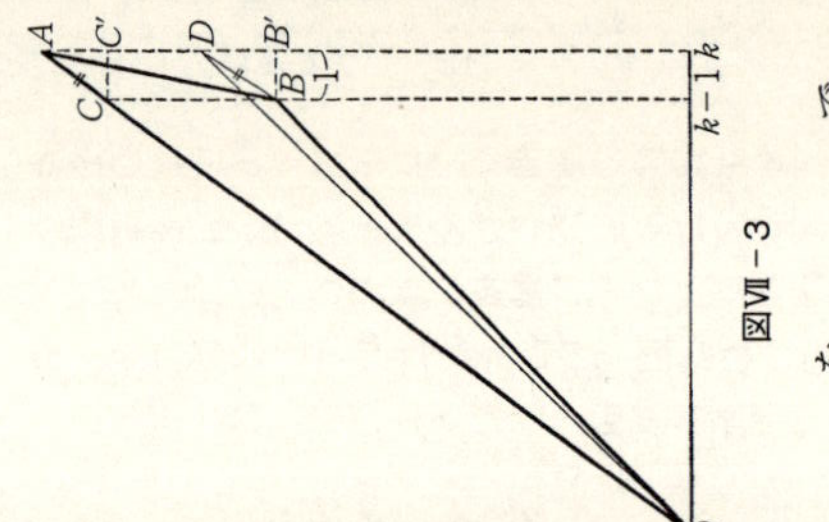

図Ⅶ－3

また、A CとD Bが平行であるから、$\overline{AC'}=\overline{DB'}$ である。故に、

$$x_k-\frac{T_k}{k}=\overline{AB'}-\overline{AC'}=\overline{AB'}-\overline{DB'}=\overline{AD}$$

そこで、底辺をA Dとする三角形A O Dの面積を求めると、

$$\triangle AOD=\frac{k}{2}\left(x_k-\frac{T_k}{k}\right)=\frac{1}{2}g_k$$

しかるに、線分A Cと線分D Bが平行であるから、底辺A Oを共通とする二つの三角形A D OとA B Oは同じ面積となる。すなわち、

$$\triangle ABO=\triangle ADO=\frac{1}{2}g_k$$

以上のことから、規準化しないローレンツ曲線と対角線によってかこまれた部分の面積Sは、

$$S=\frac{1}{2}\sum_{k=1}^{N}g_k$$

となり、もとの規準化されたローレンツ曲線に直すために座標を変換すると（横軸を$1/N$、縦軸を$1/T$に縮小する）、

$$S'=\frac{1}{2}\cdot\frac{1}{NT}\sum_{k=1}^{N}g_k=\frac{1}{2}G$$

となり、ジニ係数の半分となっていることがわかる。

ローレンツ曲線とロス係数

ロス係数Rの意味づけはもはや自明といってよい。線分ADの長さ（$x_k - T_k/k$）は、ロス係数を構成している個人kの義俠的格差是正責務であった。その値を面積で表すと、

$$\frac{1}{2}r_k = \triangle ACB = x_k - \frac{T_k}{k}$$

となっている。このような三角形の面積の総和を最大が1/2となるように規準化すれば（$N/(N-1)T$をかければよい）、ロス係数の1/2となっているのである。

総和主義の問題点

以上で見てきた通り、ジニ係数やロス係数は、個人の格差是正責務の総和として、社会全体の不平等性をあらわす尺度としたものである。しかし、この「総和をとる」という点に関しては、いろいろな問題がふくまれている。それはちょうど、社会全体の厚生指標として、各成員の効用の総和を導入した功利主義のもっていた諸問題に対応する問題である。すなわち総和が同じであるならば、所得の格差が低所得者層にあらわれていても、すべての層に均一化してあらわれていても変わらないのである。図Ⅶ-4に示すように、低所得

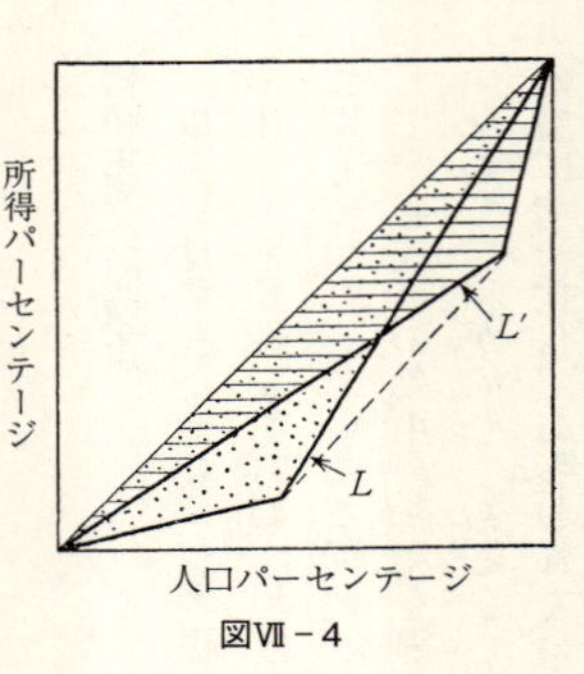

図Ⅶ－4

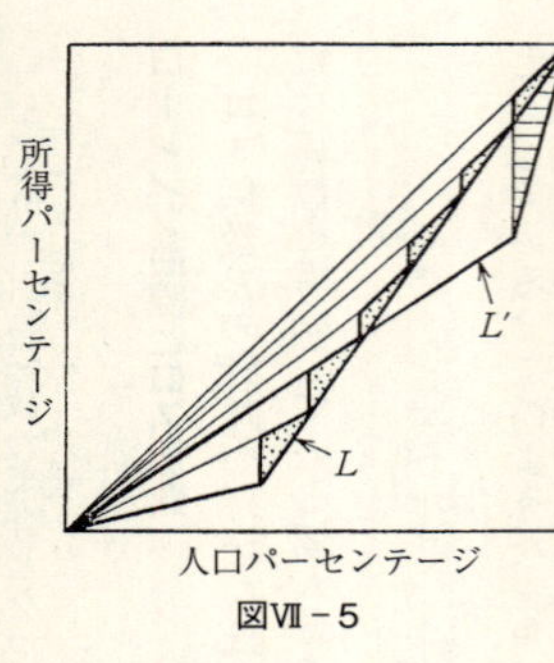

図Ⅶ－5

者層に赤貧洗うが如き人や極貧者がいる場合（図におけるL）でも、社会で少数の高額所得者がいるが中流以下はすべて平等という場合（図におけるL'）でも、ジニ係数が全く変わらないこともありうるのである。ロス係数の場合は図Ⅶ－5のように若干だが低所得層での格差の方が不平等性に大きめにひびく傾向があるが、矛盾を完全にまぬがれうるものではない。

社会の不平等是正責務

社会のひとりひとりは、自らの分に応じた格差是正の責務を負うものとしても、社会全体の不平等是正責務はやはり別問題と考えられないでもない。たとえば、各人が自らの格差是正責務に応じて寄付を行ったとしても、それらの寄付金をあつめて何らかの社会的厚生のために投資する立場からすると、社会全体の不平等性を是正する第三者的立場で考えなければならないことになる。

困窮者率と社会的格差是正責務

社会全体をながめわたす立場からすれば、通常、社会的救済を明らかに必要としている困窮者層というものを考え、その層の厚生を向上させることに第一の主眼を置くのが妥当な方策であろう。

そこで今、ひとり当りの所得が一定の規準（Zとする）を満たさない層を「困窮者」とし、社会にとっての不平等是正のターゲット（対象とする層）としよう。

簡単に考えると、そのようなターゲットが定まるならば、あとは一体総人口の何％がそのような困窮者かを計測し、そのパーセンテージが大きければ、社会の不平等是正の責務は大きいと考えればよさそうである。

しかし、このように困窮者の比率で社会の困窮度や社会の不平等是正責務をはかることには、若干の問題がある。たとえば、すべての困窮者がすべて規準値Zより一円だけ低い所得の場合と、同数の困窮者がすべてゼロ所得の場合との区別ができない。

次に考えられることは、困窮者たちの所得Y_iが規準値Zをどの程度下まわっているかを考え、その偏差$D_i = Z - Y_i$の和、すなわち、$\Sigma_i D_i = mZ - \Sigma_i Y_i$（ただし、$m$は困窮者数）をもって社会の困窮度と定義してはどうだろうかというものである。ところが、この場合も、やはり総和主義のおとし穴が待ち受けている。つまり、困窮者間では平均が一定であるかぎり相互格差がどう分布していようと問題外とされるのである。困窮者層の中で、極貧者と中貧者がいる場合と、すべての困窮者が同程度の低い所得を得ている場合では、両者の平均所得が同じときには、前者の方が社会的には困窮度（すなわち救済すべき必要性）が強いと考えるべきであろう。

センの社会的困窮度指標

ここで、セン〔8〕が提案した社会的困窮度の指標（poverty index）を紹介しよう。それは、所得Z以下の人たちを困窮者と定義し、困窮者の所得をY_i（$i=1, 2, \dots, m$）とし、社会全体の総人口をNとして、困窮者層内でのジニ係数をG_pとしたときに、次の式で与えられるものである。

$$P=\frac{1}{NZ}\left[\sum_{i=1}^{m}(Z-Y_i)+\left(\sum_{i=1}^{m}Y_i\right)\cdot G_p\right]$$

この係数の意味は、いろいろな特殊例をあてはめてみるとわかってくる。たとえば、もしも困窮者層の人たちが全員Zなる所得で、その層内での格差が皆無だとすると、この社会の困窮度はゼロとなる。社会の困窮者の所得が全員ゼロの場合は、$P=m/N$となって、困窮者の頭数のしめる割合に相当する。困窮者層内での格差がある場合はG_pが大きくなり、困窮度に加算されていくのである。しかし、いくらG_pが大きくなっても、困窮度の最大値はやはり$P=m/N$となるように定めてある。

ここで、先のジニ係数の定義から得られる式

$$G_p = \frac{1}{m\Sigma_i Y_i}\sum_{i=1}^{m} g_i,\qquad ただし\ g_i = (Y_i - Y_{i-1}) + (Y_i - Y_{i-2}) + \cdots + (Y_i - Y_1)$$

を代入すると、

$$P = \frac{1}{NZ}\sum_{i=1}^{m}\left[(Z - Y_i) + \frac{1}{m}g_i\right]$$

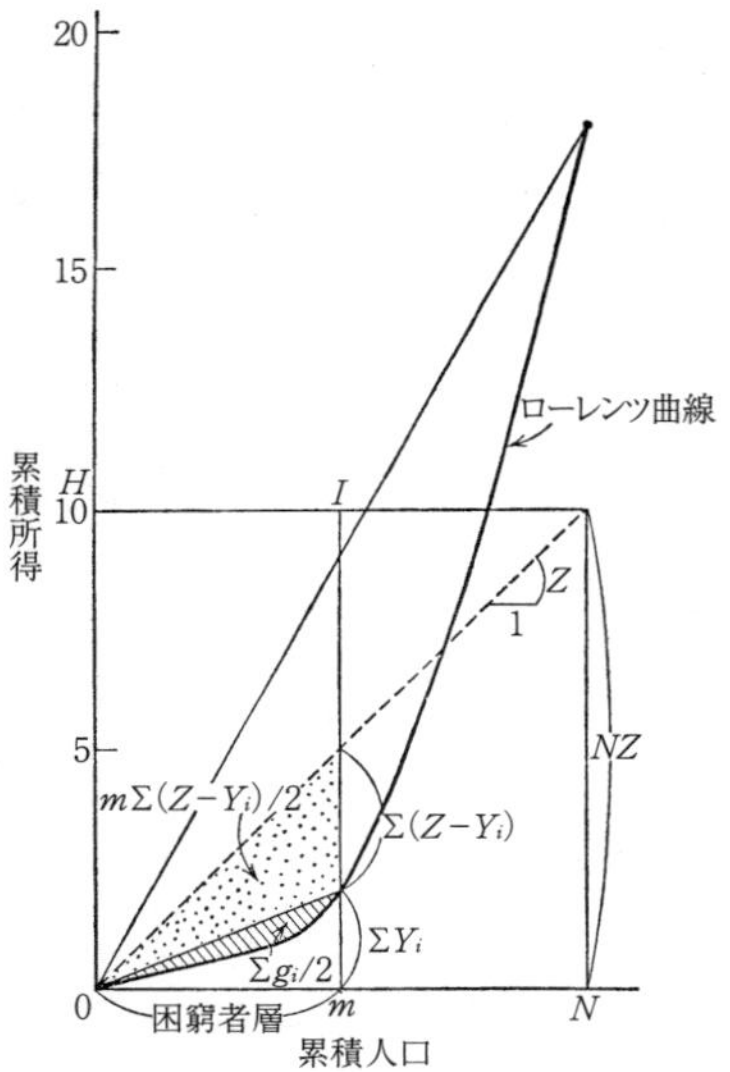

と変形できる。

センの困窮度指標Pをローレンツ曲線上で解釈すると、図Ⅶ－6に示されるようになっている。（図における点々部分と斜線部分の和を規準化してやればよい。）センの困窮度指標に関しては高山氏（Takayama[9]）の批判がある。高山氏はセンの指標をより直観的に受け入れやすい形に修

図Ⅶ－6

正して提案しているが、本書では割愛する。

このように社会の困窮度を定義すれば、ジニ係数やロス係数のみを頼りに社会的不平等を是正しようとする場合に生じる不都合さは回避できるであろう。すなわち、あくまで低所得者層に対する不平等の是正にターゲットがしぼられるのである。

人々の倫理性への信頼

わたしたちは不平等性の認識において、まず利己心にもとづくものを排除し、次に羨望にもとづくものも棄てた。残ったものは、ひとりひとりの個人が道義的な（義侠心にもとづく）格差是正への責務としての不平等感覚であった。社会の不平等是正への個人責務の指標としてg_kやr_kを定義したが、これはあくまで個人が社会に対して果たすべき責務である。たとえば、納税や寄付は、本来このような責務感覚にもとづくべきものと考えることもできる。

ところで社会が社会全体の厚生を高めるために、不平等是正方策をさぐっているときには、個人の道義的責務とは切り離して、社会の救済のターゲットを定める必要があり、そのようなターゲット（困窮者層）に対して、先に収められた税や寄付金を重点配分すべきであろう。そのような場合に評定すべき社会の不平等性は、むしろ、その社会の困窮者層の救済必要度に応じたものでなければなるまい。

従来、不平等という概念にはいろいろな利害意識や羨望の思惑がからんでいたか、もしくはきわめて抽象的な言葉としてとらえられてきた。本書ではそのようなものを棄てて、不平等是正という目的を定めた場合の個人倫理と社会倫理の両面からとらえてみたのである。

個人的には、たしかに「長者の万燈より貧者の一燈」の方が高い倫理性をもっている。しかし、だからといって、社会の底辺の人たちになけなしのサイフをはたかせることが、倫理性の総和を高めるから一番社会倫理にのっとると考えるわけにはいかないだろう。ひとりひとりは個人の道義的責務を遂行し、長者は万燈以上の責務、貧者もせめて一燈の責務を果たす。その結果あつめられた「燈」は、社会全体の視点からながめ直して、その社会で最も必要としている困窮者たちに、困窮度に応じて配分されるべきであろう。

Ⅷ　多様性の中に調和を——倫理社会の決定理論

1　観点のちがいと選好のちがい

評価方式と矛盾の発生

これからの社会的決定理論が考慮しなければならないことは、前章でとりあげた倫理的不平等感覚だけではないことは明らかである。簡単な話が、社会の人々がすべて平等に極貧に耐える事態になれば、不平等性はなくなるが、どうにも悲惨な社会といわねばならない。

効用総和の最大化というハーサニの提案（第Ⅵ章三節）も、不平等性の増大やゆがめられた公正概念の増長などの問題はあっても、たとえば前章の道義的不平等指標と組み合わせれば、社会的決定の一つの方策として利用できないでもないだろう。

しかし、どのような側面をどのように組み合わせるにせよ、ひとたび評価方式として制度化してしまうと、たちまちこの方式にあてはまらない例が指摘され、制度のもつ矛盾が指摘されることになる。そうなると、多くの人々は、ものごとを一定の方式や制度できめること自体がまちがいのもとだと言うかもしれない。そのような早急な結論をひき出す前に、ものごとを一定の評価方式で決定することから生じる矛盾の発生原因とその意味を明らかにしておかねばならないだろう。

推移律の問題

いろいろな選択肢に対して何らかの合理的選択や決定を一定の方式にしたがって行う場合、最も基本的なところで問題になるのが推移律である。

コンドルセーの投票のパラドックス（第Ⅰ章）で見たように、社会的選好が推移律を満たさないことは、その選択方式が矛盾をはらんだ、非合理的なものであることの証拠とされるのである。投票のパラドックスにかぎらず、自由主義のパラドックス（第Ⅳ章）でも、社会的選好が推移律を満たさなくなることをもって、パラドックスとしたわけである。

しかし、本当に推移律というのは、人々の理性的判断が常に満たすべき条件だろうか。たとえば今、図Ⅷ－1に示すように、三つのガラス容器に液体が入っていたとしよう。もしも、AとBだけを見せられて、どちらの方が多いかと聞かれれば、四、五歳の幼児ならためらうことなくBの方が多いと言う。これは、その年齢の子どもが目に見える液体の

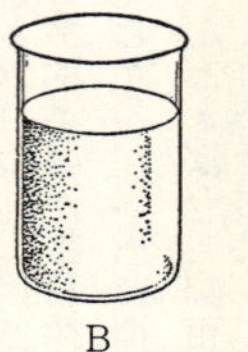

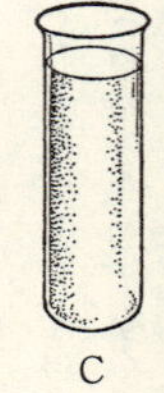

図Ⅷ－1

高さを重視して評価するからである。同じ理由から、BとCを比較していずれの方が多いかと問われれば、彼はやはりCの方が多いと言うにちがいない。しかし、五、六歳の子どもになると、ここまでの反応は先と同じだが、AとCを比較させたとき、今度はAの方が多いと言う。なぜなら、AとCにおける容器の太さの違いが十分大きく、五、六歳の子どもには無視できない大差として認識されるからである。こうなると、バカの一つおぼえのように「高さ」だけしか注目しない幼児が推移律を満たし、少し大きくなって知恵がつき、「違いのわかる」年代になると、推移律に反するのである。

トヴェルスキー（Tversky[3]）は他のさまざまな例をあげて、人々の選好が推移律を満たさないことの方が合理的と考えられることが存在することを示している。

推移律というのは、対象を一対ごとに比較するのだが、二つの対象を比較する際には、類似している側面は多少の違いがあっても、問題にしないのがふつうである。（ビーカーAとBでは、太さはあまり変わらないので問題にしないし、ビーカーBとCでも、幼児にとっては太さの違いは問題にするに足りないのである。）つまり、一貫して一つの側面だけについて評価するのでなく、与えられた選択肢の集合ごとに、その集合内で、問題にすべきことを適宜変更すると、結果としては、推移律を満たさないことが起こりうるしだいである。トヴェルスキー〔4〕〔5〕は、このような順序づけを、辞書的半順序（lexicographic semiorder）と名づけ、さらに発展させて、属性消去法による選択原理（elimination-by-aspects model 略してEBAモデル）の提唱にまで至ったのである。

ところで、社会道徳や社会的倫理にもとづく行為の適宜性を考えると、シャクシ定規に一つの原則をひたすら適用させようとするのはきわめて不自然かもしれない。むしろ、与えられた状況の中で、問題にすべきことがそれぞれ異なると考える方が自然ともいえる。もしもそうだとしたら、さきの図Ⅷ－1の液体の量判断と同じように、推移律を満たさないことの方がより「理性的」といえるかもしれない。

評価方式と観点の固定

ところが、一つの評価方式を定めて推移律を満足させることは、実は人々に対し、評価対象を常にある特定の観点だけからながめることを暗黙のうちに強要することになっているのである。しかるに推移律を必ずしも満たさないことを堂々と公認する評価方式は、先にふれたトヴェルスキー〔4〕〔5〕のEBAモデルぐらいなもので、ふつうはまず何よりも推移性を要求するものである。

もちろん、やたらに観点が変わったのでは話が進まないということも事実であり、万人がある種の問題に対しては共通の観点から評価するように注意をうながす必要がある場合も多い。とくに、ひとりひとりの人がそれぞれ勝手に、ものごとを一面的にしかながめていないとか、特定のグループ内だけに通用する観点にかたまりがちなときには、十分な検討を経た上で、ある種の統一的観点を設定し、その観点から世界をながめることを人々になかば強いることも正当化できるケースが多いだろう。

しかし、わたしたちが注意しなければならないのは、そのような統一的観点が正当化されうる範囲は何かということであり、一つの評価方式が定まったからといって、あらゆる問題に無差別に適用するのは正しくないということである。

したがって、評価方式にしろ、決定方式にしろ、一つの方式が定まったならば、その方式の適用限界を明示することが必要となる。しかし、世の中の多くのものは、予想もしなかった事態によって生じると考えると、あらかじめすべての場合を想定して、その部分集合としての適用領域を設定することは現実にはきわめてむつかしい。そのような場合には、わたしたちは個々の事例に即して、原点にかえって、どのような観点でながめるのがよいかを考え、評価方式の背後にあると思われる観点を推察し、その上で、その評価方式の適用が妥当か否かをきめなければなるまい。

観点の移動が正当化されうるとき

わたしたちは、ある程度の状況の変化が認められたときに、観点を変えてながめ直すことがむしろ自然な場合もあることは、今までの議論から明らかなことである。しかし、だからといって、その場その場で無方針に観点を変えるというのは、あまりにも御都合主義であり、よくある詭弁的論法の常套手段と変わらぬことになってしまう。

それでは一体どのような場合に観点の移動は正当化されうるだろうか。

一番よくあるケースは次のようなものではないだろうか。つまり、対象を評価する際にある程度まではこれこれの側面があること、これこれの特徴があることが望ましいのだが、ひとたびそのことを「望ましい」と公的に表明してしまったため、指定された側面だけが他とのバランスをくずして増長したものが出現し、どう考えてもグロテスクな怪物なのに、はじめに設定した評価方式の手前、形式的には高い評価を与えざるを得なくなった、という場合である。このようなときには、明らかに観点を変えてみることが必要であり、それが正当化されるであろう。

不平等を是正することは望ましいとひとたび定めたため、最後の一円までの完全平等を主張されると、やはり「どこかへんだ」と言わざるを得ない。入学試験で「わが校は理科系を専門にする人を育成するのだから、数学・理科の能力を重視した選考を行う」と定めると、語学は日本語をはじめとしてまるでダメ、社会常識ゼロの「理数オバケ」が合格してくるかもしれない。どんな健康食でも、「体によい」ということで朝昼夕と三食すべてそれぱかり食べていれば体をこわす。

社会的な評価方式でも同じことが言える。あることが良いという認定を公的に発表すると、砂糖にむらがるアリのように、「それだけをねらった」話が殺到してくるものである。何らかの評価基準を公的に設定し、それにもとづく最適化をしようとすると、このような「バランスをくずした」オバケをつくり出す結果になりがちであり、十分注意すべきである。

視野の拡大や認識の深まり

もう一つ、観点を変えることが正当化されうるケースは、わたしたち自身の認識の視野が拡大したり、深まったりしたときである。企業内だけのことを考えていたのが企業間の関係に注目したり、国内企業だけを念頭に置いていたのが国際関係に注目するに至り、短期的目標を考えていたのが長期的目標に目を向けたり、……という具合に、考慮範囲が増大すれば、問題にすべき重要なことも変わるし、そのために、観点が変わるのは当然のことであろう。

先にあげた囚人ディレンマのゲーム実験で、人々が相手の行動を観察しながら短期的個人効用最大化（共倒れ志向）から、長期的共通善最大化（協力志向）へ視点が変わるプロセスを分析してきた（第Ⅴ章六節）。このような場合も、観点が変わったからといって、一貫性に欠けると非難するのはかえっておかしいだろう。

また、いろいろな事故や災害の原因を調べていったとき、思いもよらないことが原因であったことがわかった場合には、旧態依然たる評価方式は直ちにあらためるべきだろう。時代の風潮というものが観点を変えさせるときもある。高度成長社会から低成長社会への転換、環境保全から資源節約への転換などがあると、社会の評価方式が変わってくる。しかし、このような場合、ただ単に「最近は公害防止よりも省エネルギーだ」という風潮をそのまま是認すべきかは、十分注意すべき問題であろう。そのような観点の移動の背後にある根拠に十分な注意を払って、正しい根拠かどうかはわたしたちが判断すべきことと考えなければならないであろう。

2　選ぶモノと選ぶコト

選好の根拠の選好

「選好（preference）」と一口で言うが、わたしたちはこの選好の背後にある理由づけや根拠として実に千差万別のものをもっているのである。

まことに奇妙な疑問を呈することになるが、わたしたちが何らかの「対象（モノ）」を選んでいるとき、わたしたちは本当にその対象（モノ）を選んでいるのだろうか。このような奇妙な質問を発するのは、実は多くの場合、明らかに対象(モノ)を選ぶのではなく、むしろ、選択の根拠を選んでいるとしか考えられないケースが存在するからである。

〔ケース1〕

セン(Sen〔2〕)が論文の中で用いた、おそらく自作と思われる次のような架空の対話を紹介しよう。

ふたりの兄弟が大きいリンゴと小さいリンゴをオヤツにもらって話しあっているとしよう。兄はいきなり大きいリンゴの方を取った。

弟「お兄ちゃん。ずるいよ。自分だけ大きい方をとっちゃって!」

図Ⅷ－2

兄「どうしてオレがずるいのだ。オマエならどっちをとる?」

弟「ボクなら小さい方をとるな。」

兄「じゃあいいじゃないか。オマエはちゃんとそこにある小さい方をとっていいようになっているよ。」

弟「……。」

この場合、弟が問題にしているのは明らかに兄が自分勝手な態度でコトに当っているという兄の選好動機である。どっちのリンゴを先に取ったかという情報を通して、弟はこのような兄の身勝手な選好動機を知り、その選好動機が気に入らないのである。「ボクなら小さい方をとるよ」と言ったのは、別に小さいリンゴが好きなのではなく、「謙譲の精神」という選好動機を「自己本位」という選好動機よりも優先して考えているのである。

〔ケース2〕

衆議院議員選挙で、ある人が、その地区で当選確実と目され新聞などでそのように報道されたA候補と、当落スレスレと目されていたB候補のうち、いずれに投票すべきか迷った。いろいろ迷ったのだが、次のような根拠にもとづいて、B候補に投票した結果、同じような動機でB候補に投票した人が多かったため、A候補は落選してしまった。

A候補でなく、B候補に投票した根拠(動機)は次のようなものである。「自分としては、A候補もB候補も両方当選してもらいたい。どうしてもひとりだけというのなら、もちろんA候補が一番よいと思うが、A候補は当選確実なのだ。しかるにB候補は当落スレスレだから、自分はB候補に投票する。」

実際はA候補がみごと落選し、多くの人々がうらぎられた心境になった、というしだいである。

このような場合に、あなたはB候補を選んだのだから、その候補が当選して何が不満かと反論するのはナンセンスである。何しろ、「A候補は当選確実」という情報が存在したのであり、彼の投票理由の中ではこの「A氏は当確」という命題が推論の対象ではなく、推論の前提になっていたのである。彼が選択したのは「B氏」ではなく、「B氏も当選してもらいたい」ということであり、「B氏だけが当選してもらいたい」ということではなかった。これも選んだのは、行動の上で彼が選んだヒトではなく、彼は「B氏を選ぶ」という行為によって、実は自ら選んだコト（「B氏も当選するのが望ましい」というコト）を表明したにすぎないのである。

選挙のような場面で人々が選ぶコトというのはいろいろある。「自分は少し〝右より〟の見解をもっているのだが、保守系ばかりが当選するのは社会的バランスの点でよくない。したがって、せめて自分ぐらいは革新系の人を選んでおくべきだ。」「テレビ・タレントのC候補には政治的手腕がどの程度あるかあやしい。しかし、世の中にはああいう異色の人もたまにはいてよいし、中にはそういう人も入っていた方がおもしろくなるだろうから、別にC氏が最良の候補ではないけれどもC氏に投票しよう。」これらの場合はすべて、選ぶ対象（モノ）と選ぶコトとのちがいを示す例である。

前章二節で紹介したレッシャーのパレート最適性への批判で用いられた例でも、問2の場合には人々が自分だけが得をするコトではなく、より平等な、公正な社会となるコトを優先していると考えられる。

モノの選択からコトの選択へ

選択行動を発する当の本人でさえ、自分が選んだのはモノではなく、背後のコトだということを意識しているとはかぎらない。経済学者たちに「xとyのうちいずれを選ぶか」と問われたとき、「わたしはそのモノがほしい」ということで選んでしまったが、本当は「わたしがそのモノをもつ」というコトの意味を十分考えるべきだったと後悔するかもしれない。

本人でさえも、背後にあるコトの選択は無意識に行ってしまうのだから、社会が人々の選択したモノから、人々の背後にある選択されたコトを抽出するのは容易ではない。たとえ選択行動は同一でも、選んだ人にはいろいろな「思惑」があり、それを、行動が一致しているということから、社会が「万人は同意見だ」とするのは明らかにおかしい。わたしたちが本当に選んだり、訴えたり、要求したりしているコトは、訴えている一つの事例の中で要求している内容の即時的満足ではないのである。わたしたちは選ぶという行為を通して、自分が正しいと思うコトや、自分が良いと思うコトを、他人の正しいと思っているコトや、良いと思っているコトとつきあわせてみようとしているのである。

望ましい社会的決定というのは、そのようなコトができるだけ表明されるようにし、それらを並存させ、相互つきあわせをさかんに行うことができるように取り計らうべきで、単に選好されたモノを社会が与えるだけでコト足れりとするわけにはいかないのである。

しかし、そのようなことを実現するためには、人々が本当に望んでいるコトが何かを診断するのに最もふさわしいモノの選択を人々に求め、問うているのが「そのモノの好き嫌いではなく、そのモノの選択の背後にいだくコトである」ことを十分理解させる必要があろう。これはモノの選択をせまる場合の枠組み設定、人々の選択から結論をひき出すプロセスに、十分な配慮がなされるべきであることを意味している。

社会的決定理論は従来、人々のモノの選択から社会のモノの選択をひき出す方式ばかりを考え、最適なモノをどう選ぶかに苦労してきた。しかし、これは大変な勘違いだったと言わざるを得ない。

わたしたちがやらねばならないことは、人々が望ましいと思うコトをかれらの選択を通して診断し、相互吟味を容易にし、その上で、全く新しいモノを創り出して、みんなが本当に望ましいと考えるコトを実現することなのである。

3 開かれた社会的決定──「未知なるもの」の制度的導入

システムの活性化の必要性

前節で、わたしたちは望ましい社会的決定の制度が、一つの統一的観点（たとえいろいろな観点を「統合」したものにしろ）にもとづいて最適解を出そうとするよりも、さまざまな観点からのさまざまな根拠にもとづく評価を並存させ、相互の吟味を活性化するように仕組まれているべきであることを指摘した。

しかし、いやしくも社会的決定方式という一つの仕組みを通した決定を考えるならば、「悪法もまた法なり」ということわざ通り、個別のケースで明らかに不合理といわねばならぬ場合が生じても、決定方式にしたがった結論を出さねばならなくなるだろう。そうなると、ひとたび設定された「悪法」が未来永劫にわたって温存されることになってしまうにちがいない。

どんなに良いと思われる制度でも、それが制度として確立すると官僚主義が発生し、いつの間にか悪法の正当化に利用されることになる事態を、わたしたちは長い歴史を通して、何度も経験してきたわけである。

したがって、社会的決定理論としての最大の課題というべきものは、いかにして理論的には最良という決定方式を、現実に即して修正・発展させていく仕組みをつくるか、ということになる。

ケース・バイ・ケース論

官僚主義的制度化を避ける一つの試みは、かつて、ある市役所ではじまった「すぐやる課」のように、定められた制度にしたがった決定手順を全く経由しないで、生じた問題を直接ケース・バイ・ケースに処理する道を、制度的に開いておくということである。これは従来の官僚主義的「お役所仕事」を改める大変すぐれたアイディアといえよう。今日、すぐやる課に類する制度は、日本全国のいろいろな官公部署で設けられてきていると聞く。企業のクレーム処理、よろず相談係など、いろいろな社会システムで、このようなケース・バイ・ケース処理の道を制度的に導入して成功している例は多いであろう。

しかし、このケース・バイ・ケース処理にも、一つの危険なおとし穴がひそんでいるのである。それは、このケース・バイ・ケース処理が、いわゆる安全弁になりきってしまうことである。人々がある種の不満をもつ場合、その不満の内容は、必ずしも「自分の要求が受け入れてもらえない」ということではないかもしれないのである。つまり、「わたしの場合は単なる一例にすぎず、似たようなケースはいろいろあるにちがいない。直してもらいたいのは、こういう類の問題が発生しやすいという制度上の問題で、こういう制度を変えてもらいたいのだ」ということかもしれないのである。背後にそのような要求があるにもかかわらず、本人が個別に提出した問題を、単に「申し訳ない。すぐに御要望に応じます」と、その出された個別的要求だけを早急に満足させて事足れりとしてしまうことになりかねないのである。

これでは安全弁は年中開きっぱなしの大繁盛で、「あの〝クレーム係〟はいそがしくて人手不足だ。もっと人員を増強せねば」ということで、弁の大きさを大きくするだけの制度的改良がなされるだけになりかねない。最後には、煙突のように大きな弁をとりつけて、一切の不満を全部煙突に逃がし、既存の制度はぬくぬくと温存させるということになってしまうかもしれないのである。

このことは、前節で指摘した選好の意味——人が選ぶのは、選ばれる対象(モノ)ではなく、その対象(モノ)を選ぶことで示す背後のコト(根拠)であると述べたこと——のちょうど裏返しにあたることともいえる。つまり、人々が不満を述べたとき、その不満があたかも「利己心だけから生まれたもの」と解釈し、その利己心を満足させれば解消すると考えるのはまちがいなのである。人々は自らの個別的要求を通して、その背後にある悪い仕組み、ある種の考えちがい、まちがった方針、などについて、変えてもらいたいのである。わたしにとって悪い結果をもたらしたことを単なる一例として、多くの別の人にも悪い結果をもたらしかねないその原因、その悪しき根拠、これを断罪すべく、クレームを発しているのである。

人々が他人の行動をとかく利己心で説明しがちであることの危険性を指摘してきたが、ケース・バイ・ケース処理が陥りがちの誤ちも、実はこの「他人はすべて利己心にもとづいて行動する」と仮定することから生まれるのである。

原理原則への不信

もう一つ、ケース・バイ・ケース論が陥りやすいことは、人々が、「原則には常に例外がつきものだ」として、原理原則に対する根本的不信感をもつことである。

わが国の外交政策が諸外国から非難されがちなことの一つとして、わが国は国際協定に調印するのも簡単だが、その協定を破るのも早いということがある。石油の輸入高を規制しあうサミット会議の決定も、「協定の方針にしたがって努力する」だけで、実はサッサと破ってしまうのではないかとあやぶまれている。魚や鯨の漁獲制限も同様で、ありとあらゆる言いのがれを見つけては、協定違反をしてきた。建て前は建て前、現実はケース・バイ・ケースだというのが、人々の実感(本音)なのかもしれない。

わが国では、一流の決定理論家がなかなか育たない。その原因の一つは、人々が決定というものを科学的研究の対象と考えないことにあると思えないでもない。決定というものは、個別のさまざまな事情や、いろいろな人たちの意見を聞いた上で、ケース・バイ・ケースにハラで決めるのが最良であると多くの人たちが考えているのである。

はっきり言って、これは非常に危険な考え方である。なぜなら、人々のハラというのはそれほどの信頼には値しないからである。今日の認知心理学や決定過程の心理学がくりかえし明らかにしていることは、人間の情報処理能力がいかに限られたものであり、いかに誤りやすいものかということである。また、短期記憶内で一時に考慮できる情報はたかだか七項目かそこらであることもわかっている。さらに、第一印象だけによる影響、たくみな説得術にのりやすいこと、本人のたまたま経験した類似の典型例にひきずられた判断をしやすいこと、一度出した判断をなかなか変えないこと、自分の経験にもとづく自己流の推論の結果に対しては、客観的データによる推論よりもはるかにカラ自信をもちやすいこと、などいろいろある。

十分な時間をかけ、あらゆる観点からの相互吟味を経過し、論議を尽くして徹底的な検討を加えて得る結論として、一つの制度ができあがっていくはずである。そのような理性的プロセスを信頼しなければ、社会全体の構造的改革は不可能であろう。

未知なるものの制度的導入

そこで、わたしが提案したいことは、「未知なるもの」の制度的導入である。

このことは、もちろん、「すぐやる課」的安全弁の設置だけを意味してはいないことは、すでにおわかりのことと思う。

どのような制度でも、その制度を良い制度と認定するプロセスで、いろいろな前提を設けてきているにちがいないのである。いろいろな推論過程で、「これこれのことは当然成り立つと仮定して」、「これこれの前提の下で最良であることになる」という結論を得てきているはずである。わたしがそこで提案することは、これらの仮定や前提に、「もしかしたら本当はちがうかもしれない」という未知性を、無理に、意図的に導入しておくことなのである。そして、その仮定や前提がまちがっていることを証拠立てることのできるような仕組みを、やはり、無理に、意図的に制度内に設置しておくことである。

一つの制度が良いと判定されたならば、その制度がまちがっているとされるためにはどのような情報が必要かをムリヤリに考え出すのである。そして、そのような反証的情報の蓄積がなされるような仕組みを制度の中に設けておき、その上で、定期的に、無理に、現存制度の改良の機会を設けるのである。

ドーズの入試選考案

オレゴン大学のR・M・ドーズ（Dawes〔1〕）は、ひとりの決定心理学者として、また、大学院の入試選考委員会の委員長として、大学院入試選考方式の改善に現代科学の最先端をフルに活用しようとした。その結果、大学までの成績や入試の成績、推薦書の評点、発表論文の数、出身大学における学生対指導教官の比率、などを変数にした重回帰式が、ケース・バイ・ケースを重視した判定（面接と書類のまわし読みを経ての合同審議）よりもはるかにすぐれていることを検証した上で、あえて、次のような提案をしている。

それは、この最適な重回帰式そのものの逐次的修正を可能にするため、ごく一部の学生を全くのランダム抽出にもとづいて（ただし、本人には選考理由を極秘にしておく）入学させて、そのランダム抽出によって入学した学生がどうなっていくかを徹底的に追跡していくことを提案しているのである。

この提案はまさにおどろくべきものである。回帰分析が人間のケース・バイ・ケース判断を上まわるという事実も十分おどろくべきことだが（ドーズは入試だけでなく、数多くの医療診断も手がけ、同様の結論を得ているが）、ドーズが自ら見出した「最良」と思われる方式が、後に否定される可能性を自ら計画的に導入し、制度の改革を制度的に行うシステムを提案しているということである。このような提案の背後にあるものは、徹底的な理性への信頼と同時に、理性的判断の限界の謙虚な承認である。

未知性導入のさまざま

このような未知性の積極的導入は、考えてみると世の中ではいろいろな形で結構採用されているのである。たとえば企業における転勤や配置転換は、せっかく一つの作業に習熟し、かなり高い能力の発揮が見られる者でさえも、あえて別の職場につかせて、「未知の能力」をひき出そうとする未知性開拓の一種ともいえよう。また、いろいろな委員会などでの委員長選出にあたって、「再選は二回まで」というような規定を設けたりし、未知の人材の発掘を制度化する場合にもあてはまる。米国の大学でみられるいわゆる教養課程に属する入門コースを専門の教授が順ぐりに担当して、「入門専門家」をつくり出してしまうことをあえて防ぐというケースもこれに当る。

しかし、問題は単に未知性を導入すればよいのではない。重要なことは、未知性を制度の前提についての変更に活用させる道を制度化し、制度改革を制度化することである。制度の中に、その制度自体を否定し反証する要因を大切に保護し、育て、ある時点では徹底改革を行うのである。

倫理的態度としての未知性

わたしたちが理性を尽くして考えて「良い」とした判断に、常に未知性を意図的に付与するというのは、一つの倫理的態度である。

わたしたちは他人に対し、「あなたはこうするのが一番良い」と思えても、あえて沈黙して、本人の自由にまかせることがあるのはこのよい例であろう。あるいは、わが子の教育においても、「この子にはこういう才能があり、こういう欠点もある」と知り尽くしているつもりでも、あえて、未知なる可能性を信じ、「きっと、もっとすばらしい別の面があるにちがいない」として、過度の干渉をひかえる態度にも共通しているであろう。

人々に自由を与える、人々に対する評価をあえて行わない、しばらく様子をみた上で決めようという「決定を下さない決定」——これらの背後にあるものは、やはり「未知性」への信頼の倫理性であろう。

社会的決定の倫理として、わたしが最後に未知性の導入を提案するのは、このような倫理的態度の重要性を強調したいためであった。

不平等の根拠としての未知性開拓

先に、倫理的不平等感覚においては羨望の入る余地がないことを強調し、常に「上位の者は自分より下の者との格差是正責務を負う」とした。

しかし、もしも社会がこのようにして得られる不平等是正のみを良しとしたならば、月ロケットは飛ばなかったろうし、ビッグ・サイエンスはありえない。すべての人が差別なく平等に、富の山をくいつぶしていくだけである。やはり富の集中は場合によっては正当化されるべきであり、才能ある子どもにはある程度の英才教育をするのも正当であるとされなければおかしいだろう。

そこで、このような疑問に答えようとすると、次のようになるのである。「富の不平等配分は、その不平等が未知性の開拓に貢献するかぎり、ある程度まで、不平等是正に対する個人の格差是正責務の遂行を延期することが正当化されうる」と。

月ロケット、ビッグ・サイエンス、基礎科学研究、英才教育、などが未知性開拓の役割を負っていることは自明であろう。ただし、彼らは一定の時期をすぎたときには不平等是正に対する個人的責務の遂行を義務づけられるべきである。先に、個人の格差是正責務にもとづく租税負担制度を提案したとき、働き盛りの世帯主や就学子弟をかかえる世帯に対する「未知性開拓のための減免措置」もあわせて提案した根拠はここにある。

わたしたちは「生産性が高いから投資する」というのを社会倫理としては認めなかった。

なぜなら、生産力逓増の法則にしたがって、ただ生産性向上のためだけに、一カ所に富が雪だるま式に蓄積し、人々は同じ商品を大量に生産して利益を得ることに走る結果となるからである。また、目先の成果があがりそうだとされる科学や技術にだけ投資され、本当の基礎研究がないがしろにされるからである。

わたしたちはまた、本来はすべての人が同じ程度に、未知性をかかえていると想定しなければならない。これは倫理的決断（commitment）であって、証拠にもとづく推論ではない。そのことから、やはりロールズの言うように、すべての人々に平等な自由を与えるべきであるし、あらゆる地位や役職に就く機会は均等に与えられるべきであろう。したがって、すべての倫理的政策の基本として、万人がそれぞれ何らかの未知の可能性をもっているということを、一切の証拠や推測を不要とする倫理的決断として承認するべきである。

4　倫理的人間による、倫理的人間のための、倫理的社会の構築へ

従来の社会的決定理論は、人間に対する不信の念の上に築かれてきた。人は利己的である。人は自らの欲望を満たそうとしているだけだ。人は他人のことなど構うわけがない。むしろ、スキあらばつけ入ろうとねらっていると考えた方がよい。人は己れの得になりそうなことの計算については徹底的に合理的である。……このように、人は常に他人からイ

ジワルされると想定し、イジケにイジケた上で、「それでも社会は何とか〝均衡〟に達することができるはずだ」と思い、決定理論家の役割は、そういう均衡解の存在性や、その安定性を保障する制度を考案するものであると考えてきた。

しかし、わたしたちは一体何を学んできたのだろうか。人間を狼だと仮定して考案される仕組みは、どんなに立派に見え、頑強に見えるオリをつくったと思っても、どこかに穴があり、別の狼の侵入をふせぎえない。一つのパラドックスを見つけては修正し、その修正が次のパラドックスを生む……そのパラドックスを修正しようとすると、次のパラドックスが発生する……こんなことをくりかえしているうちに年月がたち、いつの間にか、人間が本当に狼になってしまった。

今日、わたしたちに必要なことは、「おまえは狼だ」と言われたために狼的な素振りをまちがえてしてしまっている面を無視し、人間が本来求めていた倫理性が何であったかをもう一度考え直すことである。その上で、社会としては、そのような倫理性を保護し、育て、外に堂々とひき出すような仕組みをつくることである。

社会的決定理論というのは、人々を不信の眼でながめて、どんなにひどい人間、ずるい人間がいても社会がこわれない原則をさがす研究ではない。人々の倫理性をよびさまし、倫理性に訴えて、また、人々の本来の倫理性からくる訴えに耳を傾けて、倫理的社会を構築するための研究をしなければならないのである。

このように言うと、あるいは次のような反論をする人も出てくるであろう。建て前としては大いに結構だ。しかし、いくら「人間は本来倫理的存在だ」といっても、中には悪い人もいる。そのような人が一万人中ひとりでもいれば、世の中をひっかきまわされてしまうではないか、と。

たしかに、OPECによる石油の法外な値上げや、ソヴィエトのアフガニスタン侵攻などのニュースを耳にすると、人々が善意だけで生きているなどとのんきなことを言っていられない気がするかもしれない。そんなとき、人々の頭の中をかすめるのは、「何らかの報復措置はないものか」という物騒な感情である。軍事力増強という言葉が、ノドの奥からうごめいてくるかもしれない。しかし、そこでちょっと待っていただきたい。かの囚人ディレンマを思い出していただきたい。自由主義のパラドックスを思い出していただきたい。レッシャーの示したパレート最適性の矛盾を思い出していただきたい。本書を通して指摘してきた利己心仮説の欺瞞性と論理的行きづまりをもう一度かみしめていただきたい。これらが明らかにしてきたことは、次のことに尽きる。すなわち、社会における正しい決定というのは、ひとりひとりが自らのうちに「社会の眼」をもつことによってのみなしうるということである。利益を主張するつっぱり合いではなく、この社会を、この世界を「わたしたち」がどうするかという観点で自らの意見を表明し、その観点からの選好を示し、その観点にもとづく意見統合の合理的ルールを社会に求めることである。わたしたちは、この社会を「共倒れ」の破局に導きたいのか。それとも、価値の多元性を認めた共存社会を構築したいのか。

社会で何らかの紛争が発生したとき、多くの人々は「話し合い」を求める。たしかに、何よりも必要なことは、話し合いの場をもつことであろう。しかし、話し合いに臨む際に、人がもしもなりふり構わぬ利益の主張だけをハラに決めていたのでは、紛争は「話し合いの場」に持ち越されただけで、何の解決も出ない。利益代表としてではなく、共通の問題に対する解をさがすためには徹底的に吟味しあう理性への信頼をハラにすえて臨みたいものである。話し合いのルール、意見統合のルールにも、十分な配慮をし、人々の道義心や倫理性に呼びかけ、そこからくる訴えが正しく反映するような決定ルールの工夫がなければなるまい。

わたしたちひとりひとりが「おたがい性」に目覚め、「社会の眼」をもつことは、いわゆる「個人的」ともいうべき決定にも必要なことである。

ふつうのトースターが古くなればオーブン・トースターを買う。冷蔵庫を買い変えるときはより大型のものを求める。洗濯機がこわれればより大型の全自動にする。それぞれが「より快適な生活」を与えてくれるし、それによって生じる電気代の増加も、わが家の家計にそれほどひびくものではない。それならば、大いに結構ではないか……。しかし、ここでも「ちょっと待って」と言いたい。たとえば新聞報道によると、東京電力管内全体でTVを見ないときにコンセントを抜いて待機電力を削減すると、年間三八万キロワットの節電ができるとのことである。わたしたちは一つのモノを選んでいるとき、実はその背後にある一つのコトを選んでいるのである。そしてこのコトが、実はわたしたちの社会を、わたしたちの住むこの世界を、どうするかという問題にかかわっているのである。

ひとりひとりの人間が「社会の眼」を自らのうちにもち、一つ一つの対象の選好にあたって、「よりよい社会に向かって」の何らかのコトを選ぶように、そして、社会の決定ルールが、選好されたモノではなく、人々が倫理性に目覚めて選んだコトの反映を最もよくするように工夫されるならば、わたしたちは決定理論の数多くのパラドックスからのがれることができる。それは「共倒れ」の破局から脱出する唯一の道でもあり、狼の社会を人間の——倫理的存在としての人間の——社会に変えていく道でもあろう。

社会的決定理論がこのような、倫理的人間による、倫理的人間のための、倫理的社会の構築への道を示すことができるように、わたしたちは理性と道理を信じて日々研究していくしかない。

あとがき――文庫版刊行によせて

本書は一九八〇年刊行の『「きめ方」の論理』(東京大学出版会、以下「原著」と略記)の文庫版である。三五年以上も前の本が、なぜ今頃文庫本となって出ることになったのか、疑問に思われる読者もおられるだろう。実は、筆者自身、驚いている。

ただ、原著刊行の東京大学出版会によると、一九八〇年の初版三〇〇〇部以後、現在まで一六刷、二一五〇〇部発行されているとのことなので、学術書としては「売れ筋」の部類に入るのではないか。また、文庫化にあたっても、原著は「絶版」にはしないで、要望があれば刊行を続けられるようにしておくとのことである。

ちょっと想定外だったのは、本書の内容が、「絵本」になったことである。それは、佐伯胖監修、造事務所編集『決め方の大研究――ジャンケンから選挙まで』(PHP研究所、二〇一二年)で、まさにジャンケンからはじまって、いわゆる「投票のパラドックス」の説明など、本書の第I章の一部を子ども(幼児)向けに解説したものである。こんなムツカシイ絵本、幼児が読むのだろうかとお思いかもしれないが、たまたま我が家の書棚に他の絵本と交えて並んでいた同書を、小二(だったか)の孫がみつけて、「熱読」(三日ぐらいで完読)、その後も来訪の度にときどき読み返していたので、案外、「絵本」として成功しているのではないか。

また、本書が刊行以来広く読まれていたことを踏まえて、二〇一〇年一一月に、当時筆者が所属していた青山学院大学で、〝『「きめ方」の論理』刊行三〇周年記念シンポジウム〟が開催された。そのときのパネリストは、宮台真司(首都大学東京教授)、志田基与師(横浜国立大学教授)、亀田達也(北海道大学教授)、富山慶典(群馬大学社会情報学部学部長)、鈴木行生(日本ベル投資研究所代表取締役主席アナリスト)であり、司会は川本隆史(東京大学教育学部教授)であった。これら出席者はみな、『「きめ方」の論理』と深く関わってきた人たちである(肩書きはすべて当時のもの)。この中で、富山と鈴木は、筆者が『「きめ方」の論理』を執筆していた頃、東京理科大学大学院理工学研究科経営工学専攻の大学院生で、執筆中、日夜議論を交わし合っていた関係で登壇してもらった。

またパネリストの宮台(娘婿)は東京大学文学部社会学専門課程三年生のときに本書(原著)に巡り会って大いに刺激を受けたとのことで、その後、大学院に進んだが、本書は当然の必読書とされていたとのことである。ちなみに、原著刊行直後の一九八〇年に、東京大学文学部教授の吉田民人氏(元日本社会学会会長、第一八期日本学術会議副会長、二〇〇九年没)が、千葉県野田市の東京理科大学理工学部の佐伯研究室まで、本書について「質問」に来られた(筆者は忘れていたが、宮台の結婚披露宴でお目にかかった際にご指摘いただいた)。

宮台によれば、八〇年代初期の東大大学院の社会学研究室では、当時の理論社会学の中枢であったタルコット・パーソンズの構造機能分析について富永健一・吉田民人・小室直樹らによって批判的検討がなされていたが、小室ゼミ(一種の「自主ゼミ」)所属の若手研究者であった橋爪大三郎、志田基与師、恒松直幸らから、パーソンズの構造-機能論はその根幹で理論的に破綻しているのではないかという議論が提起され、白熱した議論が交わされていたという。その際、この構造-機能論の理論的破綻は、アローの一般可能性定理(General possibility theorem)から導かれるということで、彼らの間で『「きめ方」の論理』は広く読まれていたということである。

ところで本書(原著)が刊行されたのは一九八〇年である。その当時と現在の隔たりがあるため、内容的に時代遅れとなっている記述があるが、あえて訂正せずに、原著のままにしたところがある。例えば八五頁にある「フェルマーの最終定理」だが、本書原著の刊行当時はまだ証明されていなかったが、一九九五年にイギリスのアンドリュー・ワイルズ(Andrew Wiles)によって証明されている。

本書の内容は、お読みになった読者には周知のことだが、全体を通して常に「アローの定理」が中核にあり、それが社会的決定理論のさまざまなパラドックスの解明に生かされていく様を展開している。とくに本書で注目したのが、アローの定理にもある「無関係対象からの独立」という前提がさまざまな問題の「発生源」となっていることの指摘である。それについて、二〇一七年ノーベル経済学賞受賞者のリチャード・セイラーは著書『行動経済学の逆襲』(早川書房、二〇一六年)で、行動経済学の根幹が、それ以前の経済理論が「無関係としていた要因」に目を向けたことにあるとしている(三八頁)が、それはまさに『「きめ方」の論理』で筆者が力説していた「無関係対象からの独立」条件の積極的否定ということである。筆者としては、この「無関係対象からの独立」の否定から、物事を常に周辺状況との関係に注目する「状況論」(situated theory)を提唱したJ・レイヴ/E・ウェンガー著、佐伯胖訳『状況に埋め込まれた学習——正統的周辺参加』(産業図書、一九九三年)を中心に考察を深めて現在にいたっている。

ところで、『「きめ方」の論理』は、そもそもどういう経緯で書かれたのかについて、思い出せる限りのことをお話ししておこう。

本書の「はしがき」によれば、一九七六年に東京大学出版会の雑誌『UP』に〝「あいまいさ」の科学〟と題する小論を出したのがきっかけとなったと記されている。その前後のことの記憶をたどると、正確に言えば話は少し違っていたかもしれない。

筆者は、当時、東京理科大学理工学部経営工学科の助教授だったのだが、たまたま、東京大学教育学部の東洋教授と一九七二年に東京で開催された国際心理学会総会(東氏が大会委員長）のときに知り合って以来、なにかと親交が続いていた。あるとき、東氏は東京大学出版会の編集部の伊藤一枝さんに「この人が〝書きたい〟というものを本にしてあげてください」と言って筆者を紹介されたのである。大変ありがたい話なので、筆者なりに何を書こうかと真剣に考え、その結果、「あいまいさの科学」ということを思いついたのである（雑誌『UP』の小論はそのとき書かれた）。その後、数ヶ月かけて『あいまいさの科学』の草稿を書いたのだが、どうしても自分で「気に入らない」事態に陥ったことは本書「はしがき」にある通りである。そこで、全く新たな気持ちで、「いま、自分が本当に書きたいこと」が何かを考えたとき、当時、東京理科大学理工学部経営工学科の佐伯研究室で学生たちと日夜議論を交わし合って大いに盛り上がっていた「社会的決定理論」にしようと決意して、新たに原稿を書き、それが本書となった次第である。

佐伯研究室の様子については、本書第I章第四節にある「近藤のパラドックス」（四七〜五〇頁）の開発者である近藤泰史君が、当時を思い出してメールで送ってくれた文章を、筆者なりに若干「編集」したものを次に挙げておこう。

「近藤のパラドックス」の思い出ばなしについて、その背景となる「佐伯研の門を叩いた時のこと」、「日々のゼミ生活」、そして、「近藤のパラドックス」へとエピソードを続けて次の通りまとめました。

【佐伯研の門を叩いた時のこと】

経営工学という、新たな学問分野で学ぶことを期待して入学したものの、一、二年生時の授業が面白くなく、悶々としていた時に東大出版会の雑誌『UP』で先生の寄稿論文を発見。ものすごい衝撃を受け、先生のもとを尋ね、話を聞かせていただいた。そして、「君は二年生だけど、ここへきて先輩ゼミ生が議論している輪に加わって良いよ」と私を快く受け入れてくださった。

【日々のゼミ生活】

授業で理論を学んだら、それを世の中の事象に当てはめてみる。そして、その事象が理論どおりに説明つくのか否か、また、逆に世の中の事象から理論を発見したり、組み立てなおしたりして、理論と現実の世界を行き来しながら、ゼミ仲間と朝から晩まで議論していた。その時コーヒーが必須アイテムであり、私にとって学生時代は、この時間が最も充実していた。(佐伯注：当時の佐伯研究室は大部屋で、ゼミ生たちは指導教員と「共同生活」状態で、ゼミ室にはコーヒー、マンガなどが「常備」されていた。)

【近藤のパラドックス】

大晦日恒例のレコード大賞、その本番一ヶ月前に行われたプレイベント(本選へのエントリー歌手五名選出)で、その年はピンク・レディーと沢田研二がヒット曲を連発したにもかかわらず、その年それほどヒット曲もなかった大物演歌歌手が沢田研二より上位にランクされ、沢田研二がエントリーされなかった（結局五位通過）。この選考結果は佐伯研究室でも話題となり、翌日のスポーツ紙でも疑問が投げかけられており、その記事の脇に審査方式（増沢方式）のルールが掲載されていた。

そのルールと選出結果への疑問から、私は、TBSへ電話し、率直に疑問点を話したところ、チーフ・プロデューサーと直接コンタクトがとれて、後日TBSへ伺うこととなり、佐伯先生にも足を運んでいただいた。佐伯先生とTBSを訪問した際、TBSから、実際投票された生データを渡された。その日のうちに同期の武田君と解析を始め、この増沢方式を採用することで生じるある種のパラドックスを発見し、翌朝先生に報告したところ、お腹を抱えて笑っておられた。そして一言、「凄いね。ところで、もっと面白いのない？　夕方までに考えて。」また、見つけて持っていくと、先ほど以上に評価していただき、そして一言、「凄いね。ところで、もっと面白いのない？　明日の朝までに考えて。」

結局、大半の人が一、二位にランクしていても少数の人が最下位ランクする現実もあり得るということから、様々な投票状況を設定し、それらの解析を続ける中でいくつものパラドックスを見つけ出すことができた。そして、二晩徹夜し、三日目は、先生が早朝バイクで下宿まで迎えに来られ、そのまま研究室へ一緒に行った。午前中は、先生と一緒に議論出来たが、午後からは小職の頭は完全にシステム・ダウン。脳みその芯までタオルを絞るように搾り取られる思いがした。しかし、先生の頭はフル回転。階段を二、三段飛ばしで上るようにアイデアが湧き出し、それを纏め上げていく姿を目の当たりにした。まさに、鬼気迫る思いだった。

佐伯先生には、そんな貴重な体験をさせていただいたからこそ、また、ゼミの先輩、仲間がいたからこそ、その後の人生を生き抜く上で心の支えとなった。（近藤記）

本書『「きめ方」の論理』はこういう雰囲気の中で書かれたのである。「近藤のパラドックス」以外にも、アローの定理を「高校生にもわかるように」ということで、ゼミ生たちとああだ、こうだと黒板（注：ゼミ室は元教室なので大きな黒板があった）にいろいろな「表」を書きながら議論を重ねた（ときには、朝の七時から夜まで）のが懐かしく思い出される。

ものごとを「知る」ということの興奮・苦闘・喜びの経験を、ゼミ生たちと共有できたことは、生涯の思い出となっている。

二〇一八年七月

佐伯　胖

ちくま学芸文庫

「きめ方(かた)」の論理(ろんり)　社会的決定理論(しゃかいてきけっていりろん)への招待(しょうたい)

二〇一八年八月十日　第一刷発行
二〇二三年二月十日　第二刷発行

著　者　佐伯胖（さえき・ゆたか）
発行者　喜入冬子
発行所　株式会社　筑摩書房
東京都台東区蔵前二―五―三　〒一一一―八七五五
電話番号　〇三―五六八七―二六〇一（代表）
装幀者　安野光雅
印刷所　明和印刷株式会社
製本所　株式会社積信堂

ISBN978-4-480-09876-4 C0130

本書は、一九八〇年四月、東京大学出版会より刊行された。

人名索引

ア 行

カ 行

サ 行

タ 行

ナ 行

ハ 行

マ 行

ヤ 行

ラ 行

ワ

ン

事項索引

ア　行

カ　行

サ　行

タ 行

ナ 行

ハ 行

マ　行

ヤ　行

ラ　行

ン

ンの反論　153-155

文　献

第I章

〔1〕 イザヤ・ベンダサン『日本人とユダヤ人』山本書店，1970年.

〔2〕 Borda, J. C. Mémoire sur les Élections au Scrutin. *Histoire de l'Académie Royale des Sciences*, 1781. English translation by A. de Grazia, *Isis*, **44**, 1953, 42–51.

〔3〕 Brams, S. J. *Paradoxes in Politics*. New York : Macmillan, 1976.

〔4〕 Brams, S. J., and Fishburn, P. C. Approval Voting. *American Political Science Review*, **72**, 1978, 831–847.

〔5〕 Condorcet, Marquis de *Essai sur l'Application de l'Analyse, à la Probabilité des Décisions Rendues à la Pluralité des Voix*. Paris, 1785.

〔6〕 Farquharson, R. *Theory of Voting*. New Haven, Conn. : Yale Univ. Press, 1969.

〔7〕 Fishburn, P. C. Simple Voting Systems and Majority Rule. *Behavioral Science*, **19**, 1974, 166–176.

〔8〕 Fishburn, P. C. Aspects of One-Stage Voting Rules. *Management Science*, **21**, 1974, 422–427.

〔9〕 Fishburn, P. C., and Gehrlein, W. V. An Analysis of Simple Two-Stage Voting Systems. *Behavioral Science*, **21**, 1976, 1–12.

〔10〕 Garman, M., and Kamien, M. The Paradox of Voting : Probability Calculations. *Behavioral Science*, **13**, 1968, 306–316.

〔11〕 Gibbard, A. Manipulation of Voting Schemes : A General Result. *Econometrica*, **41**, 1973, 587–601.

〔12〕 Niemi, R., and Weisberg, H. A Mathematical Solution for the Probability of the Paradox of Voting. *Behavioral Science*, **13**,

1968, 317–323.
〔13〕 Riker, W. H., and Ordeshook, P. C. *An Introduction to Positive Political Theory*. Englewood Cliffs, N. J.: Prentice-Hall, 1973.
〔14〕 Satterthwaite, M. A. The Existence of a Strategy-Proof Voting Procedure: A Topic in Social Choice Theory. Ph. D. Dissertation, Univ. of Wisconsin, Madison, 1973.
〔15〕 Zeckhauser, R. Voting Systems, Honest Preferences, and Pareto Optimality. *American Political Science Review*, **67**, 1973, 934–946.

第Ⅱ章

〔1〕 Arrow, K. J. *Social Choice and Individual Values*. New York: Wiley, 1951; 2nd ed. 1963（長名寛明訳『社会的選択と個人的評価』勁草書房，2013年［原著第三版からの邦訳］）.
〔2〕 Arrow, K. J. Extended Sympathy and the Possibility of Social Choice. *American Economic Review*, **67**, 1977, 219–225.
〔3〕 Black, D. *The Theory of Committees and Elections*. Cambridge: Cambridge Univ. Press, 1958.
〔4〕 Blair, D. H. Path-Independent Social Choice Functions: A Further Result. *Econometrica*, **43**, 1975, 173–174.
〔5〕 Blau, J. H. The Existence of a Social Welfare Function. *Econometrica*, **25**, 1957, 302–313.
〔6〕 Blau, J. H. Arrow's Theorem with Weak Independence. *Economica*, **40**, 1971, 413–420.
〔7〕 Blau, J. H. A Direct Proof of Arrow's Theorem. *Econometrica*, **40**, 1972, 61–67.
〔8〕 Blau, J. H. Liberal Values and Independence. *Review of Economic Studies*, **42**, 1975, 395–402.
〔9〕 Bowen, H. R. The Interpretation of Voting in the Allocation of Economic Resources. *Quarterly Journal of Economics*, **58**, 1943, 27–48.

〔10〕 Campbell, C. D., and Tullock, G. A Measure of the Importance of Cyclical Majorities. *Economic Journal*, **75**, 1965, 853-857.

〔11〕 Campbell, D. E. Democratic Preference Functions. *Journal of Economic Theory*, **12**, 1967, 259-272.

〔12〕 DeMeyer, F., and Plott, C. R. The Probability of a Cyclical Majority. *Econometrica*, **38**, 1970, 345-354.

〔13〕 Farquharson, R. *Theory of Voting*. New Haven, Conn.: Yale Univ. Press, 1969.

〔14〕 Farrell, M. J. Liberalism in the Theory of Social Choice. *Review of Economic Studies*, **43**, 1976, 3-10.

〔15〕 Fine, B., and Fine, K. Social Choice and Individual Ranking. *Review of Economic Studies*, **42**, 1974, 303-332, and 459-475.

〔16〕 Fishburn, P. C. Intransitive Individual Indifference and Transitive Majorities. *Econometrica*, **38**, 1970, 482-489.

〔17〕 Fishburn, P. C. Conditions for Simple Majority Decision Functions with Intransitive Individual Indifference. *Journal of Economic Theory*, **2**, 1970, 354-367.

〔18〕 Fishburn, P. C. A Comparative Analysis of Group Decision Methods. *Behavioral Science*, **16**, 1971, 538-544.

〔19〕 Fishburn, P. C. Conditions of Preferences that Guarantee a Simple Majority Winner. *Journal of Mathematical Sociology*, **2**, 1972, 105-112.

〔20〕 Fishburn, P. C. *The Theory of Social Choice*. Princeton, N. J.: Princeton Univ. Press, 1973.

〔21〕 Fishburn, P. C. On Collective Rationality and a Generalized Impossibility Theorem. *Review of Economic Studies*, **41**, 1974, 445-457.

〔22〕 Fishburn, P. C. Choice Functions on Finite Sets. *International Economic Review*, **15**, 1974, 729-749.

〔23〕 Fishburn, P. C. Subset Choice Conditions and the Computation of Social Choice Sets. *Quarterly Journal of Economics*, **88**,

1974, 320–329.

〔24〕 Fishburn, P. C., and Gehrlein, W. V. An Analysis of Simple Two-Stage Voting Systems. *Behavioral Science*, **21**, 1976, 1–12.

〔25〕 Fishburn, P. C., and Gehrlein, W. V. An Analysis of Voting Procedures with Nonranked Voting. *Behavioral Science*, **22**, 1977, 178–185.

〔26〕 福田歓一『近代民主主義とその展望』岩波新書（黄版）1，岩波書店，1977 年.

〔27〕 Garman, M., and Kamien, M. The Paradox of Voting : Probability Calculations. *Behavioral Science*, **13**, 1968, 306–316.

〔28〕 Gehrlein, W. V., and Fishburn, P. C. Condorcet's Paradox and Anonymous Preference Profiles. *Public Choice*, **26**, 1976, 1–18.

〔29〕 Gibbard, A. Manipulation of Voting Schemes : A General Result. *Econometrica*, **41**, 1973, 587–601.

〔30〕 Gibbard, A. A Pareto-Consistent Libertarian Claim. *Journal of Economic Theory*, **7**, 1974, 388–410.

〔31〕 Guilbaud, G. T. The Theories of the General Interest and the Logical Problem of Aggregation, in *Readings in Mathematical Social Science*, ed. by Lazarfeld and Henry, Chicago : Science Research Associates Inc., 1966 (Original in French, in *Économie Appliquée*, **5**, 1952, 501–584).

〔32〕 Hammond, P. J. Equity, Arrow's Conditions and Rawl's Difference Principle. *Econometrica*, **44**, 1976, 793–804.

〔33〕 Hansson, B. Choice Structures and Preference Relation. *Synthese*, **18**, 1968, 443–458.

〔34〕 Hansson, B. Group Preferences. *Econometrica*, **37**, 1969, 50–54.

〔35〕 Hansson, B. The Independence Condition in the Theory of Social Choice. *Theory and Decision*, **4**, 1973, 25–49.

〔36〕 Hillinger, C., and Lapham, V. The Impossibility of a Paretian Liberal : Comment by Two Who Are Unreconstructed. *Journal of Political Economy*, **79**, 1971, 1403–1405.

〔37〕 Inada, K. A Note on the Simple Majority Decision Rule. *Econometrica*, **32**, 1964, 525–531.

〔38〕 Inada, K. The Simple Majority Decision Rule. *Econometrica*, **37**, 1969, 490–506.

〔39〕 稲田献一『新しい経済学——ビジョンと実証』日本経済新聞社, 1965 年.

〔40〕 Kelly, J. S. Voting Anomalies, the Number of Voters, and the Number of Alternatives. *Econometrica*, **42**, 1974, 239–252.

〔41〕 Kelly, J. S. The Impossibility of a Just Liberal. *Economica*, **43**, 1976, 67–76.

〔42〕 木村健康『厚生経済学序説』勁草書房, 1969 年.

〔43〕 Klahr, D. A. Computer Simulation of the Paradox of Voting. *American Political Science Review*, **60**, 1966, 384–390.

〔44〕 Knight, F. H. *The Ethics of Competition*. London : Allen and Unwin, 1935（高哲男・黒木亮訳『競争の倫理』ミネルヴァ書房, 2009 年）.

〔45〕 May, K. O. A Set of Independent, Necessary and Sufficient Conditions for Simple Majority Decision. *Econometrica*, **20**, 1952, 680–684.

〔46〕 May, K. O. A Note on Complete Independence of the Conditions for Simple Majority Decision. *Econometrica*, **21**, 1953, 172–173.

〔47〕 Murakami, Y. Formal Structure of Majority Decision. *Econometrica*, **34**, 1966, 709–718.

〔48〕 Murakami, Y. *Logic and Social Choice*. London : Routledge and Kegan Paul, 1968（鈴村興太郎訳「論理と社会的選択」,『村上泰亮著作集 1』所収, 中央公論社, 1997 年）.

〔49〕 Ng, Y. K. The Possibility of Paretian Liberal ; Impossibility Theorems and Cardinal Utility. *Journal of Political Economy*, **79**, 1971, 1397–1402.

〔50〕 Niemi, R. G., and Weisberg, H. A Mathematical Solution for the Probability of the Paradox of Voting. *Behavioral Science*,

13, 1968, 317–323.

〔51〕 Pattanaik, P. K. A Note on Democratic Decisions and the Existence of Choice Sets. *Review of Economic Studies*, **35**, 1968, 1–9.

〔52〕 Pattanaik, P. K. On Social Choice with Quasi-Transitive Individual Preferences. *Journal of Economic Theory*, **2**, 1970, 267–275.

〔53〕 Pattanaik, P. K. *Voting and Collective Choice*. Cambridge : Cambridge Univ. Press, 1971.

〔54〕 Pattanaik, P. K. On the Stability of Sincere Voting Situations. *Journal of Economic Theory*, **6**, 1973, 558–574.

〔55〕 Pattanaik, P. K. Stability of Sincere Voting under Some Classes of Non-Binary Group Decision Procedures. *Journal of Economic Theory*, **8**, 1974, 206–224.

〔56〕 Radner, R., and Marschak, J. Notes on Some Proposed Decision Criteria. In *Decision Processes*, ed. by R. M. Thrall, C. H. Coombs, and R. L. Davis. New York : Wiley, 1954, pp. 61–68.

〔57〕 Riker, W. Voting and the Summation of Preferences. *American Political Science Review*, **55**, 1961, 900–911.

〔58〕 Salles, M. A General Possibility Theorem on Group Decision Rules with Pareto-Transitivity. *Journal of Economic Theory*, **11**, 1975, 110–118.

〔59〕 Satterthwaite, M. A. Strategy Proofness and Arrow's Conditions : Existence and Correspondence Theorems for Voting Procedures and Social Welfare Functions. *Journal of Economic Theory*, **10**, 1975, 197–218.

〔60〕 Sayeki, Y. Extended Sympathy and a Model for the Social Concession Process. *Proceeding of the International Conference on Cybernetics and Society, Tokyo-Kyoto, Japan*, 1978, 317–321.

〔61〕 Sen, A. K. Preferences, Votes and the Transitivity of Majority Decisions. *Review of Economic Studies*, **31**, 1964, 163–165.

〔62〕 Sen, A. K. A Possibility Theorem on Majority Decisions.

Econometrica, **34**, 1966, 491–499.
〔63〕 Sen, A. K. Planners' Preferences: Optimality, Distribution and Social Welfare. In *Public Economics*, ed. by J. Margolis and H. Guitton. New York: Harcourt, 1969.
〔64〕 Sen, A. K. Quasi-Transitivity, Rational Choice and Collective Decisions. *Review of Economic Studies* **36**, 1969, 381–394.
〔65〕 Sen, A. K. *Collective Choice and Social Welfare*. San Francisco: Holden Day, 1970（志田基与師監訳『集合的選択と社会的厚生』勁草書房，2000 年）.
〔66〕 Sen, A. K. Informational Bases of Alternative Welfare Approaches. *Journal of Public Economics*, **3**, 1974, 387–403.
〔67〕 Sen, A. K. Liberty, Unanimity and Rights. *Economica*, **43**, 1976, 217–245.
〔68〕 Sen, A. K. Social Choice Theory: A Re-examination. *Econometrica*, **45**, 1977, 53–90.
〔69〕 Sen, A. K., and Pattanaik, P. K. Necessary and Sufficient Conditions for Rational Choice under Majority Decision. *Journal of Economic Theory*, **1**, 1969, 178–202.
〔70〕 Suppes, P. Some Formal Models of Grading Principles. *Synthese*, **16**, 1966, 307–320.
〔71〕 Suzumura, K. On the Consistency of Libertarian Claims. *Review of Economic Studies*, **45**, 1978, 329–342.
〔72〕 Vickrey, W. Utility, Strategy and Social Decision Rules. *Quarterly Journal of Economics*, **74**, 1960, 507–535.
〔73〕 Williamson, O. E., and Sargent, T. J. Social Choice: A Probabilistic Approach. *Economic Journal*, **77**, 1967, 797–813.
〔74〕 Young, H. P. An Axiomatization of Borda's Rule. *Journal of Economic Theory*, **9**, 1974, 43–52.

第Ⅲ章

〔1〕 Black, D. *The Theory of Committees and Elections*. Cambridge: Cambridge Univ. Press, 1958.

〔2〕 Fishburn, P. C. The Irrationality of Transitivity in Social Choice. *Behavioral Science*, **15**, 1970, 119-123.
〔3〕 Hansson, B. Group Preferences. *Econometrica*, **37**, 1969, 50-54.
〔4〕 Hansson, B. The Independence Condition in the Theory of Social Choice. *Theory and Decision*, **4**, 1973, 25-49.
〔5〕 Inada, K. The Simple Majority Decision Rule. *Econometrica*, **37**, 1969, 490-506.
〔6〕 Sen, A. K. A Possibility Theorem on Majority Decisions. *Econometrica*, **34**, 1966, 491-499.
〔7〕 Sen, A. K. Quasi-Transitivity, Rational Choice and Collective Decisions. *Review of Economic Studies*, **36**, 1969, 381-394.
〔8〕 Sen, A. K. *Collective Choice and Social Welfare*. San Francisco : Holden-Day, 1970（『集合的選択と社会的厚生』 前掲).
〔9〕 Sen, A. K., and Pattanaik, P. K. Necessary and Sufficient Conditions for Rational Choice under Majority Decision. *Journal of Economic Theory*, **1**, 1969, 178-202.

第Ⅳ章

〔1〕 Blau, J. H. Liberal Value and Independence. *Review of Economic Studies*, **42**, 1975, 395-401.
〔2〕 Gibbard, A. A Pareto Consistent Libertarian Claim. *Journal of Economic Studies*, **43**, 1976, 3-10.
〔3〕 Hillinger, C., and Lapham, V. The Impossibility of a Paretian Liberal : Comment by Two Who Are Unreconstructed. *Journal of Political Economy*, **79**, 1971, 1403-1405.
〔4〕 Ng, Y. K. The Possibility of a Paretian Liberal : Impossibility Theorems and Cardinal Utility. *Journal of Political Economy*, **79**, 1971, 1397-1402.
〔5〕 Nozick, R. Distributive Justice. *Philosophy and Public Affairs*, **3**, 1973, 45-126.
〔6〕 Sen, A. K. The Impossibility of a Paretian Liberal. *Journal of*

Political Economy, **78**, 1970, 152–157.
〔7〕 Sen, A. K. Liberty, Unanimity and Rights. *Economica*, **43**, 1976, 217–245.

第V章

〔1〕 Allais, M. Le Comportement de l'Homme Rationnel Devant le Risque : Critique des Postulats et Axiomes de l'École Americaine. *Econometrica*, **21**, 1953, 503–546.
〔2〕 Bernoulli, D. Exposition of a New Theory on the Measurement of Risk. *Econometrica*, **22**, 1954, 23–26.
〔3〕 Bixenstine, V. E., and Gaebelein, J. W. Strategies of "Real" Opponents in Eliciting Cooperative Choice in a Prisoner's Dilemma Game. *Journal of Conflict Resolution*, **15**, 1971, 157–166.
〔4〕 Braithwaite, R. B. *Theory of Games as a Tool for the Moral Philosopher*. Cambridge : Cambridge Univ. Press, 1955.
〔5〕 Ellsberg, D. Risk, Ambiguity and the Savage Axioms. *Quarterly Journal of Economics*, **75**, 1961, 643–649.
〔6〕 Harford, T., and Solomon, L. "Reformed Sinner" and "Lapsed Saint" Strategies in the Prisoner's Dilemma Game. *Journal of Conflict Resolution*, **11**, 1967, 104–109.
〔7〕 Harsanyi, J. C. Cardinal Utility in Welfare Economics and in the Theory of Risk Taking. *Journal of Political Economy*, **61**, 1953, 434–435.
〔8〕 Marschak, J. Rational Behavior, Uncertain Prospects, and Measurable Utility. *Econometrica*, **18**, 1950, 111–141.
〔9〕 Minas, J. S., Scodel, A., Marlowe, D., and Rawson, H. Some Descriptive Aspects of Two-Person Non-Zero-Sum Games, II. *Journal of Conflict Resolution*, **4**, 1960, 193–197.
〔10〕 Nash, J. F. The Bargaining Problem. *Econometrica*, **18**, 1950, 155–162.
〔11〕 Pruitt, D. G., and Kimmel, M. J. Twenty Years of Experimen-

tal Gaming: Critique, Synthesis, and Suggestions for the Future. *Annual Review of Psychology*, **28**, 1977, 363-392.

〔12〕 Raiffa, H. Arbitration Schemes for Generalized Two-Person Games. In *Contributions to the Theory of Games*, II. (Annals of Mathematics Studies, **28**) ed. by H. W. Kuhn and A. W. Tucker. Princeton: Princeton Univ. Press, 1953.

〔13〕 Rapoport, A., and Chammah, A. M. *Prisoners' Dilemma*. Ann Arbor, Michigan: Univ. of Michigan Press, 1965 (廣松毅・平山朝治・田中辰雄訳『囚人のジレンマ』啓明社, 1983年).

〔14〕 Scodel, A., Minas, J. S., Ratoosh, P., and Lipetz, M. Some Descriptive Aspects of Two-Person Non-Zero-Sum Games. *Journal of Conflict Resolution*, **3**, 1959, 114-119.

〔15〕 Slovic, P., and Tversky, A. Who Accepts Savage's Axiom? *Behavioral Science*, **19**, 1974, 368-373.

〔16〕 鈴木光男『ゲームの理論』勁草書房, 1959年.

〔17〕 von Neumann, J., and Morgenstern, O. *Theory of Games and Economic Behavior*. Princeton, N. J.: Princeton Univ. Press, 1944 (銀林浩・橋本和美・宮本敏雄監訳『ゲームの理論と経済行動』全3巻, ちくま学芸文庫, 2009年).

第VI章

〔1〕 Arrow, K. J. Some Ordinalist-Utilitarian Notes on Rawls' Theory of Justice. *Journal of Philosophy*, **70**, 1973, 245-280.

〔2〕 Barry, B. *The Liberal Theory of Justice*. Oxford: Clarendon Press, 1973.

〔3〕 ジェレミイ・ベンサム「道徳および立法の諸原理序説」山下重一訳,『世界の名著 38』中央公論社, 1967年.

〔4〕 Hammond, P. Equity, Arrow's Conditions, and Rawls' Difference Principle. *Econometrica*, **44**, 1976, 793-804.

〔5〕 Harrod, R. F. Utilitarianism Revised. *Mind*, xlv, 1936, 137-156.

〔6〕 Harsanyi, J. C. Cardinal Welfare, Individual Ethics and Interpersonal Comparisons of Utility. *Journal of Political Economy*,

63, 1955, 309–321.
〔7〕 Harsanyi, J. C. *Essays of Ethics, Social Behavior, and Scientific Explanation* (Theory and Decision Library, **12**). Dordrecht, Holland : Reidel, 1976.
〔8〕 McClelland, G., and Rohrbaugh, J. Who Accepts the Pareto Axiom? : The Role of Utility and Equity in Arbitration Decisions. *Behavioral Science*, **23**, 1978, 446–456.
〔9〕 McClintock, C. G. Social Motivation : A Set of Propositions. *Behavioral Science*, **17**, 1972, 438–454.
〔10〕 Messick, D. M., and McClintock, C. G. Motivational Bases of Choice in Experimental Games. *Journal of Experimental Social Psychology*, **4**, 1968, 1–25.
〔11〕 Moore, G. E. *Principia Ethica*. Cambridge : Cambridge Univ. Press, 1903 (深谷昭三訳『〔新版〕倫理学原理』三和書房, 1977年).
〔12〕 Rawls, J. Justice as Fairness. *Philosophical Review*, **67**, 1958, 164–194.
〔13〕 Rawls, J. *A Theory of Justice*. Oxford : Clarendon Press, 1971 (矢島鈞次監訳『正義論』紀伊國屋書店, 1979年).
〔14〕 Robbins, L. Interpersonal Comparisons of Utility : A Comment. *Economic Journal*, **43**, 1932, 635–641.
〔15〕 Rogers, C. R. *Counseling and Psychology, Newer Concepts in Practice*. Cambridge : Houghton Mifflin, 1942 (末武康弘・保坂享・諸富祥彦訳『カウンセリングと心理療法』岩崎学術出版社, 2005年).
〔16〕 Rogers, C. R. *Client-Centered Theory*. Boston : Houghton Mifflin, 1951 (保坂享・諸富祥彦・末武康弘訳『クライアント中心療法』岩崎学術出版社, 2005年).
〔17〕 Sen, A. K. *On Economic Inequality*. Oxford : Clarendon Press, 1973 (杉山武彦訳『不平等の経済理論』日本経済新聞社, 1977年).
〔18〕 Sen, A. K. Welfare Inequalities and Rawlsian Axiomatics.

Theory and Decision, **7**, 1976, 243-262.
〔19〕 清水幾太郎『倫理学ノート』岩波書店，1972年.
〔20〕 アダム・スミス『道徳感情論』水田洋訳，筑摩書房，1973年.
〔21〕 Suppes, P. Some Formal Models of Grading Principles. *Synthese*, **6**, 1966, 284-306.
〔22〕 田中正司「『道徳感情論』の思想と経済学」高島善哉・水田洋・和田重司・田中正司・星野彰男・伊坂市助『アダム・スミスと現代』115-134頁（第6章），同文館，1977年.

第Ⅶ章

〔1〕 Deci, E. L. *Intrinsic Motivation*. New York : Plenum Press, 1975（安藤延男・石田梅男訳『内発的動機づけ』誠信書房，1980年）.
〔2〕 Gini, C. *Variabilità e Mutabilità*. Bologna, 1912.
〔3〕 Harvey, J. H., Ickes, W. J., and Kidd, R. F. *New Directions in Attribution Research*, Volume I and Volume II. Hillsdale, New Jersey : Lawrence Erlbaum Associates, 1976 and 1978.
〔4〕 McClelland, G., and Rohrbaugh, J. Who Accepts the Pareto Axiom? : The Role of Utility and Equity in Arbitration Decisions. *Behavioral Science*, **23**, 1978, 446-456.
〔5〕 Rescher, N. Economics vs. Moral Philosophy. *Theory and Decision*, **10**, 1979, 169-179.
〔6〕 Ross, G. Utilities for Distributive Justice. *Theory and Decision*, **4**, 1974, 239-258.
〔7〕 Sen, A. K. *On Economic Inequality*. Oxford : Clarendon Press, 1973（『不平等の経済理論』前掲）.
〔8〕 Sen, A. K. Poverty : An Ordinal Approach to Measurement. *Econometrica*, **44**, 1976, 219-231.
〔9〕 Takayama, N. Poverty, Income Inequality, and Their Measures : Professor Sen's Axiomatic Approach Reconsidered. *Econometrica*, **47**, 1979, 747-759.

第Ⅷ章

〔1〕 Dawes, R. M. Case-by-Case versus Rule-Generated Procedures for the Allocation of Scarce Resources. In *Human Judgment and Decision Processes in Applied Settings.* ed. by M. F. Kaplan and S. Schwartz. New York : Academic Press, 1977, pp. 83–94.

〔2〕 Sen, A. K. Rational Fools : A Critique of the Behavioral Foundations of Economic Theory. *Philosophy and Public Affairs*, **7**, 1977, 317–343.

〔3〕 Tversky, A. Intransitivity of Preferences. *Psychological Review*, **76**, 1969, 31–48.

〔4〕 Tversky, A. Choice by Elimination. *Journal of Mathematical Psychology*, **9**, 1972, 341–367.

〔5〕 Tversky, A. Elimination by Aspects : A Theory of Choice. *Psychological Review*, **79**, 1972, 281–299.